LA RIVIÈRE ROUGE SANG

Ann RULE

LA RIVIÈRE ROUGE SANG

Traduit de l'anglais (États-Unis)
par Claire Forget-Menot

DU MÊME AUTEUR,
CHEZ LE MÊME ÉDITEUR

Si tu m'aimais vraiment
Et ne jamais la laisser partir
Sans nouvelles de toi
Un tueur si proche
On a tué mes enfants
Jusqu'à ton dernier souffle

Titre original :

GREEN RIVER RUNNING RED

© Ann Rule, 2004.

© Éditions Michel Lafon, 2005, pour la traduction française.
7-13, boulevard Paul-Émile-Victor - Île de la Jatte
92521 Neuilly-sur-Seine Cedex

À la mémoire de toutes les jeunes femmes assassinées par le tueur de la Green River, en regrettant qu'elles n'aient pas eu la seconde chance à laquelle elles aspiraient.

INTRODUCTION

Alors que je m'apprêtais à écrire le récit le plus terrifiant de ma longue carrière, je me rappelai le dilemme de mes débuts. À la fin des années soixante-dix, bénévole au SOS Amitié de Seattle, je travaillai au coude à coude avec un jeune étudiant en psychologie avec qui je m'entendais à merveille. Puis, en 1975, je décrochai un contrat avec un éditeur pour raconter l'histoire du responsable d'au moins sept meurtres de jeunes filles. Comme un certain nombre de lecteurs le savent déjà, ce tueur sans visage se révéla n'être autre que mon charmant collègue de SOS Amitié : Ted Bundy.

Appréhendé pour tentative d'enlèvement dans l'Utah en 1976, ce tueur en série fut extradé vers le Colorado pour être jugé pour huit meurtres dans cet État. Il s'évada et gagna la Floride, où il assassina trois jeunes femmes et en laissa trois autres pour mortes.

Combien de femmes Ted Bundy a-t-il tuées avant d'être enfin arrêté, jugé et condamné à la peine capitale ? Personne n'en a jamais tenu le compte exact, mais lorsqu'il entendit le FBI estimer le nombre de ses victimes à trente-six, Ted répliqua : « Ajoutez un chiffre, et vous serez plus proche de la vérité. » Personne ne sait s'il voulait dire 37, 136 ou... 360 !

Au départ, je décidai de ne pas m'impliquer dans le récit. Mais, à mesure que j'écrivais, je m'aperçus que j'avais trop de souvenirs liés à l'affaire pour garder un point de vue extérieur. Ted m'écrivit de prison des lettres où je croyais parfois déceler des sous-entendus ayant des allures de confessions. Je repris donc de zéro *Un tueur si proche*. Mon premier thriller authentique... *La Rivière rouge sang* sera le vingt-troisième. Et une fois de plus, je fus mêlée plus que je ne l'aurais souhaité au déroulement de l'enquête.

Certains inspecteurs sont non seulement d'anciens collègues, mais aussi de très bons amis avec qui j'ai, au fil des années, passé des moments délicieux à l'occasion de fêtes de famille ou de barbecues. Cela signifie-t-il que j'ai eu accès à des informations confidentielles ? C'est arrivé, je l'admets, quoique rarement. Je ne leur aurais jamais posé une seule question susceptible de les mettre dans l'embarras. Et ce que j'ai appris, je l'ai gardé pour moi jusqu'au moment où une révélation ne risquait plus de causer de tort à personne.

Au cours des vingt-deux années qu'il a fallu pour identifier, arrêter et juger l'un des plus terribles tueurs de tous les temps, je me suis souvent surprise à penser avec un frisson d'angoisse que ce monstre pouvait être n'importe quel homme dans la foule autour de moi, dans la rue, au supermarché, dînant même à la table voisine de la mienne au restaurant.

Je ne me trompais pas. Nos chemins se sont bel et bien croisés.

À ce propos, je me demande encore aujourd'hui ce qui m'a poussée à découper dans un journal de Seattle un fait divers a priori sans grand intérêt, dont voici un bref résumé.

Deux jeunes garçons découvrent dans la Green River le cadavre d'une femme enroulée dans de la corde.

L'article date du 18 juillet 1982 – j'ai aussi pris soin de découper la date. Le corps a été repêché trois jours plus tôt, le 15, un jeudi.

Le rapport d'autopsie décrit une femme blanche, dans les vingt-cinq ans, un mètre soixante-deux, soixante-trois kilos, vêtue d'un jean effrangé, d'un chemiser à rayures bleu et blanc avec des bords en dentelle, et de tennis en cuir blanches.

Seuls signes distinctifs : cinq tatouages. Un cœur entouré

de feuilles de vigne sur son bras gauche, deux minuscules papillons au-dessus de ses seins, une croix encerclée de feuilles de vigne sur l'épaule, le dessin inachevé d'une licorne sur le bas-ventre et, enfin, le logo Harley-Davidson sur son dos. La délicatesse des quatre premiers tatouages contraste avec la brutalité associée au sigle des motards, mais l'ensemble permettra peut-être une identification.

Le médecin légiste est en tout cas sûr d'une chose : ce n'est pas une mort par noyade ; la malheureuse a été jetée à l'eau après avoir été tuée.

Quelques jours plus tard, sort un deuxième article : un tatoueur croyant reconnaître l'une de ses œuvres dans les descriptifs de la presse locale s'est présenté à la police et a identifié la victime. Il s'agit d'une toute jeune fille, Wendy Coffield, seize ans.

La mère aussitôt mise au courant murmure comme à part elle : « Je m'y attendais à moitié. » Elle soupçonne Wendy de s'être prostituée. Un de ses clients aura fait le coup, dit-elle, en ajoutant que Wendy a été une « bonne petite » tant qu'elles sont restées à la campagne. Hélas, elle a mal tourné une fois en ville. Bien sûr, la pauvreté n'arrange jamais rien. La mère, divorcée, issue d'une « famille de gros buveurs », a du mal à joindre les deux bouts.

Dans leur petit appartement vétuste du centre de Puyallup, des photos de classe montrent une petite Wendy au visage ouvert, serein, souriant. Pourtant, sa scolarité s'est soldée par un désastre : absentéisme, fugues à répétition. Elle ne fréquente plus aucun établissement. Et un soir, à l'âge de quatorze ou quinze ans, la voilà qui rentre dans tous ses états en disant qu'un type l'a prise en stop et violée. « C'est comme ça qu'elle se déplaçait. En stop ! Je l'avais pourtant prévenue ! » À la suite de ce traumatisme, Wendy commence à avoir des problèmes avec la police. Elle pique 140 dollars de tickets restaurant à des voisins. Enlevée à la garde de sa mère, elle se trouve placée dans une maison de redressement de Tacoma, puis dans une famille d'accueil. Mais elle fait une nouvelle fugue, la dernière...

Wendy, emportée par la spirale de la rébellion, est, quelque part en chemin, tombée sur un individu assez haineux ou pervers pour considérer sa présence en ce monde comme quantité négligeable.

J'avais déjà fait le récit de centaines d'affaires semblables, où de jolies blondes meurent étranglées, alors pourquoi celle-ci me toucha-t-elle plus qu'une autre ? Sans doute à cause de sa grande jeunesse... et d'un détail choquant : le tueur l'avait étranglée avec sa propre culotte ! À l'époque, mes filles étaient encore adolescentes. Et puis je gardais un souvenir impérissable d'un job d'étudiante dans une maison de redressement de l'Oregon parmi de jeunes paumées de treize à dix-huit ans. Depuis cet été-là, je sais que, sous des dehors agressifs, elles sont d'une vulnérabilité désarmante. Peut-être aussi parce que le corps de Wendy fut retrouvé si près chez moi, à un endroit où je suis passée un millier de fois, cette rivière où une main criminelle s'était débarrassée d'elle.

La Green River s'écoule vers le sud jusqu'à Eliott Bay en irriguant la vallée de Kent, qui, avant l'expansion de l'usine Boeing et la construction du gigantesque centre commercial, le Southcenter Mall, était une riche terre de cultures qui fournissait en fruits et légumes les marchés de Seattle. Quand mes enfants étaient petits, je les emmenais l'été à la ferme pour cueillir des fraises. Nous aimions bien nous promener en voiture entre Kent, Auburn et Puyallup, dans un paysage bucolique, sur cette voie étroite bordée de champs, de vieux bâtiments à l'abandon, d'un petit jardin public accueillant deux tables à pique-nique branlantes. Au fil du courant, des pêcheurs à la ligne patientaient sous des auvents de fortune dans l'espoir d'attraper une truite arc-en-ciel.

Et combien de fois ai-je emprunté dans la nuit noire Frager Road, de retour d'un dîner entre amis ou d'une virée d'emplettes au Southcenter Mall, dont les lumières ont tôt fait de se dissoudre dans les ténèbres, laissant seuls mes phares éclairer la chaussée aussi noire et luisante que l'eau de la rivière...

Au nord du Meeker Street Bridge, la Green River prend une allure de torrent qui me donne la chair de poule, d'autant que le coin est désert. Il arrive parfois, à la fin de l'hiver, au moment des crues, que des automobilistes en excès de vitesse ou ivres ratent un tournant et piquent du nez dans les tourbillons. Peu en réchappent. On les retrouve parfois très longtemps après, la rivière ayant dissimulé aux yeux du monde leur véhicule aussi bien que leur enveloppe terrestre.

Mais en juillet 1982, l'eau qui découvrait les rochers et les touffes d'herbe du lit de la rivière n'était pas assez haute pour ensevelir un corps ; le cadavre de Wendy s'exposait au regard de tous ceux qui franchissaient le pont. Celui qui avait transporté Wendy sous le pont avait dû s'y prendre au cœur de la nuit. Quiconque, cycliste, piéton, automobiliste, traversait la rivière à ce moment-là aurait pu l'apercevoir. Mais voilà, personne n'avait rien vu. Du moins personne n'était allé le dire à la police. Kent, il y a vingt-deux ans, était une petite ville modeste, épargnée par la lèpre des lotissements et le commerce à outrance. Il n'y avait alors, sur les berges de la Green River, ni golf ni sentier pour joggers.

Non loin du pont, un restaurant, The Ebb Tide, servait une cuisine correcte. Dans sa salle enfumée, l'alcool coulait à flots. À plusieurs centaines de mètres en amont, on rencontrait un club de strip-tease, un motel et une poignée de gargotes.

Le tueur n'allait sans doute pas être inquiété. Wendy Coffield avait fait une mauvaise rencontre, un point c'est tout. Ce genre d'affaire, impossible à débrouiller, finit le plus souvent par être classée dans la catégorie « meurtre par un inconnu », et on n'en parle plus.

Cela dit, mettant de côté ma série d'articles sur Wendy, je me rendis au bord de la Green River et me tins à l'endroit exact où on l'avait tirée de l'eau. Pourquoi, me dis-je, être montée dans la voiture de ce fou dangereux ? Le connaissait-elle déjà, avait-elle confiance en lui ? Les inspecteurs de la Criminelle cherchent toujours parmi les proches, les amis, les collègues, la famille. Mais rien n'est moins sûr...

Au cours de ces dernières années, j'ai reçu quantité de lettres d'anciennes prostituées ayant besoin d'évoquer leurs terrifiants souvenirs.

Je ne me rappelle plus le mois, ou même la saison ; je vous parle de 1982 ou 1983. J'ai dix-neuf ans, ou dix-huit, je ne sais plus, c'est si loin tout ça. Je « travaille » dans les rues. Car je n'ai pas le choix. Ma mère m'a coupé les vivres et je n'ai nulle part où aller. Alors je me retrouve sur le trottoir de Seattle, où je me fais appeler « Kim Carnes ». Aucune de nous ne se sert de son vrai nom. On se dit que quand on s'en sortira, ce sera mieux que personne ne puisse... vous comprenez...
Le type me ramasse au dépôt des cars Greyhound au coin de Stewart. Sa voiture est pourrie. Je note toujours mentalement les détails, pour être tranquille, parce qu'on ne sait jamais. C'est une Ford bleue, quatre portes, avec des sièges en vinyle. Il me dit qu'il m'emmène à une fête, et moi je le crois, je réponds d'accord. Je sais qu'il sait que c'est une passe.
Il roule jusqu'à la gare routière, puis met le cap vers le sud. On roule longtemps, longtemps. Je sais de quoi je parle, je connais le sud du pays. J'ai livré des petites pièces à l'usine Boeing, dans la vallée de Kent. Je me sens de plus en plus mal à l'aise. Je lui demande tout le temps quand on arrive, il a l'air de plus en plus nerveux. Il répète : « Bientôt, bientôt ».
J'essaye de bavarder avec lui, même si je ne suis pas rassurée. À un moment donné, il me dit qu'il travaille « de l'autre côté de la rivière ». Je suppose qu'il parle de la ville de Kent.
Il tourne sur Orilla Road, et j'ai l'impression qu'on va descendre dans la vallée. Mais on monte une colline et on longe des rues bordées de maisons. Je me dis : Ça y est, on est arrivés. Mais il ne s'arrête pas. Pas avant un champ, ou est-ce un terrain vague ? C'est vide, avec des arbres tout autour. Pas de réverbère, rien. Seulement le clair de lune.
J'ai très peur... l'endroit est désert. Il ouvre la boîte à gants et en sort des Polaroïd qu'il m'oblige à regarder. Il y a une

femme avec de la lingerie enroulée autour du cou. *Son visage est gonflé. Sur toutes les photos, les filles ont le même regard terrorisé. Je ne pose pas de question, je suis morte de peur.*

Il faut coûte que coûte que je trouve un moyen de me sortir de là. Je ne joue pas les effarouchées. Je lui demande comment il s'appelle. Bob, me dit-il, mais sans me préciser son nom de famille. Il a un sac de commissions sur la banquette arrière. J'ai tout de suite vu qu'il était bourré de lingerie féminine. Il déballe le tout, les soutifs, les strings. Soit déchirés, soit souillés. Je refuse de les mettre.

Je ne sais pas d'où il l'a sorti, mais, en une seconde, il tient un pistolet braqué sur moi. Il le colle derrière mon oreille. Il me force à le sucer. Ça me dégoûte, il a des boutons sur la verge. Mais il y a le pistolet, alors je fais de mon mieux pour le faire jouir. Et ça dure, ça dure, je ne sais pas, presque une heure. J'ai des haut-le-cœur. Il devient fou de rage.

Il va me tuer, j'en suis sûre. Il a toujours son érection, mais il n'a pas joui. Je lui raconte alors que j'ai une copine qui rêve d'un mec comme lui. Elle est super, et il n'aurait rien à payer. Je lui indique son numéro de téléphone... je viens de l'inventer.

Sur la route, je ne cesse pas un instant de lui parler. J'ai trop peur qu'il s'arrête de nouveau dans un champ et que ça recommence. Il me dépose à la gare routière. Je n'appelle pas les flics, parce que je n'ai pas confiance en eux. Un jour, ils m'ont arrêtée et il y en a un qui a ouvert mon chemisier pour regarder mes seins... Et, après tout, je ne suis même pas blessée.

Ensuite, j'ai eu des cauchemars. Quand j'étais petite, mon beau-père m'a violée. Je l'ai dit à ma mère, mais elle n'a pas voulu me croire. Personne ne vous croit jamais quand vous dites la vérité. Surtout pas les flics. J'ai tout gardé pour moi. Maintenant, je me suis rangée. J'ai un mari qui est très gentil ; je lui ai tout raconté. Quand j'ai vu la photo de ce type dans le journal, je l'ai tout de suite reconnu. Il fallait que je me confie à quelqu'un.

ANN RULE

À quoi il ressemblait ? À monsieur tout le monde. Ni grand, ni petit. Ni gros, ni mince. Un type banal, quoi. Quand je pense qu'il a bien failli m'assassiner ! Le plus bizarre, c'est qu'en montant dans sa voiture, je me suis tout de suite dit : Ce type est inoffensif...
Alors qu'il a tué toutes ces femmes.

Diantha G. (à l'auteur)
2 décembre 2001

Première partie

1

Les routes, comme les hommes, changent et vieillissent au fil des ans, parfois de manière si subtile que l'on ne s'en aperçoit pas tout de suite. La Pacific Highway, qui relie Tukwila, Kent, Auburn, Des Moines et Federal Way, était autrefois la voie royale, le centre nerveux du commerce de la région, mais depuis les années quatre-vingt, elle a été doublée, et détrônée, par une vraie autoroute : la I-5.

Jadis, la Pacific Highway permettait de s'évader du centre des villes pour aller danser au Spanish Castle, jouer à la roulette à bord du bateau ancré en permanence au bord de la Duwamish River, ou encore dîner au Rose's. Depuis, le Spanish Castle a brûlé, le bateau a coulé, Rose's a été rasé. Les motels sont devenus des repaires sordides. Et la prostitution s'est déplacée peu à peu du quartier chaud de Seattle pour gagner cette route passante, des clubs de strip-tease ont fait leur apparition, remplaçant parfois de confortables lieux de convivialité comme le restaurant hongrois Pepo's...

À la hauteur de l'aéroport international de Seattle-Tacoma, dit Sea-Tac, le paysage que traverse la Pacific Highway a été défiguré. Avec l'explosion du transport aérien, il a fallu agrandir et multiplier les pistes, et toute cette zone est devenue un chantier à ciel ouvert. Les maisonnettes construites après la guerre ont été démontées et embarquées dans des camions pour être transportées et reconstruites ailleurs. Autour de ces décombres, les pelouses ne sont plus que des friches foisonnantes où les arbres continuent à donner des fruits, sans plus personne pour les cueillir.

L'autoroute I-5 absorbant désormais la plus grande partie du trafic automobile, la Pacific Highway devint à la hauteur de l'aéroport – dans la zone connue sous le nom de Sea-Tac Strip – une voie secondaire au service du voisinage et des passagers en transit. Snacks, hôtels bon marché, serruriers, réparateurs de bicyclettes, vendeurs de piscines... On y trouve de tout... même de la drogue. Car l'urbanisation sauvage et anarchique a attiré une faune de dealers et de maquereaux, d'où une hausse du taux de la délinquance. Tout de même, qui aurait pu se douter que ces quinze kilomètres de route allaient devenir le terrain de chasse du tueur le plus violent d'Amérique ?

Les catastrophes s'annoncent souvent par des signes imperceptibles. Une fissure dans une falaise, quelques jets de pierre, une lézarde dans un barrage... Il suffit que des plaques au plus profond de la terre frissonnent, et des immeubles entiers s'écroulent. Le malheur n'a pas coutume de crier gare.

Sauf pour ses proches et la police de Kent, le meurtre de Wendy Coffield passa inaperçu en cet été 1982, où une affaire d'empoisonnement défrayait la chronique : à la suite de la mort de deux habitants d'Auburn ayant ingéré des cachets d'Excedrin contre la migraine, la Food and Drug Administration fit retirer de la vente des milliers de flacons de ce médicament.

Par ailleurs, pourquoi s'inquiéter outre mesure ? Des jeunes filles disparaissaient parfois dans la région du Puget Sound, mais on ne les retrouvait jamais assassinées, du moins pas par strangulation. Quant au danger représenté par la Green River, qui était prêt à prendre la chose au sérieux ? De toute façon, les nageurs lui préféraient les eaux limpides du lac Fenwick, avec ses rives aménagées pour les sports nautiques. En fait, le bord de la rivière attirait surtout les joggers et, le soir, des bandes de jeunes buveurs de bière.

 De nouveaux craquements annoncèrent la catastrophe imminente. C'était encore une fois un jeudi : le 12 août 1982, un mois après la découverte du corps de Wendy. Le cadavre nu d'une jeune femme fut repêché dans la rivière, à cinq cents mètres du pont où l'on avait trouvé Wendy, arrêté par des branches d'arbre.

L'enquête fut confiée à un jeune officier, Dave Reichert, trente ans, marié, trois enfants en bas âge, une belle tignasse brune et des yeux bleus perçants. Comme beaucoup de policiers du comté de King, ayant grandi dans le sud de la région, il connaissait le terrain comme sa poche.

L'été 1982 fut éprouvant pour la Brigade criminelle du comté de King, en particulier pour Dave Reichert. Trois semaines avant la découverte du corps de Wendy, ils avaient enterré l'un des leurs, mort dans une fusillade. Le sergent Sam Hicks, le coéquipier de Reichert, et son ami. Tous deux partageaient la profonde conviction qu'aucun « méchant » ne pouvait longtemps échapper à leur sagacité. Désormais, Reichert restait seul pour accomplir la mission qu'ils s'étaient fixée.

En pataugeant dans la Green River à la recherche d'indices, Reichert fut bouleversé par la vue de cette main de femme tendue vers lui du fond de l'eau comme pour l'appeler à l'aide au-delà de la mort. Et il se jura d'arrêter son meurtrier.

L'identification s'avéra plus aisée que celle de Wendy, puisque les empreintes figuraient dans les fichiers de la police. Debra Bonner. Vingt-deux ans. Prostituée, interpellée deux fois pour racolage au cours du mois passé.

Reichert et son nouveau coéquipier, Bob Lamoria, se mirent au travail.

Debra Bonner avait été aperçue pour la dernière fois le 25 juillet, soit dix-huit jours avant qu'on ne la retrouve flottant au fil de l'eau. En sortant du Three Bears Motel, sur la Pacific Highway au coin de la 216ᵉ Rue, elle avait déclaré à des copines qu'elle espérait « se trouver quelques fiancés ». Elle ne rentra pas. Sa chambre fut nettoyée et louée à d'autres. Cinq kilomètres à peine séparaient le motel de la Green River.

Jeune femme à la beauté exotique, Debra n'avait même pas terminé ses études secondaires, comme Wendy. Et, sans diplôme, impossible de trouver un emploi. Elle échoua aux tests d'aptitude de la marine. Puis elle tomba amoureuse d'un type, un dénommé Max Tackley, qui ne trouva rien de mieux que de la pousser sur le trottoir. Au début, il y eut des compensations. Il la promena dans sa Thunderbird flambant neuve, ils voyagèrent beaucoup, ils prirent de l'héroïne – un mode de vie dont on a du mal à décrocher.

Elle se vantait auprès de ses copines d'être « free-lance » sur le « circuit » passant par Portland, Tacoma, Seattle, Yakima et Spokane. Scrupuleuse et aspirant à changer d'existence, elle versait chaque semaine 25 dollars au tribunal municipal de Tacoma pour éponger une dette de 1 000 dollars d'amendes pour racolage. Et puis Debra était une bonne fille, elle téléphonait régulièrement à ses parents, qui acceptaient toujours ses appels en PCV. Son père devant subir une opération des yeux le 20 juillet, elle l'appela quelques jours après l'intervention afin de prendre de ses nouvelles.

Lors de ce qui fut sa dernière conversation avec sa famille, elle semblait en bonne forme. Néanmoins, à une serveuse dans un bar, elle confia en pleurant qu'elle n'était pas rassurée. Son amoureux à la Thunderbird la harcelait. Max Tackley prétendait qu'elle lui devait plusieurs milliers de dollars. Mais comment trouver tout cet argent ?

La peur de Debra se justifiait. Celui dont elle redoutait la violence avait, douze ans plus tôt, abattu un homme pour 25 dollars et passé pour ce crime cinq années derrière les barreaux. On imaginait volontiers qu'il ne laisserait pas filer entre ses pattes plusieurs milliers de dollars, même s'il n'avait pas la réputation de frapper ses compagnes.

Tout en gardant à l'œil Max Tackley, proxénète notoire et suspect numéro un, la police se mit en devoir d'interviewer près de deux cents personnes qui travaillaient dans les zones fréquentées par Wendy et Debra, en particulier le long de la

Pacific Highway. Des concierges d'hôtel, des chauffeurs de taxi, des barmen, des serveuses... Ils prirent contact avec les services de Portland et de Spokane pour voir si des affaires semblables évoquaient une série de règlements de compte.

Le 15 août 1982, l'enquête prit un tout autre tour avec une nouvelle découverte macabre. En ce chaud dimanche d'été, un homme à bord d'un canot pneumatique descendait la Green River, les yeux rivés au fond de l'eau, en quête de vieilles bouteilles susceptibles d'avoir une certaine valeur marchande – certaines bouteilles datant du XIXe siècle rapportaient quelquefois plusieurs centaines de dollars pièce.

Alors qu'il cherchait à distinguer l'éclat chatoyant d'un verre patiné au milieu de tout le fatras que les gens jetaient dans la rivière, il sursauta. Deux corps flottaient entre deux eaux, le fixant de leurs yeux vides ; des poupées géantes, peut-être, ou des mannequins de devanture... Hélas, leur apparence était trop réaliste... Comme, à l'époque, les téléphones portables n'existaient pas, le malheureux souqua ferme jusqu'à la berge pour appeler le bureau du shérif du comté de King.

Dave Reichert et l'officier de patrouille Sue Peters furent immédiatement dépêchés sur place par le central. Ni l'un ni l'autre ne se doutaient qu'ils abordaient un long cauchemar, une longue série d'horreurs qui se poursuivrait pendant vingt longues années et les marquerait pour le restant de leurs jours.

Comme c'était le week-end, on appela sur son bipeur Dick Kraske, commandant de l'Unité des crimes majeurs, alors qu'il bavardait avec un voisin en rentrant du supermarché. « J'ai tout de suite su que c'était une grosse affaire, dirait-il par la suite. Un peu comme quand mon patron m'a envoyé à Issaquah pour les victimes de Bundy. Il m'a dit de mettre une veste et une cravate, et de me magner le train. »

Kraske, qui croyait avoir vu le pire avec Ted Bundy, perdit ses illusions en débarquant au bord de la Green River quelques minutes après Reichert et Sue Peters.

Reichert photographiait les lieux. Après avoir descendu le talus à soixante-dix degrés, Sue Peters sur ses talons, il s'enfonça parmi les herbes hautes et les roseaux de la rive. Vu la hauteur et la densité de la végétation à cet endroit, il était impossible de distinguer les cadavres depuis la route. Les victimes gisaient clouées au fond de la rivière par d'énormes pierres qui les empêchaient, même gonflées par les gaz issus de la décomposition, de remonter à la surface.

En s'approchant pour mieux les examiner, Reichert glissa et se rattrapa au dernier moment, trébuchant sur un troisième corps.

Encore plus jeune que les autres, elle avait aussi la peau plus claire, quoique présentant des coups de soleil, sans doute post mortem. Une métisse. Étranglée avec son propre short.

Mais pourquoi ne gisait-elle pas au fond de l'eau ? Le tueur avait-il été vaincu par la fatigue, ou bien interrompu ? Dans tous les cas de figure, il avait fallu à l'assassin une force peu commune pour transporter ces trois corps jusqu'en bas du talus et les lester, malgré la vase dans laquelle on s'enlisait, de gros blocs de pierre.

L'adjoint Mike Hagan, de l'équipe de secours et de sauvetage, et l'unité de plongeurs arrivèrent en renfort. Ils explorèrent le lit de la rivière pendant que le médecin légiste examinait les corps. Finalement, ce dernier fit signe qu'on pouvait les remonter. En les hissant jusqu'en haut de l'à-pic, ils prirent garde à ne pas détruire les éventuels indices, même si la rivière avait sans doute déjà emporté ce qui aurait pu les mettre sur une piste, les traces de sperme, par exemple.

Alors qu'on enfermait les cadavres dans des sacs, Dick Kraske remarqua qu'on avait interverti par inadvertance les étiquettes indiquant l'ordre de leur sortie de l'eau. Ce genre de détail risquant de désorganiser les fichiers et de nuire à l'enquête, il exigea que l'on procède avec plus de lenteur.

Il demanda aussi le silence radio pendant que ses enquêteurs passaient au peigne fin ce coin de la Green River. Pas question d'alerter la presse, toujours à l'affût sur les ondes. Il voulait gagner du temps avant que les journalistes ne leur tombent dessus comme une nuée de mouches.

Les deux femmes lestées au fond de la rivière avaient la peau noire. La toute jeune fille sur la berge aurait aussi bien pu être noire que blanche. Toutes trois inconnues. Leur signalement correspondait-il à celui de personnes disparues ?

L'analyse des empreintes digitales étant compliquée par la longue immersion dans l'eau, qui relâche tous les tissus au point que la peau flotte autour de la main, certains médecins légistes la découpent pour l'enfiler eux-mêmes comme un gant et posent sur le tampon encreur l'endroit où la pulpe des doigts est rugueuse.

Ainsi, grâce à ses empreintes digitales, la première à être identifiée fut Marcia Chapman. Vingt et un ans. Une jolie femme ; traits régulier, bouche pulpeuse, si petite de taille que ses amis la surnommaient Tiny, qui signifie « minuscule ». Trois enfants ; onze, neuf et trois ans. Elle subvenait à leurs besoins grâce à la prostitution. Elle avait quitté son appartement le 1er août 1982, pour ne jamais revenir.

Pour les deux autres, la police diffusa dans la presse locale des portraits-robots, accompagnés de leur signalement. La seconde femme trouvée dans l'eau, un peu rondouillarde, mesurait un mètre soixante. Des cheveux mi-longs teints en roux. Quant à l'adolescente, elle mesurait un mètre soixante-cinq et était très maigre. Les cheveux courts et bouclés, une dent de devant ébréchée.

La police s'abstint de divulguer une information importante : alors que la première avait été retrouvée entièrement nue, les deux autres portaient encore autour du buste le soutien-gorge ayant servi à les étrangler. Ce n'était pas par esprit de cachotterie, mais les enquêteurs espéraient ainsi confondre les faux coupables : tous ceux qui viennent se dénoncer dès que les médias font du battage autour d'un crime sexuel.

Les journaux ne parlèrent pas non plus des cailloux de forme triangulaire introduits dans leur vagin, si bien incrustés qu'il fallut les extraire au bistouri.

La deuxième victime trouvée au fond de l'eau ne tarda pas à être identifiée à son tour. Cynthia Hinds. Dix-sept ans. Un joli brin de fille, connue sous le surnom de « Cookie ». Comme Wendy, Debra et Marcia, elle se prostituait. Son « protecteur » l'avait vue monter dans une Jeep noire, mais il restait incapable de donner le signalement du conducteur.

Cynthia n'avait pas de casier pour racolage.

2

Dave Reichert ne se souviendra jamais sans un frisson d'horreur de l'instant où il trébucha sur le cadavre de cette pauvre fille nue au bord de l'eau.

Opal Mills.

En voyant son portrait-robot dans le journal, les parents d'Opal comprirent pourquoi elle n'était pas rentrée à la maison. Seize ans à peine. Elle habitait une coquette maison de la banlieue de Kent entre son père et sa mère. Son frère, Garrett, était très attaché à elle.

Elle avait disparu le 12 août, soit trois jours avant la triple découverte de la Green River. Ce matin-là, Opal raconta à sa mère qu'elle repeignait une maison avec une nouvelle copine, Cookie (alias Cynthia Hinds). Sa mère reçut dans l'après-midi un coup de téléphone d'une cabine publique du parc d'Angle Lake. Et puis, plus rien... Quand on apprit à la meilleure amie d'Opal que celle-ci se prostituait, elle tomba des nues : « Je n'arrive pas à le croire ! On se disait tout ! »

On l'appelait la « petite Opal » parce qu'elle était haute comme trois pommes : à peine un mètre cinquante-deux. Comme sa mère, elle avait tendance à l'embonpoint. Son frère, lui, tenait plutôt de leur père. En revanche, ni l'un ni l'autre n'avait hérité de son tempérament colérique. Le frère et la sœur étaient très proches. Garrett, l'aîné, ne vivait plus sous le toit familial, son père se montrant très dur, sinon violent avec lui, déçu qu'il ne soit pas plus brillant au collège, ou qu'il n'ait pas l'étoffe d'un grand saxophoniste de jazz. Mais il ne frappait jamais Opal, même s'il lui tenait des propos parfois cruels, qui glissaient d'ailleurs sur elle comme sur les plumes d'un canard. Au lycée, Garrett était le souffre-douleur de ses camarades, d'une part parce qu'il était métis – père noir, mère blanche – et d'autre part un peu souffreteux (ayant subi une opération à cœur ouvert à l'âge de six ans). Son père l'encouragea à riposter en lui fourrant une barre de fer dans les mains. Mais Garrett, un garçon très doux, ne s'en servit jamais.

Opal était une collectionneuse. Leur père, malgré son mauvais caractère, les gâtait, leur achetant les écrans de télévision les plus grands, un magnifique saxo pour Garrett, ainsi que toute une série de petites voitures. Opal, quant à elle, accumulait tour à tour les poupées, les papiers bonbons, les posters... et à la fin, les noms et les adresses des garçons. Elle qui savait si bien inventer des histoires à propos de ses poupées se construisit tout un monde imaginaire peuplé d'amoureux transis.

Elle était souvent « fiancée », par exemple au colocataire de son frère. Pour aller à ses rendez-vous, comme à son lycée technique, Opal, sans voiture, prenait l'autobus.

Elle se plaisait aussi à croire qu'elle entretenait une liaison avec un homme plus âgé qu'elle, même si ce dernier avait déjà une petite amie qu'il voyait beaucoup plus souvent qu'elle. Opal lui écrivait, sans néanmoins oser les mettre à la boîte, des lettres où elle lui exposait ses griefs. Les enquêteurs les trouvant parmi ses affaires ne manquèrent pas d'interroger le destinataire de ces missives passionnées. L'homme ne voyait pas ce qu'elle pouvait bien lui reprocher. « Elle adorait écrire aux gens. C'est vrai, je suis sorti avec elle, et elle était furieuse que je ne vienne pas la chercher. Elle ne voulait pas prendre l'autobus jusque chez moi. Il est possible qu'elle m'ait aperçu avec mon autre petite amie, je n'en sais rien. Mais je sortais avec déjà avec l'autre bien avant ma rencontre avec elle. »

Pourtant, Opal n'était encore qu'une gamine. Une semaine avant sa mort, elle passa une journée entière avec Garrett.

Après avoir mangé un hamburger, ils piquèrent un chariot au supermarché et dévalèrent la colline à tombeau ouvert – comme s'ils avaient encore huit ans.

Moins de deux semaines après cette équipée sauvage, Garrett accompagna ses parents pour identifier sa sœur. À cause de la strangulation, le visage portait encore le masque de l'agonie. Son père déclara à un journaliste qu'il l'avait seulement reconnue « à ses doigts de pied tordus ».

Garrett eut des cauchemars pendant des années. Il avait promis à Opal, quand ils étaient petits, qu'il ne l'abandonnerait jamais, qu'il ne permettrait jamais à personne de lui faire du mal. Il se sentait coupable, comme s'il l'avait abandonnée.

Alors que la presse diffusait presque tous les jours la photo d'Opal, la rumeur prêta à Garrett un profil de meurtrier.

– Dave Reichert m'a interrogé pendant des heures, a expliqué Garrett. Quand je me suis rendu compte que j'étais un suspect, je n'en revenais pas que les gens me soupçonnent d'être mêlé à ces assassinats.

Un surveillant à l'école d'Opal déclara à un journaliste qu'il avait vu le « mac d'Opal » passer la prendre à l'école. En fait de mac, il s'agissait de son grand frère, qui venait la chercher pour la ramener à la maison. De fil en aiguille, le bruit courut que Garrett était un dealer. La police le prit en filature, et continua d'ailleurs sa surveillance longtemps après qu'il eut été lavé de tout soupçon. Comme il le déclara lui-même : « Je n'étais qu'un garçon souffreteux qui jouait mal du saxo et aimait les cochons d'Inde. »

En rentrant de la morgue, son père, ivre de rage et de chagrin, tua un cochon d'Inde. Cela n'empêcha pas Garrett de réintégrer le foyer familial pour aider ses parents à tenir bon dans la tempête. Mais le coup avait été trop rude. Le père sombra dans l'alcoolisme.

Opal avait-elle failli devenir une prostituée ? Cette question restera sans doute à jamais sans réponse. Elle aimait que les garçons s'occupent d'elle, qu'ils la couvrent de cadeaux, et elle avait des fantasmes de midinette. Cela faisait-il d'elle la proie toute trouvée d'un proxénète ?

3

Dick Kraske s'était montré très avisé en dévoilant aux journalistes le moins possible de détails sur l'enquête, car l'affaire bénéficia d'une incroyable couverture médiatique. Prompts à accréditer les versions non vérifiées des faits divers, ils eurent tôt fait de cautionner la rumeur selon laquelle toutes les victimes vendaient leur corps sur la Pacific Highway, information jugée sûrement « accrocheuse ». Le meurtre de prostituées rassure dans les chaumières. Après tout, si votre femme et vos filles ne se promènent jamais seules au bord de la grande route, vous êtes tranquille. Il ne leur arrivera rien. Si elles n'ont ni tatouage ni piqûres aux bras, aucun tueur ne s'intéressera à elles.

Dès le lundi 16 août, Dick Kraske mit sur pied l'équipe d'investigation de la Green River : vingt-cinq enquêteurs, en provenance du comté de King et des départements de la police de Seattle, de Tacoma et de Kent. La constitution de cette brigade spéciale fut encore une décision qu'il n'aurait pas à regretter. Personne, à l'époque, n'imaginait la suite des événements.

Les enquêteurs ne savaient même pas combien d'agresseurs ils poursuivaient. Car il arrivait que deux tueurs psychopathes s'associent pour commettre leurs meurtres. Au début des années quatre-vingt, l'odyssée meurtrière d'Henry Lucas et d'Ottis Toole défraya la chronique. Et en 1977-1978, Kenneth Bianchi et Angelo Buono violèrent et assassinèrent douze jeunes femmes à Los Angeles et à Bellingham. D'un autre côté, il semblait plus logique de penser qu'un seul assassin était venu chaque jour déposer un nouveau cadavre dans la rivière. À moins qu'il n'ait possédé un véhicule assez grand pour les contenir tous les trois.

4

Si les bien-pensants eurent l'impression de ne rien avoir à redouter de la part du tueur, les filles qui déambulaient sur la chaussée de la Pacific Highway ne changèrent rien non plus à leurs habitudes, pour la bonne raison qu'elles n'avaient pas le choix. Certaines trouvèrent certes opportun de s'acheter une arme à feu ou un couteau, mais aucune ne se permit de suivre les conseils des services sociaux : « Restez groupées. N'acceptez pas de rendez-vous avec des hommes que vous ne connaissez pas. Si vous vous sentez mal à l'aise, ne montez pas dans la voiture. Écoutez votre instinct. » Ils oubliaient qu'ils ne s'adressaient pas à des scouts ni à des étudiantes. « On leur a même dit d'éviter la rue, déclara une assistante sociale. Ces filles, elles croient qu'elles sont capables de se tirer de n'importe quelle situation. »

Le mois d'août se termina sans nouveau drame, mais on mit au jour trois affaires un peu plus anciennes présentant des similitudes avec l'assassinat des cinq jeunes femmes retrouvées dans la Green River.

Leann Wilcox avait seize ans en octobre 1981. Pour cette ravissante jeune fille, l'adolescence avait des allures de montagnes russes. Dès l'âge de treize ans, elle fut placée par sa mère en foyer éducatif. À seize ans, elle comptabilisait quatre arrestations pour racolage. Régulièrement, elle rentrait chez elle et jurait qu'elle allait changer de vie : des vœux pieux. Lors de sa dernière conversation avec elle, sa mère lui dit :

« Leann, tant que tu vis comme ça, je ne veux plus te voir. » Elle revit sa fille un mois plus tard, à la morgue, une fois qu'on l'eut retrouvée morte, le 21 janvier 1982, gisant sur le ventre dans un terrain vague. Étranglée.

Le 29 janvier, Virginia Taylor, dix-huit ans, prit le chemin de l'arrêt de l'autobus, dans la banlieue de Seattle, qui devait la mener jusqu'au bar où elle était danseuse nue dans un peep-show. Elle aussi rêvait d'une vie meilleure. Son mari de fraîche date purgeait une peine de cinq ans. Personne ne la vit monter dans le numéro 20 en ce jour de janvier. On savait qu'elle faisait parfois du stop.

Des enfants sortant de l'école trouvèrent son corps un peu plus tard le même jour dans un champ boueux. Entièrement vêtue ; étranglée.

Joan Conner, seize ans, habitait avec sa mère une bicoque en bois dans la banlieue nord de Seattle. Le jeudi 4 février 1982, sa mère lui laissa une carte de bus et un mot lui suggérant que c'était une bonne journée pour aller chercher du travail, étant donné qu'elle n'allait plus au lycée. Joan n'avait aucun lien avec la prostitution. Le hasard voulut qu'elle fasse une mauvaise rencontre. Battue, étranglée, morte, jetée près du Ship Canal, d'une voiture.

Sa mère, folle d'inquiétude de ne pas la voir rentrer à la maison, regardait le journal télévisé de midi le lendemain, quand elle écarquilla les yeux devant les images d'un cadavre que l'on transportait dans le véhicule du médecin légiste. « C'est Joan, c'est Joan ! » s'exclama-t-elle rien qu'à la vue de la forme du corps dans le sac en plastique.

Les trois victimes ne se connaissaient pas. Elles avaient cependant en commun leur grande jeunesse et le fait d'avoir été retrouvées mortes étranglées. La question que se posaient les enquêteurs était la suivante : existait-t-il un rapport avec les assassinats de l'été 1982 ?

On dit que le crime parfait n'existe pas, mais si l'on considère le nombre d'affaires jamais résolues supposant que des assassins courent toujours, alors, si, le crime parfait existe bel et bien.

Les enquêteurs ne tardèrent pas à réunir d'autres dossiers concernant des jeunes femmes étranglées dont on n'avait pas retrouvé le meurtrier.

Theresa Kline, vingt-sept ans, divorcée, un enfant dont elle n'avait pas la garde mais qu'elle voyait souvent. Ce jour d'avril 1982, elle avait rendez-vous avec son petit ami – elle n'était pas une prostituée. Avant de quitter le pub, elle déclara aux autres serveuses qu'elle allait prendre le bus ou faire de l'auto-stop. On retrouva son corps trois heures plus tard dans une ruelle avoisinante.

Patricia Crossman, quinze ans, une incorrigible fugueuse arrêtée trois fois pour racolage. Le 13 juin 1982, on découvrit son corps poignardé dans la banlieue de Des Moines, au sud de la Pacific Highway.

Angelita Axelson, vingt-cinq ans, fut portée disparue au début du printemps 1982. Un témoin l'aperçut en compagnie d'un homme dans un hôtel de passe de Seattle. On retrouva son corps, en état de putréfaction, le 18 juin. Étranglée, elle aussi.

Un bon nombre des portraits diffusés dans la presse furent pris par les services de police à l'occasion d'une arrestation pour racolage. Sur ces clichés, elles paraissent toutes fatiguées et tristes, mais résolues. Certaines ont les joues luisantes de larmes. Elles font toutes plus vieilles que leur âge. En tout cas, ces photos des services de police les classent à part : on n'a visiblement pas affaire à des étudiantes ou à de sages jeunes filles – le vivier d'un tueur comme Ted Bundy.

La police des comtés de Snokomish au nord, et de Pierce au sud, signala plusieurs cas similaires. En février 1982, Oneida Peterson, vingt-quatre ans, fut aperçue pour la dernière fois attendant le bus pour Marysville, État de Washington. On retrouva son corps le 8 du même mois, au bord d'une route. Elle ne s'était jamais prostituée, mais elle était morte étranglée.

Impossible de dire si tous ces crimes étaient imputables à un seul et même tueur. Mais la liste continuait jour après jour à s'allonger.

5

Giselle Lovvorn, dix-sept ans à l'été 1982, débarqua de Californie avec son petit ami, surnommé Jak-Bak, âgé de quelques années de plus qu'elle. Cet arnaqueur en tout genre, ayant trop tiré sur la ficelle, avait décidé qu'un changement d'air lui serait bénéfique.

Il trouva un emploi de chauffeur de taxi sur la Pacific Highway.

Giselle appartenait à la bourgeoisie ; son père était propriétaire d'une petite compagnie d'assurance. Malheureuse à la maison, elle fit plusieurs fugues et finit par laisser tomber ses études, ce dont se lamentaient ses parents en arguant qu'avec un QI de 145 c'était vraiment dommage. Giselle était d'un tempérament mélancolique, remuant des idées noires, écrivant des poèmes inspirés de son livre préféré, *Les oiseaux se cachent pour mourir*, de Colleen McCullough. Il lui arriva plus d'une fois de prendre la route avec pour unique bagage son sac à dos. Parfois, Jak-Bak l'accompagnait. Elle visita ainsi, en suivant les concerts du groupe des Grateful Dead, dont elle était une fan, un nombre impressionnant de coins des États-Unis.

Sa famille fut soulagée lorsqu'elle partit avec son ami pour Seattle avec l'intention de revenir peu après reprendre ses études en Californie.

Mais au bout d'une semaine, elle changea d'avis ; Jak-Bak avait réussi à la persuader de rester auprès de lui.

Petite et blonde, Giselle avait l'air à peine sortie de l'enfance. Pourtant, elle ne tarda pas à se retrouver sur le trottoir. Elle plaisait aux amateurs du style « écolière ».

Le 17 juillet 1982, son ami Jak-Bak se rendit au commissariat pour la déclarer disparue. Ayant quitté l'appartement pour faire quelques passes, elle n'était jamais reparue, même pour récupérer son sac à dos fétiche.

À la mi-septembre, le *Seattle Post-Intelligencer* publia un article précisant que la police enquêtait sur la disparition de deux jeunes femmes qui correspondaient au descriptif des victimes de la Green River. La première s'appelait Giselle Lovvorn. La deuxième, Mary Bridget Meehan, dix-huit ans. Son petit ami déclara l'avoir vue pour la dernière fois le 15 septembre à la sortie du Western Six Motel au bord de la Pacific Highway. Elle était enceinte de huit mois. Quand les enquêteurs lui demandèrent si Mary « travaillait », il se troubla et répondit : « Je n'en sais rien. »

Près de trois cents personnes avaient été jusque-là interrogées par les services de police du comté de King à propos des cinq premiers meurtres. Par ailleurs, une demande fut officiellement déposée auprès de l'unité spéciale du FBI, formée de psychiatres et de spécialistes en criminologie, chargée de constituer des profils psychologiques des criminels recherchés.

On savait que Wendy Coffield et Opal Mills avaient été inscrites à l'école de rattrapage de Renton, mais rien n'indiquait qu'elles se voyaient. Debra Bonner et Cynthia Hinds fréquentaient le même bar à Tacoma. Elles se connaissaient sans doute de vue, mais personne ne se rappelait les avoir croisées ensemble.

Le premier suspect fut l'amoureux/souteneur de Debra Bonner, Max Tackley, moins parce qu'il était soupçonné que parce que les enquêteurs n'avaient pas mieux à se mettre sous la dent. Arrêté, il fut soumis à un long interrogatoire pendant qu'on perquisitionnait chez lui, dans sa petite maison de Tacoma.

Mais fallait-il chercher un ou plusieurs tueurs ? Et s'il (ils ?) frappait de nouveau, allait-il (ils ?) jeter le corps de la prochaine victime dans la Green River, comme les cinq premières ? La police mit la totalité de la zone de Frager Road sous haute surveillance.

Le 25 septembre, un vététiste pédalait dans les rues délabrées de la ville fantôme, autour de l'aéroport international, où plus personne ne s'aventurait jamais, quand une odeur pestilentielle le prit à la gorge. À peine caché dans une haie retournée à l'état sauvage, il trouva un cadavre de femme. Elle était nue. Une paire de chaussettes d'homme était nouée très serré autour de son cou. Son degré de putréfaction interdisait toute identification.

Les enquêteurs pensèrent aussitôt à Giselle Lovvorn : le terrain vague se trouvait à quatre ou cinq kilomètres de l'endroit où elle avait été vue pour la dernière fois. D'après la déclaration de Jak-Bak au moment de sa disparition, Giselle avait un petit oiseau tatoué sur le sein droit. Et malgré les modifications dues à son état, ce petit oiseau était encore visible.

La brigade cynophile sillonna avec ses bergers allemands le terrain désert d'un bout à l'autre, à la recherche d'autres corps ou de tout indice ayant un rapport avec le séjour de près d'un mois de ce cadavre en ces lieux oubliés de tous. Les avions qui atterrissaient et décollaient sans cesse fournissaient une protection sonore imbattable : qui aurait entendu les cris désespérés d'une femme dans un pareil tintamarre ? Et puis aucun véhicule ne se risquait jamais dans ces rues défoncées, de toute façon fermées à la circulation. Quant aux amateurs de moto-cross, le vrombissement de leurs moteurs s'entendait de loin...

L'examen de la denture confirma que la victime était bien Giselle Lovvorn. Jak-Bak, bavard comme une pie, commença par affirmer à la presse qu'il avait été écarté comme suspect après passage au détecteur de mensonge. Il avait sa petite idée sur l'assassin Giselle. « J'ai entendu dire qu'il y avait un mac du nom de Peaches qui essayait de lui mettre le grappin dessus pour la faire bosser dans un hôtel. »

Les journalistes, au même titre que les enquêteurs, se désintéressèrent de lui à mesure que ses propos devenaient plus délirants.

La question demeurait donc entière : Qui ? Pourquoi ? Car il devait bien y avoir un mobile à tous ces crimes répugnants – six avérés jusqu'à présent ! Un psychopathe tuant pour le plaisir ? Un fanatique religieux qui voulait nettoyer les écuries d'Augias ? Un proxénète se taillant un territoire ? Un trafiquant de stupéfiants se servant de ces meurtres comme couverture pour protéger sa filière ?

6

L'absence prolongée de Mary Bridget Meehan inquiéta d'autant plus son entourage qu'elle était enceinte, presque sur le point d'accoucher. Ce n'était pas du tout son genre de disparaître sans prévenir.

Mary Bridget était la cadette des quatre enfants d'un couple de Bellevue, État de Washington, d'origine irlandaise et très catholique. Elle et son frère Tim avaient été adoptés à la naissance. Mary Bridget ne manqua jamais de rien. Elle eut une enfance heureuse et, si un léger handicap auditif freina ses progrès à l'école, elle compensa ses mauvaises notes par l'expression d'un indéniable talent artistique. Certes, Tim et elle formaient une fine équipe, encline à la rébellion : ils comptaient à leur actif bon nombre de bêtises. Au seuil de l'adolescence, elle « découvrit les garçons ». Quand sa mère la déposait devant son école, elle ignorait que Mary Bridget y entrait vite pour mieux se dépêcher d'en sortir par la porte de derrière et courir à un rendez-vous. Mais elle était si chaleureuse et si drôle que personne ne pouvait lui en vouloir longtemps.

Mary Bridget devait avoir quatorze ou quinze ans quand elle rencontra Jerry. Un garçon que même ses copains qualifiaient de « salopard ». Ses parents ne lui cachèrent pas leur désapprobation. Ce qui ne fit qu'attiser son envie d'être avec lui. Elle négligea son travail scolaire, ne pensant plus qu'à le retrouver coûte que coûte, quitte à faire le mur au beau milieu de la nuit.

Ses parents lui lancèrent un ultimatum : soit elle cessait de voir ce bon à rien et se remettait au travail, soit elle quittait la maison. Ils tinrent parole. Une nuit, en rentrant chez elle, Mary Bridget trouva porte close. Elle avait quinze ans.

Choquée, bouleversée, elle tint bon, cependant, préférant se geler les orteils à essayer de dormir dehors plutôt que de passer sous les fourches caudines.

Elle ne tarda pas à emménager avec Jerry. Au début, il s'en déclara ravi, mais, quand elle tomba enceinte, il déchanta. Comme ses parents, Mary Bridget était très croyante ; elle ne voulut pas entendre parler d'avortement. La première grossesse se termina par une fausse couche. La deuxième, non – elle n'avait pas encore seize ans. Jerry la jeta dehors. Trop fière pour retourner chez ses parents, elle se réfugia chez des copines. Elle eut alors une deuxième fausse couche qui lui laissa une impression d'échec insurmontable. Elle qui avait toujours été joyeuse et pleine d'allant, elle se méfia tout d'un coup des garçons qui la courtisaient. Elle n'eut désormais plus confiance en personne.

Un de ses admirateurs s'appelait Andy. Il habitait à Bellevue avec sa mère ; et cette dernière accepta que Mary Bridget emménage chez eux ; à cette époque où tant de parents se battaient pour que leurs enfants ne « tombent pas dans la drogue », il n'était pas inhabituel, quand votre fils ou votre fille vous suppliait d'aider leurs amis, d'héberger d'autres adolescents en danger. Cela dit, Andy et Mary Bridget ne restèrent jamais que des amis. Elle était trop fragilisée par ce qui s'était passé. Andy accepta ; il aimait sa compagnie. Son meilleur ami, Dave, trouvait aussi Mary Bridget charmante. Malgré son impression d'échec, elle possédait toujours cette chaleur et cette vitalité qui séduisaient tous ceux qui l'approchaient.

Dave tomba amoureux fou de Mary Bridget. Mais voilà : il avait déjà une petite amie à la maison, sa mère lui ayant ouvert sa porte comme l'avait fait la mère d'Andy pour Mary Bridget. Pour éviter une confrontation avec sa mère et sa petite amie, et quand même être avec Mary Bridget, Dave préféra ne pas rentrer chez lui et vivre sans domicile fixe. « Ça faisait un bout de temps qu'elle n'était plus chez ses parents quand je l'ai rencontrée et ça l'avait rendue un peu folle. » C'était en 1980. Mary Bridget vivait toujours chez Andy. Tout se passait très bien. De toute façon, Mary Bridget était trop traumatisée pour songer à faire l'amour. Elle raconta à Dave que ses parents n'avaient jamais levé la main sur elle mais ne lui avaient pas témoigné d'affection. C'était faux, et d'ailleurs Mary Bridget téléphonait chez elle presque chaque semaine. Ses parents l'aimaient énormément. Si elle avait accepté de se plier à leurs exigences de bonne conduite, elle serait rentrée.

Dave et Mary Bridget passaient à l'époque leurs journées à fumer du cannabis et à prendre du LSD en écoutant de la musique, en particulier le nouvel album des Pink Floyd's, *The Wall*. Ils vivaient dans un monde qui leur était propre. Mary Bridget fréquentait un centre d'accueil pour les adolescents sans abri de Bellevue. Après fermeture de ce centre, pour abus sexuels et usage de stupéfiants, Mary Bridget s'installa dans une sorte de bidonville pour ados à la dérive.

Mais écoutons Dave : « Mary Bridget était une espèce d'anar. Je l'admirais beaucoup à l'époque. Maintenant je me rends compte qu'on avait juste peur de la vie et que les choses ne tournaient pas rond pour nous. Nous acceptions l'échec comme un truc normal. Dans un sens, ça nous rendait forts. On avait l'impression qu'on ne pouvait pas tomber plus bas... Mais Mary Bridget n'avait rien de dépressif. Elle était toujours pleine d'entrain. » Sauf quand on abordait la question des enfants. Un jour, Dave eut le malheur de lui lancer en riant : « Tu ferais une mère nulle ! » Elle fondit en larmes. Ce fut l'unique fois où il la vit pleurer.

Mary Bridget prit l'habitude, quand elle se trouvait vraiment à court d'argent, de s'introduire dans la maison de ses parents pendant leur absence et de voler des objets de valeur susceptibles de lui rapporter quelques dollars. Un jour, Dave l'accompagna lors d'une de ces « expéditions ». La chambre de Mary Bridget était telle qu'elle l'avait laissée, un véritable musée dédié à l'enfant idéal, un peu comme si elle était morte. Dave comprenait de moins en moins pourquoi ses parents lui fermaient si obstinément leur porte.

Mary Bridget et Dave « cassèrent » à la fin de l'été 1980, mais Dave ne perdit pas le contact avec elle. Il la voyait de temps en temps. Elle lui racontait sa vie ; par exemple, qu'elle dormait dans un centre d'accueil où elle rencontrait des prostituées.

– Je me contentais de l'écouter, dit-il. On était tous les deux si flippés qu'on ne pensait même pas à chercher un vrai boulot. Elle échouait dans ce centre parce qu'elle n'avait nulle part où aller. Les putains lui fichaient la trouille. Elle détestait leur grossièreté et leur style d'humour.

Mary Bridget rapporta aussi à Dave un incident qui l'avait un peu secouée : une nuit, un homme l'avait suivie à sa sortie du centre en la prenant pour une prostituée. Il lui proposa 20 dollars. Elle se montra d'accord. Mais ensuite, quand il lui paya un hamburger et bavarda avec elle, elle prit peur et ne voulut rien faire.

– Il a eu pitié d'elle et n'a rien demandé, mais je voyais bien qu'elle s'habituait à l'idée. Pour plaisanter, je lui ai dit que 20 dollars, ce n'était pas beaucoup, à sa place j'aurais exigé le double. Ce n'était pas bien malin de ma part.

Cette amitié devait connaître une fin : elle arriva le jour où Mary Bridget débarqua chez Dave alors qu'il était avec sa petite amie. Elle ne revint plus jamais. Ensuite, il eut des nouvelles d'elle par des amis communs. Elle vivait dans un motel sur Aurora Avenue avec un type du nom de Ray.

Mary Bridget, qui, au fond, voulait s'en sortir, s'inscrivit à l'école de rattrapage de Renton (comme Wendy Coffield et Opal Mills). C'est là qu'elle rencontra le dénommé Ray. Ils formaient un couple mal assorti ; il était aussi petit qu'elle était grande. Elle tomba enceinte, le bébé étant attendu pour Noël.

Les parents de Mary Bridget ne portaient guère Ray dans leur cœur. Il avait battu Mary Bridget alors qu'elle était enceinte et lui avait cassé des côtes. C'étaient entre eux des disputes à n'en plus finir. À leurs yeux, Ray n'était qu'un bon à rien et un drogué. Au début, la jeune femme ne voulait pas entendre parler d'abandonner son enfant sous X ; elle disait qu'elle trouverait bien un moyen de l'élever.

Elle rentra chez ses parents pour les vacances de Noël. Elle pouvait à peine bouger tellement elle était grosse. Voyant qu'elle ne pourrait jamais compter sur Ray, elle se résigna à faire adopter son enfant à naître.

Le bébé vit le jour à Noël. Un bel enfant. Ses parents prirent des photos de lui en guise de souvenir... À sa sortie de la maternité, Mary Bridget préféra raconter à ses amies qu'elle avait accouché d'un enfant mort-né.

Tout en envisageant de retourner vivre avec Ray, elle resta chez ses parents jusqu'à la fin de janvier 1982. Puis, à leur grand désespoir, elle partit retrouver Ray et reprit sa vie itinérante, de motel en motel.

Un mois et demi plus tard, elle se retrouva enceinte de Ray. Ils emménagèrent à Chehalis, à une centaine de kilomètres au sud de Seattle, où un copain de Ray proposait de les héberger. Ray n'avait toujours aucun moyen de subsistance – il était plus ou moins entretenu par son père, propriétaire d'une boîte de nuit.

À la maternité de Chehalis, le terme de sa grossesse fut fixé au 27 novembre. Mais elle ne se présenta pas au rendez-vous suivant : sans doute jugea-t-elle plus utile de se plaindre des mauvais traitements que lui infligeait Ray, dans un centre pour femmes battues.

Le couple retourna dans la banlieue de Seattle, pour aboutir finalement au Western Six Motel, au bord de la Pacific Highway.

Lorsque, le 15 septembre, Mary Bridget quitta le motel pour ne plus jamais revenir, Ray refusa d'admettre devant la police qu'elle se prostituait. Il ne savait pas non plus très bien à quel stade de sa grossesse elle en était. Bref, il se révéla, sur bien des points, un témoin peu fiable.

7

L'opinion publique du comté de King telle qu'elle se reflétait dans les colonnes des journaux estimait en général que les victimes avaient pris des risques inconsidérées en s'attardant seules au bord de la Pacific Highway. La presse ne se privait pas d'accuser les pouvoirs publics de laxisme en matière de contrôle de la prostitution. On notera qu'aucune voix ne s'éleva pour condamner les clients de ces jeunes femmes en minijupe et talons aiguilles. Il était plus « politiquement correct » de faire retomber la faute sur les filles elles-mêmes.

À l'époque, j'habitais Des Moines, et combien de fois, au volant de ma voiture, ai-je vu ces jeunes femmes graciles marcher dans la brume sur le bord de la route derrière la ligne blanche ! Il m'arrivait, alors que l'enquête piétinait, d'arrêter mon véhicule pour les prévenir du danger qu'elles couraient. Je me rappelle que deux d'entre elles répliquèrent : « On est au courant, on fait gaffe. On fait marcher le téléphone arabe et on note les numéros d'immatriculation. » D'autres haussaient les épaules ; pour elles, seules les « bleues » étaient assez bêtes pour se faire prendre. L'une d'elles me toisa en me lançant d'un ton dur : « Mêlez-vous de vos oignons ! »

J'avais côtoyé des jeunes filles paumées lors de mon stage d'étudiante dans la maison de redressement de Hillcrest. Il y en avait de très belles. Plusieurs années après cet été-là, je tombai par hasard sur l'une d'elles à un arrêt de bus à Portland.

Elle me reconnut tout de suite et m'embrassa affectueusement, en m'avouant qu'elle avait « repris sa vie ». Irene était encore ravissante, et m'assura qu'elle la gagnait très bien, sa vie. Et un « ami » plus âgé lui avait acheté un appartement.

J'avais retrouvé une autre résidente d'Hillcrest dans la prison de la ville de Seattle alors que j'étais encore dans la police. Elle m'apostropha alors que je bouclais une de ses collègues dans une cellule voisine. Janice me demanda combien je gagnais. Je lui répondis : « Quatre cents dollars par mois ». Elle répliqua avec un large sourire :

– Tu pourrais gagner plus que ça par semaine si tu faisais comme moi !

– Mais toi, tu es en prison, et moi je suis libre ! lui rétorquai-je.

Et s'il n'y avait eu que les arrestations, songeai-je à part moi. On n'osait même pas aborder la question des mauvais traitements, et puis, elles avaient beau dire, l'argent ne coulait pas toujours à flots.

Je me souviens d'avoir reçu l'ordre de suivre l'une de ces jeunes prostituées dans un hôtel où elle était montée en compagnie d'un marin. J'en étais malade : pourquoi l'appréhender, elle, et laisser le client en paix ? La jeune femme non seulement boitait mais elle était enceinte. Le temps que j'arrive jusqu'à la porte de leur chambre, sur les talons du concierge, dont j'avais obtenu qu'il m'ouvrît la porte, l'acte avait été consommé. Je retrouvai ma « contrevenante » assise en tailleur sur le lit en train de dévorer un hamburger. Elle vendait ses charmes parce qu'elle avait faim ! Je fus tout de même obligée de la mettre – temporairement – sous les verrous.

Dans les années soixante-dix, j'ai interviewé une ex-call-girl qui avait monté, avec beaucoup de succès, une association intitulée Les parents aident les parents, association qui s'était donné pour mission de mettre en contact les parents qui battaient leurs enfants pour qu'ils trouvent une issue à la spirale de la maltraitance. Jolly K. était une belle femme brune habillée avec goût.

– Vous n'aviez pas peur d'être seule avec un homme que vous ne connaissiez pas ? lui demandai-je après qu'elle m'eut expliqué qu'elle retrouvait ses michetons dans les bars d'hôtel.

– Je savais tout de suite, après quelques minutes de conversation, si j'étais en sécurité ou non. J'ai été battue seulement deux fois.

Seulement deux fois !

Les hommes et les femmes de la brigade spéciale commandée par Dick Kraske avançaient pas à pas dans leur enquête, interrogeant l'entourage des six victimes et les témoins éventuels, sans trouver encore la moindre piste. Pour l'instant, ils ne pouvaient qu'esquisser des théories.

L'aéroport international de Sea-Tac se trouvant pile au milieu de la « zone des meurtres », on envisagea sérieusement la possibilité que le tueur soit un habitué des transports aériens. Un homme d'affaires ou, pourquoi pas, un pilote de ligne... En se basant sur cette hypothèse, les hommes de Kraske dirigèrent un temps leurs recherches vers les autres aéroports américains, au cas où il se serait commis des meurtres semblables à leur périphérie. Sans résultat.

En attendant, la liste des jeunes femmes portées disparues s'allongeait.

Terry Milligan, seize ans, fut aperçue pour la dernière fois dans un motel de la Pacific Highway. Son petit ami déclara sa disparition à la police, puis s'évanouit dans la nature. Le concierge du motel déclara qu'il avait assisté à une dispute entre Terry et une autre fille à propos d'un proxénète, mais le témoin se révéla incapable de donner un signalement.

Que faisait-elle sur le trottoir, cette jeune femme qui avait été une lycéenne brillante caressant le projet d'aller à Yale étudier l'informatique ? Son rêve vola en éclats quand elle tomba enceinte. En donnant naissance à un petit garçon, elle mit de côté ses ambitions.

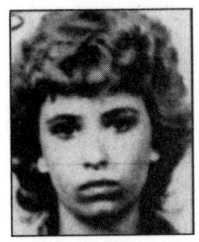Kase Lee fut aperçue pour la dernière fois par son mari – on ne retrouva jamais son corps. Elle aussi avait seize ans, mais sur les photos prises par les services de police, elle en accuse trente-cinq. Blonde aux yeux bleus, très mince. D'après les témoignages de son entourage, elle était souvent battue, mais elle n'avait jamais voulu dire par qui. Son mari, au même titre que le petit ami de Terry Milligan, fut rapidement disculpé.

8

Un suspect finit cependant par se présenter : un ancien voleur de voitures devenu chauffeur de taxi. Mel Foster. Quarante-trois ans. Un front haut et des lunettes cerclées de fer qui lui prêtaient une allure de comptable.

Le 9 septembre 1982, Mel Foster entra dans les bureaux de la brigade pour présenter ses théories personnelles sur la série de meurtres qui défrayait la chronique. Ayant suivi des cours de psychologie pendant ses neuf années de détention, il pensait être en mesure de proposer un profil psychologique du tueur. Au passage, il cita le nom de deux chauffeurs de taxi qui, à son avis, pouvaient bien être les coupables...

Les deux enquêteurs, Reichert et Lamoria, l'écoutèrent avec attention. Il est en effet de notoriété publique que les tueurs ont souvent à cœur de participer à l'investigation des meurtres qu'ils ont commis, tout comme les pyromanes sont attirés par l'attroupement provoqué par l'incendie qu'ils ont allumé.

Toujours est-il que Mel Foster prétendait avoir connu cinq des victimes.

– Vous êtes bien sûr de ce que vous avancez ? s'étonnèrent les enquêteurs.

– J'aime bien bavarder avec les mômes, leur répondit le chauffeur de taxi. Elles sont toutes seules, personne n'est là pour s'occuper d'elles...

À l'entendre, il jouait le rôle d'assistante sociale auprès de ces jeunes prostituées. En réalité, s'il s'intéressait à elles, c'était pour une tout autre raison. Mis au pied du mur, il admit avoir souvent été payé « en nature » quand les filles n'avaient pas assez dans leur porte-monnaie pour lui régler sa course. Mais il considérait que l'intérêt qu'il manifestait pour elles était un acte d'altruisme. Cela dit, il revint peu après sur ses déclarations et nia avoir connu les victimes, en arguant qu'il y avait eu malentendu. Soumis au détecteur de mensonge le 20 septembre 1982, il se révéla ce qu'il avait été tout du long : un fieffé menteur. Les deux chauffeurs de taxi qu'il avait dénoncés furent eux aussi soumis au verdict du polygraphe : ils n'avaient rien à voir avec les meurtres.

Un deuxième suspect ne tarda pas à émerger : John Hanks. Trente-cinq ans. Technicien en informatique. Jadis condamné pour avoir tué la sœur de sa première femme de seize coups de couteau, et actuellement de nouveau sous les verrous. D'après la police de San Francisco, il était leur suspect numéro un pour six meurtres encore non résolus, commis dans les années soixante-dix : des femmes tuées par strangulation.

Hanks fut arrêté à Palo Alto pour l'agression de son épouse à Seattle. Ils étaient mariés depuis moins d'un mois lorsque, le 9 septembre, elle déposa une plainte contre lui : il l'avait attachée par les chevilles puis à moitié étouffée.

Il se trouva que John Hanks avait séjourné à Seattle début juillet, à l'époque où les premières victimes disparurent. Le 8 juillet, il loua une voiture à l'aéroport de Sea-Tac, aux frais de la boîte pour laquelle il travaillait. Il ne ramena jamais la voiture à l'agence. On retrouva la Camaro gris métallisé abandonnée dans le parc de stationnement de l'aéroport, le 23 septembre.

La présence à Seattle de ce criminel apparemment porté sur la strangulation ne pouvait pas laisser indifférent. Les enquêteurs se rendirent à San Francisco pour l'interroger, mais s'aperçurent qu'il tenait un alibi solide. Plusieurs personnes se déclaraient prêtes à témoigner l'avoir vu à San Francisco pendant la période des meurtres. Il écopa tout de même de quatre ans pour voie de faits sur son épouse.

Mel Foster restait le seul suspect. Toujours aussi sûr de lui, il donna aux officiers de police l'autorisation de perquisitionner chez lui, dans la maison qu'il partageait avec son père, à soixante-dix kilomètres au sud de l'endroit où on avait découvert les corps des victimes. Après avoir fouillé le domicile de la cave au plafond et remué tous les outils, les cartons, bref tout le fatras accumulé par le père de Mel, la police s'en alla bredouille. Ils n'emportaient que quelques lettres de son ex-femme et d'une petite amie de Virginie-Occidentale, plus quelques photos de jeunes femmes, aucune ne ressemblant aux mortes ni aux jeunes filles portées disparues. Ils prirent aussi son calendrier où il notait les jours où il laissait sa voiture au garage pour réparations.

Ce qui n'empêcha pas Mel Foster d'ameuter la presse. Le 5 octobre, il s'autoproclama suspect numéro un. Il invita les journalistes à observer les policiers planqués qui le surveillaient et leur démontra qu'il ne pouvait pas être le tueur, puisque, primo, au mois de juillet, sa voiture était en panne ; secundo, il n'était pas assez costaud pour étrangler une jeune fille en pleine forme qui pouvait se défendre, et encore moins pour transporter son corps de la route jusqu'à la rivière ; tertio, il boitait depuis qu'il s'était déchiré un ligament dans le genou au mois de mars.

Il raconta sa vie aux médias. Divorcé cinq fois, il n'avait pas de chance en amour... ou plutôt, il avait le profil d'un obsédé sexuel papillonnant d'une femme à une autre. Sa dernière épouse avait demandé le divorce en l'accusant d'avoir cassé les côtes de leur petit garçon âgé de cinq semaines. Il se défendit en racontant qu'il avait trouvé l'enfant en train de s'étouffer et qu'en le ranimant il l'avait blessé accidentellement. En fin de compte, on leur enleva le bébé à tous les deux. Quand le divorce fut prononcé, en juin 1982, Mel était déjà fiancé à Kelly, dix-sept ans, une fugueuse... Kelly avait rompu peu après avec Mel parce qu'il « s'était toqué d'une fille de quatorze ans ». Avec un tel palmarès, il ne faut pas s'étonner que la police l'ait eu à l'œil.

Le chauffeur de taxi désormais au chômage frayait à l'époque avec un autre personnage haut en couleur qui marqua l'enquête d'une empreinte indélébile : la voyante Barbara Kubik-Patten. Ils se rencontraient presque tous les soirs pour prendre un verre au bar du restaurant Ebb Tide à Kent.

La médium déclara à la police avoir pris Opal Mills en stop peu de temps avant son assassinat. Peu après, quelque chose attira Barbara Kubik-Patten au bord de la Green River. Elle prétendit y avoir vu une petite voiture de couleur claire et entendu des cris. Le nom d'« Opel » ou « Opal » avait résonné dans sa tête.

Les enquêteurs prirent bonne note, mais les dates qu'elle avançait ne correspondaient pas aux jours des meurtres. Et puis cette histoire de « seconde vue » n'était guère leur tasse de thé ; cette dame les enquiquinait plus qu'autre chose. Pire encore, à force de jouer au détective dans la zone d'investigation, ses élucubrations risquaient d'influencer les autres témoins.

Barbara Kubik-Patten devint, pour la brigade comme pour les médias, une figure familière. Dès qu'un nouveau meurtre était découvert, elle rappliquait et se collait contre le ruban jaune du périmètre de sécurité. Un jour, à l'automne 1982, je me rendis en compagnie de mon rédacteur en chef sur les berges de la Green River, à l'endroit où l'on avait repêché le corps de Wendy Coffield. Et qui apparut ? Barbara Kubik-Patten, qui surgit d'entre les roseaux tel un spectre. Comme il fallait s'y attendre, elle nous tint des propos délirants sur son sixième sens et se montra fort déçue quand mon rédacteur omit de demander au photographe du magazine de lui tirer le portrait.

Par la suite, elle m'invita à venir les rejoindre, Mel Foster et elle, au bar de l'Ebb Tide, en m'assurant curieusement : « Mel ne vous fera pas de mal tant que je serai là. » Je pris soin de m'esquiver.

9

Dave Reichert n'appartenait à la Brigade des crimes majeurs que depuis deux ans, mais il était très compétent et doté d'un courage hors norme. Il en avait fourni la preuve à l'occasion de ce qui se révéla être une erreur de jeunesse : sous-estimant la détermination d'un forcené barricadé chez lui, il enfonça sa porte, et l'homme lui trancha la gorge avec un rasoir, manquant de peu la carotide. Reichert s'était juré de ne plus jamais commettre pareille faute de jugement.

Alors que la culpabilité de Mel Foster devenait de plus en plus improbable, la ville de Kent fut le théâtre d'une affaire à la fois proche et très différente des meurtres de la Green River.

Le 5 octobre 1982, Geri Slough, vingt ans, quitta son appartement de Kent, de bonne heure, pour se rendre à un entretien d'embauche. Comme cinquante autres jeunes femmes, elle répondait à une petite annonce parue dans plusieurs publications pour un poste de standardiste dans une société du nom de Comp. Tec. La police retrouva le journal, avec l'annonce entourée de rouge.

Elle avait rendez-vous avec un certain Carl Johnson, le patron de l'entreprise.

Geri ne rentra jamais chez elle, ni ne téléphona à ses amies pour leur raconter comment s'était passé son entretien. Sa voiture fut retrouvée le lendemain à Des Moines, et son sac et ses vêtements, ensanglantés, le 12 octobre, au sud du comté de King, à une soixantaine de kilomètres de sa voiture, au bord de la Pacific Highway.

Trois jours plus tard, le 14 octobre, un pêcheur remonta le cadavre de Geri des eaux du lac d'Alder. On lui avait tiré une balle dans la tête. Non seulement Geri Slough n'avait pas été étranglée, mais encore elle n'avait rien d'une prostituée. Seuls son jeune âge et le lieu de sa disparition correspondaient aux meurtres de la Green River.

Les enquêteurs eurent tôt fait de traquer l'individu qui louait les locaux de Comp. Tec. La moquette était tachée de sang... du groupe A. Sans doute celui de Geri – le laboratoire ne pouvait en dire plus, car, à l'époque, les tests ADN n'existaient pas encore.

Carl Johnson, qui s'appelait en réalité Charles Schickler, fut arrêté pour vol de voiture, quelques jours après la disparition de Geri, par la police d'un comté voisin. Cet escroc avait déjà à son actif une sombre histoire de vente par correspondance de pièces de monnaie de collection. C'était aussi un maniaco-dépressif. Pendant ses phases maniaques, il louait des locaux et y installait une quinzaine de téléphones pour diriger une entreprise qui n'avait d'existence que dans son imagination. Il avoua avoir publié l'annonce que Geri avait prise au sérieux dans le seul but de séduire de jolies jeunes femmes.

Charles Schickler se pendit avec son drap dans sa cellule, sans avoir expliqué ce qui s'était passé après l'arrivée de Geri dans son bureau fictif.

Le meurtre de Geri Slough et les assassinats de la Green River se disputèrent les gros titres pendant quelques semaines, puis le triste destin de Geri sombra dans l'oubli. On ne parla plus que du tueur de la Green River, que l'on qualifiait désormais de « tueur en série ».

Une rumeur tenace circula selon laquelle il aurait fait partie de la police. Un homme en qui les filles avaient confiance... qui les impressionnait.

10

John Douglas, un de ceux qui, avec Robert Ressler et Roy Hazelwood, ont développé ce que l'on appelle le *profiling*, était à l'époque agent spécial au FBI, spécialiste en criminologie. Ce fut lui qui rédigea le premier rapport concernant les meurtres de la Green River.

D'après John Douglas, ils avaient été commis par un tueur en série, concept qui en 1982 n'était pas aussi répandu qu'aujourd'hui.

Les suspects sur la liste des services de police – Mel Foster, Max Tackley, John Hanks et même Charles Schickler – ne correspondaient pas au profil de ce tueur qui s'attaquait exclusivement à des jeunes femmes, soit prostituées notoires, soit juste « paumées ». Quant à l'hypothèse selon laquelle il se présentait sous l'aspect d'un policier, Douglas ne l'éliminait pas : beaucoup de criminels se faisaient passer, grâce à un insigne ou au port de l'uniforme, pour un représentant de l'ordre afin d'inspirer confiance à leurs victimes.

L'agent du FBI était en tout cas persuadé qu'un seul homme était responsable de ces crimes, un homme qui ne craignait pas d'être arrêté sur le lieu de son crime ni à l'endroit où il s'était débarrassé du corps. Il n'avait aucun remords. Sans doute pensait-il que ces filles méritaient de mourir, qu'il « rendait service à l'humanité ».

– Le lieu du crime montre que l'agresseur ne cherche ni le pouvoir ni la publicité. Il ne met pas en scène le cadavre. Il n'a pas envie que les victimes soient retrouvées, et, si elles le sont, il a l'intelligence de leur subtiliser toute pièce pouvant permettre de les identifier facilement et les immerge dans l'eau, ce qui rendra la tâche de la police encore plus ardue.

Le tueur était, toujours d'après Douglas, un familier de la Green River. Soit il travaillait dans le coin, soit il chassait ou pêchait au bord de la rivière. Comme tous les tueurs en série, il se déplaçait beaucoup, sans doute au volant d'un véhicule peu voyant, vieux d'au moins trois ans et mal entretenu : une camionnette ou une grosse quatre portes.

Il s'était si souvent senti « grugé » par les femmes qu'il avait développé envers elle une haine effroyable. Dans l'esprit du tueur, une femme était une créature mauvaise qui se prostituait à la première occasion. Quand il en voyait une qui faisait le trottoir, son sang ne faisait qu'un tour.

John Douglas était persuadé que le tueur rôdait dans la zone urbaine de la Pacific Highway, le fameux Sea-Tac Strip, où le racolage était monnaie courante, parce qu'il venait de subir une déception sentimentale. Il était possible qu'une femme l'ait plaqué pour un autre homme.

– Il aborde les prostituées parce qu'il n'est pas du genre à draguer dans les bars. Il n'est pas assez beau parleur, il est trop timide, trop conscient de son manque de charme. Au départ, son objectif est peut-être uniquement d'ordre sexuel, mais, lorsque sa partenaire évoque un paiement pour ses petits jeux, affluent alors à sa mémoire tous les mauvais souvenirs qu'il associe avec l'amour et les femmes. Le côté droit au but de la prostituée acquiert pour lui une dimension menaçante. Elle prend par ce biais un pouvoir sur lui qui lui semble terrifiant.

Sur la question de son apparence et de son style de vie, Douglas se montrait affirmatif : « Votre agresseur est en bonne forme physique. Ni gros ni maigre. Un peu dans le style homme des bois. Il occupe sans doute un emploi qui exige de lui plus de force physique que d'intelligence : ouvrier, mécanicien, etc. Peu lui importe s'il se mouille ou se salit, ses passe-temps l'ont habitué à ces petits inconvénients. Il n'est pas perfectionniste et n'a rien d'un obsessionnel. Sans doute un buveur de bière et un gros fumeur. Depuis ces meurtres, il doit boire et fumer beaucoup plus. »

Au premier coup d'œil, la description paraît précise, mais entrez dans n'importe quel bar ou club de strip-tease au bord de la Pacific Highway, et vous trouverez des dizaines de types correspondant à ce signalement. Des centaines de pêcheurs ont leur « coin » sur les berges de la Green River. Des centaines chassent, boivent de la bière, fument, détestent les femmes et conduisent de vieilles bagnoles poussiéreuses. Par où devaient commencer les enquêteurs ?

Douglas ajoutait une précision : « Il vit la nuit et passe de nombreuses heures à rouler dans sa voiture. Lorsqu'il se sent acculé par le stress, il prend le volant et rôde dans la zone de prostitution. » Il venait sans doute revoir les sites où il avait déposé ses victimes, il continuait à aborder des prostituées, et parlait des meurtres avec elles...

– Il suit le développement de l'enquête dans les journaux et découpe les articles qui le concernent. Les objets qu'il leur a subtilisés (surtout les bijoux), il les donnera à la femme la plus proche de lui – petite amie, épouse, mère.

En même temps, la lecture des comptes-rendus dans la presse augmente la pression et lui fait perdre le sommeil. « Il a peur d'être repéré. »

Douglas avançait plusieurs solutions pour tenter de l'attirer dans un piège.

Si les journaux annonçaient que, grâce aux progrès spectaculaires de la police scientifique, les enquêteurs étaient enfin sur une piste, le tueur chercherait peut-être à intervenir pour détourner les soupçons. On pouvait aussi publier le nom des cimetières où reposaient ses victimes. Autre stratagème parfois efficace : les médias portant aux nues un enquêteur, le transformant en « super-flic », lequel multipliait des déclarations insultantes pour le tueur, le traitant de « créature démoniaque », alors qu'il décrivait les victimes comme des anges. Cette ruse avait déjà donné des résultats.

À l'opposé, un psychologue ou un journaliste de renom pouvait laisser entendre que la véritable victime était le tueur, et non les prostituées, en espérant que le coupable, se sentant enfin compris, essaierait de prendre contact avec lui.

Ces suggestions du FBI reçurent de la part des enquêteurs un accueil peu enthousiaste. Ils préféraient se servir d'un dispositif plus classique, comprenant pour l'essentiel des entretiens avec les témoins et des perquisitions chez les suspects éventuels.

En attendant le développement de l'enquête, les événements prenaient un tour inquiétant cependant que s'allongeait la liste des personnes disparues.

Debra Estes fut aperçue pour la dernière fois au Stevenson Motel sur Pacific Highway. Elle venait de fêter ses quinze ans. Cheveux courts permanentés et teints en noir, presque pas de maquillage. Debra était une fugueuse récidiviste. Ses parents vivaient dans la crainte qu'il ne lui arrive malheur. « La vie était comme un jeu pour Debra », déclara une de ses tantes, qui la recueillait souvent quand elle s'était disputée avec son père et sa mère.

Troublée par une puberté précoce, Debra se procura la pilule auprès du planning familial dès l'âge de dix ans, en se donnant quatre ans de plus.

Ses parents ne savaient jamais où ni avec qui se trouvait leur fille. En ce mois de juillet, elle ramena à la maison une amie un peu plus vieille qu'elle, une certaine Rebecca Marrero, dite Becky. Debra demanda s'ils pouvaient héberger Becky, mais, comme sa mère avait dit non, les deux jeunes filles repartirent.

Becky trouva un appartement, Debra emménagea avec elle. Par son intermédiaire, Debra fit de nombreuses rencontres masculines, dont celle d'un « petit ami », autrement dit, d'un souteneur. Sammy White. Debra et lui écumèrent les motels de la Pacific Highway : le Moonrise, le Ben Carol, le Western Six et le Lin Villa au sud de Seattle.

À l'âge de quinze ans, Debra avait déjà été bouclée deux fois pour racolage sur la voie publique. À voir les deux photos prises à quelques mois de distance, on dirait deux personnes différentes. Sur la seconde, elle a les cheveux blond platine et le visage tartiné de maquillage. Même sa mère n'aurait pu la reconnaître.

Autre fait remarquable : Debra avait déposé une plainte auprès d'un officier de police. Elle faisait du stop sur la Pacific Highway quand le conducteur d'un pick-up blanc s'était arrêté. Mais au lieu de la déposer comme convenu au coin de la 320e Rue à la hauteur du centre commercial, le Sea-Tac Mall, il l'avait emmenée sur une petite route déserte où il l'avait violée. Il était parti en emportant tout son argent. D'après Debra, le violeur avait dans les quarante-cinq ans – un mètre soixante-douze, brun, un début de calvitie et une fine moustache.

Un peu plus tard, la police trouva des témoins qui avaient vu un pick-up blanc sortir de la zone boisée décrite par Debra. Le 20 septembre, l'officier Larry Gross vint la chercher au Stevenson Motel pour l'emmener au poste de police, où on lui montra des photos de suspects. Elle ne reconnut personne.

Sammy White attendait Debra dans leur chambre au motel. Après lui avoir dit qu'elle espérait gagner assez d'argent pour qu'ils se louent une suite avec un coin cuisine, Debra descendit « travailler » dans la rue. Elle ne revint jamais. Deux jours plus tard, Sammy la déclara disparue. Il donna d'elle une description précise : pantalon noir, pull à col V anthracite brodé de fils d'or et d'argent, string rose fuchsia, boucles d'oreilles... et surtout ses cheveux, teints d'un noir de jais.

Debra ne revenant pas, Sammy vida les lieux, et le propriétaire du motel, après avoir nettoyé à fond la chambre, rangea les affaires de Debra dans un sac en plastique, avec l'intention de les garder si jamais elle voulait passer les prendre.

La disparition de Debra mit la police sur les dents. Ils interrogèrent en vain des dizaines de témoins, dont Sammy White se révéla le plus fuyant. Ils finirent par le coincer chez sa sœur. Mais il ne leur apprit rien de neuf, sinon que Debra prenait des amphétamines et portait son nom – Sammy White – tatoué sur son corps.

Debra Estes était-elle vraiment une personne disparue ? N'avait-elle pas plutôt décidé sur un coup de tête de partir pour la Californie ou ailleurs ? Elle était jeune et capricieuse. Et, pour reprendre l'expression de sa tante, elle voyait la vie comme un jeu. Une nouvelle aventure ne pouvait que la tenter.

Six jours après la disparition de Debra, Linda Rule fut aperçue pour la dernière fois à trente kilomètres au nord de la zone fréquentée par la première.

Linda Rule – Ziggy – avait seize ans. Après le divorce de ses parents, elle avait quitté le domicile familial pour se retrouver sur le trottoir. De petite taille, frêle, blonde décolorée. Le 26 septembre, entre 14 et 16 heures, Linda quitta la chambre de l'Aurora Avenue Motel qu'elle partageait avec son « petit ami » pour aller s'acheter des vêtements au Kmart. Elle portait un jean à fines rayures bleues et un blouson en Nylon noir.

Le petit ami de Linda, Bobby, vingt-quatre ans, s'affola quand il ne la vit pas rentrer ce soir-là. Il avait peur qu'elle se soit fait arrêter, avoua-t-il à l'enquêteur qui prit sa déposition lorsqu'il vint la déclarer disparue. « Il faisait encore jour, et elle ne travaillait jamais l'après-midi. »

Linda avait un profil hélas trop banal. Elle avait abandonné ses études dès le lycée, se droguait modérément – cannabis et amphétamines – et espérait pouvoir retrouver une vie « normale » dès que Bobby et elle seraient mariés.

Denise Bush, vingt-trois ans, fut aperçue pour la dernière fois le 8 octobre entre la 144ᵉ Rue et la Pacific Highway. Elle habitait en réalité Portland et n'était montée à Seattle (à trois heures de route de chez elle) que pour quelques semaines, pour la seule raison qu'elle avait entendu dire qu'on y « travaillait » bien.

Comme toutes les filles qui disparaissaient les unes après les autres, Denise laissa tout en plan. Elle sortit de son motel afin de s'acheter un paquet de cigarettes, pour ne jamais revenir.

Denise, de santé fragile, avait une histoire médicale compliquée, et seule la prise de médicaments l'empêchait d'avoir des crises d'épilepsie.

Shawnda Summers, dix-huit ans, fut aperçue pour la dernière fois le 7 ou le 8 octobre – la même nuit que Denise, ou le lendemain – au même croisement ; Pacific Highway et 144ᵉ Rue. Un mois s'écoula avant que quelqu'un ne signale sa disparition à la police.

Shirley Sherrill partit sans laisser d'adresse au mois d'octobre ou novembre. Dix-neuf ans. Une allure de mannequin. Un mètre soixante-quinze, très mince, brune, avec des yeux noisette. Elle fut aperçue pour la dernière fois par des copines le 18 octobre. Voici un extrait d'un témoignage : « Elle parlait à deux mecs dans une bagnole. Elle était vraiment belle ce jour-là. Je me suis dit qu'elle allait monter avec eux. Mais je n'ai pas vu la suite, ayant été moi-même ramassée. Je ne l'ai plus jamais revue. »

La veille de Noël 1982, Trina Hunter disparut des rues de Portland. Son histoire différait de celle des autres dans la mesure où ses parents l'avaient physiquement contrainte à la prostitution, la battant, l'enfermant dans un fenil dont ils la laissaient descendre à une seule condition : qu'elle sorte faire quelques passes et rapporte l'argent à la maison.

Un peu plus tôt, le 3 décembre, dans le comté de King, Becky Marrero, l'amie de Debra Estes, fut vue pour la dernière fois par sa mère, qui gardait son bébé d'un an. Après avoir

déclaré que, là où elle allait, « elle ne pouvait pas emmener son bébé », Becky partit avec un petit sac de voyage contenant un pantalon, un chemisier et ses affaires de toilette. Elle demanda à son père 20 dollars pour sa première nuit d'hôtel. Sa mère se dit qu'elle allait gagner un peu d'argent et rentrer pour Noël. Mais elle ne revint jamais.

La dernière disparition de 1982 fut, le 28 décembre, celle de Colleen Brockman. Quinze ans. Une jeune fille au physique ingrat que les photos montrent en robe chasuble et pull à col roulé, appareil dentaire à la bouche et peluche dans les bras.

Colleen habitait au nord de Seattle avec son père et son frère. Elle avait déjà fait des fugues à plusieurs reprises, jamais très longues. Or, cette fois, elle embarqua non seulement tous ses vêtements et ses cadeaux de Noël, mais aussi la stéréo familiale et de l'argent. Son père se rendit à la police pour porter plainte, dans l'espoir, d'après lui, qu'on la retrouverait vite et qu'elle pourrait bénéficier d'un soutien psychologique.

Une camarade d'enfance de Colleen, qui ne l'avait pas vue depuis longtemps, fut choquée lorsque Colleen lui confia qu'elle se prostituait. « J'étais terrifiée pour elle. Pourtant, elle avait l'air contente, elle m'a dit que ses clients étaient très gentils. Ils la couvraient de cadeaux et l'invitaient au restaurant. Elle était drôlement naïve. Elle croyait que c'était une forme d'amour. Je lui ai dit que ce n'était pas prudent, qu'elle risquait gros. Elle m'a alors avoué qu'un mec l'avait violée, et qu'après ça il ne pouvait rien lui arriver de pire... »

Et pourtant il semblait qu'il fût arrivé bien pire à la petite Colleen.

Avant de mettre un point final à cette macabre énumération des disparitions de 1982, je voudrais raconter l'histoire d'une jeune fille, que j'appellerai Penny Bristow, pour ne pas dévoiler sa véritable identité.

Penny travaillait pour un salaire de misère dans un commerce non loin du Sea-Tac Airport. Un soir de novembre sombre, froid et pluvieux, alors qu'elle était en début de grossesse et ne se sentait pas très bien, elle n'eut pas le courage de rentrer à pied chez elle. Elle aurait pu héler un taxi, mais le prix de la course lui aurait coûté la moitié de ce qu'elle avait gagné pendant la journée. Elle se résigna donc à faire du stop.

Un pick-up s'arrêta pour la prendre non loin de la 208e Rue. Elle comprit tout de suite que le type se demandait s'il avait affaire à une travailleuse des rues ou pas. À tout hasard, il lui avait offert 20 dollars contre une fellation. Et comme, après tout, elle n'était pas riche... et plutôt culottée, elle lui posa cette question : Est-ce que tu es le tueur de la Green River ? Il répondit non, allant jusqu'à sortir des pièces d'identité.

Elle accepta de se rendre avec lui dans un petit bois voisin.

Alors qu'il faisait déjà froid, il portait un short. Elle s'agenouilla devant lui, mais apparemment il ne parvenait pas à avoir une érection. Furieux, il la poussa d'un coup de poing dans les feuilles mortes et lui enfonça le visage dans la terre. Elle se débattit tant et si bien qu'elle finit par se redresser à moitié... Il hurla en l'accusant de lui avoir mordu la verge – ce qui était faux. L'instant d'après, il était derrière elle et elle sentit son bras lui serrer le cou. Elle continua à se débattre et à le supplier de ne pas la tuer.

L'espace d'une seconde, il relâcha son étreinte pour déplacer ses mains le long de sa gorge afin d'avoir une meilleure prise, et Penny en profita pour se sauver. Il essaya de courir après elle, mais se prit les pieds dans son short, qu'il avait descendu jusqu'à ses chevilles.

Penny réussit à se faire ouvrir la porte d'une caravane parquée à quelques centaines de mètres.

Lorsque Penny se décida, plusieurs années après les faits, à faire sa déposition à la police, ses souvenirs étaient encore tout frais dans sa mémoire.

Le type était un Blanc, la trentaine, cheveux bruns, moustache.

11

Un curieux petit garçon, pas tout à fait fini, un être étrange et vulnérable. Il n'était pas malformé, mais son visage ressemblait à une tête en papier découpé, avec des yeux immenses. Une mèche noire lui barrait le front et son nez présentait un long sillon en son milieu.

Il avait souvent l'impression de ne pas avoir sa place au sein de sa famille parce qu'il était dépourvu de toute originalité. Ses parents avaient beaucoup d'autres enfants, ainsi que des chiens et tant de chats qu'il n'avait jamais pu mémoriser tous leurs noms. À l'école, il était un élève médiocre. Il ne comprenait pas comment on pouvait arriver à trouver un sens à toutes ces lettres qui s'embrouillaient dès qu'il essayait de les ordonner.

Ses parents évoquaient parfois le jour où il avait failli se noyer ; ou plutôt où tout le monde l'avait cru noyé alors qu'il n'était même pas dans l'eau. Quand ils racontaient cette histoire, l'enfant se sentait réconforté, car il lui semblait qu'on tenait à lui. Sa mère toujours active et efficace, et son père qui rentrait du travail pour s'installer dans son fauteuil devant la télé.

L'enfant mouillait son lit, ce qu'il trouvait humiliant. Quand il était petit, ça passait encore, parce que les autres garçons faisaient aussi pipi au lit. Mais quand il continua à avoir des « accidents » à l'époque du collège, ce ne fut plus pareil.

Sa mère finit, non pas par le gronder, mais par se plaindre

de ce surcroît de travail. Il l'aidait à défaire ses draps, et ensuite il était obligé de s'asseoir dans un bain froid pour se laver les fesses et les jambes.

Et il y avait aussi les allergies, ce nez qui coulait en permanence. Quand il l'essuyait sur sa manche, ses parents lui disaient qu'il était dégoûtant, mais on ne lui donnait pas toujours des mouchoirs en papier.

En général, ils habitaient des maisons plutôt agréables, mais ils déménageaient souvent, alors il n'avait pas le temps de s'habituer. Il ne parvenait jamais à se faire des camarades à l'école. Quelquefois, il s'amusait avec les autres, mais au fond de lui il était toujours triste et en colère, poursuivi par la sensation d'être différent. Quand il avait sept ou huit ans, il lui arrivait souvent de se perdre. C'était au temps où ils vivaient dans l'Utah. Il avait du mal à s'orienter quand il s'éloignait trop de chez lui.

Un jour, il fut anéanti par une « énorme douleur sur le côté », à croire qu'il allait mourir. Personne ne s'en préoccupa. Au bout de deux heures, il trouva la force de rentrer chez ses parents. On le gronda à cause de son retard et on fit la sourde oreille à ses plaintes quand il raconta qu'il avait si mal au ventre qu'il pouvait à peine bouger.

Il se disait souvent qu'il mourrait avant ses vingt et un ans. Il faisait tout de travers. Un garçon de l'école appelé Dennis l'attendait souvent après la classe pour lui casser la figure. Quand il rentrait chez lui, les vêtements déchirés, le nez en sang, le visage griffé, son père hurlait, pas contre Dennis, mais contre lui !

– Si tu rentres encore une fois dans cet état, le menaça son père, c'est moi qui vais te flanquer une raclée !

Ensuite son père lui apprit à se défendre. Il lui montra comme positionner ses mains et ses pieds pour donner des coups de poing. « J'ai mis Dennis par terre une fois et je sais que mon père me regardait et qu'il souriait... Je pleurais autant que Dennis, mais mon père avait l'air satisfait, et il est reparti vers sa station-service dans la rue d'à côté. »

Il était toujours en colère. Il se plaisait à imaginer des tortures qu'il pourrait infliger aux autres. Il devint bon à la lutte. Il apprit à immobiliser ses adversaires à terre en posant ses pieds ou ses genoux sur leurs épaules.

Lorsque, à l'école, on l'obligea à redoubler, il cassa les carreaux de l'établissement à coups de pierre.

Il était pyromane, aussi. Il commença à mettre le feu vers huit ans. La première fois, il trouva une pile de vieux journaux dans une remise à quelques rues de chez lui. En jouant avec des allumettes, il y mit le feu. Quand il entendit la sirène du camion des pompiers, il fila dans la cave de ses parents. Il ne s'aventura dehors qu'à la nuit tombée. Personne ne devina jamais que c'était lui qui avait allumé l'incendie. Il s'en félicita et le même scénario se répéta plusieurs années après, sauf qu'il s'agissait d'un champ d'herbe sèche et non d'un bâtiment.

12

La brigade assignée aux meurtres de la Green River occupait une salle discrète encombrée de tables et de téléphones, en face de celle de la Brigade des stupéfiants, à l'arrière du bâtiment au bord d'Eliott Bay.

Dave Reichert, pour se vieillir, s'était fait pousser une moustache, et Fae Brooks était une femme noire très élégante au visage à moitié mangé par d'énormes lunettes, comme c'était la mode au début des années quatre-vingt.

Les téléphones carillonnaient presque sans interruption. Tant de jeunes filles avaient disparu ! La famille, les amoureux, les amis, tous les proches appelaient. Et puis il y avait les nombreux, trop nombreux, appels anonymes.

Fin janvier 1983, un ouvrier chargé de poser une canalisation le long d'un fossé à une centaine de mètres du Northgate Hospital tomba, en débroussaillant, sur un spectacle qui le remplit d'horreur : un squelette humain.

À l'autopsie, impossible de déterminer la cause de la mort : sur ces os ne restait même plus un lambeau de chair. Il fut cependant établi que c'était une femme. Sa denture correspondait à celle de Linda Rule, la petite blonde aperçue pour la dernière fois quatre mois plus tôt se dirigeant à pied vers le grand magasin Kmart.

En mars 1983, la crainte que le tueur continue à sillonner la Pacific Highway se mua en angoisse. Pourtant, derrière la ligne blanche, sur le trottoir de la Pacific Highway, les filles étaient toutes persuadées qu'elles étaient capables de repérer le tueur et de se défendre. Chacune mit au point à son propre usage un portrait-robot du client à éviter à tout prix, celui dans la voiture duquel elle ne monterait jamais. Et puis elles comptaient sur la solidarité : « N'oubliez pas avec qui je suis partie », avaient-elles l'air de dire aux copines quand un client les ramassait.

Le 3 mars 1983, Alma Smith fut aperçue pour la dernière fois au coin de la Pacific Highway et de la 188ᵉ Rue, à l'arrêt d'autobus du Red Lion Inn, un des meilleurs hôtels de Seattle. Cet arrêt était très recherché par les prostituées, parce qu'elles y avaient de meilleures chances de tomber sur des michetons au portefeuille bien rempli.

Alma avait grandi dans la petite ville tranquille de Walla Walla, État de Washington. Une de ses amies d'enfance, qui la voyait de loin en loin, témoigna en ces termes : « Alma ne venait pas à l'école régulièrement. Un jour elle était là, et le lendemain elle disparaissait pour des jours et des jours. Elle ne m'a jamais expliqué pourquoi, mais une fois je lui ai demandé où elle allait, elle m'a répondu Seattle. Alma avait deux ans de plus que moi, mais je me suis dit que ça devait être terrifiant de se retrouver seule dans une aussi grande ville. »

Le 3 mars, Alma et sa copine Sheila faisaient le pied du grue à l'arrêt de bus du Red Lion Inn. Sheila monta dans une voiture avec un micheton, et, quand elle revint au même arrêt quarante-cinq minutes plus tard, Alma n'était plus là. Sans doute faisait-elle une passe. Quand elle posa la question aux autres filles, elle s'entendit répondre : « Elle est partie avec un mec en pick-up bleu. » Un Blanc ? « Oui, un mec sans rien de spécial ».

Le 8 mars, le même arrêt d'autobus fut le témoin d'une autre disparition : celle de Dolores Williams. Grande et svelte, elle avait un sourire charmant, et seulement dix-sept ans.

Le 17 avril, à l'intersection de la Pacific Highway et de la 144ᵉ Rue – encore un lieu de tous les dangers pour les jeunes prostituées –, Sandra Gabbert disparut à jamais.

Sandra vivait avec son petit ami, encore adolescent, comme elle. Ils parvenaient à peine à payer leur chambre de motel. La mère de Sandra – divorcée, touchant le salaire minimum au service d'entretien des parcs municipaux de Seattle – savait que sa fille vendait son corps pour survivre. Elle n'essayait pas de lui faire la morale, mais se rongeait les sangs à l'idée des risques qu'elle courait. « Je lui disais : Ma chérie, tu vas te faire tuer ! Et elle me répondait : Mais non, maman, ne dis pas de sottises. Elle ne voulait pas en parler parce qu'elle savait que ça m'affolait. En une demi-heure, le temps d'une passe, elle ramassait autant de fric qu'en deux semaines derrière le comptoir de Kentucky Fried Chicken. Avec ça, comment voulez-vous que je lui explique qu'il vaut mieux avoir un emploi normal ? »

La dernière fois que sa mère vit Sandra, elles dînèrent dans un restaurant mexicain. Sandra lui parla d'un projet de voyage à San Francisco. « En lui disant au revoir, j'ai eu l'impression que je ne la reverrais pas avant longtemps. »

Quatre jours après, Sandra n'était plus là.

Quelques heures plus tard seulement, ce même 17 avril, c'est dans le centre de Seattle que se produisit une nouvelle disparition : celle de Kimi-Kai Pitsor.

Le même homme avait-il pu enlever les deux adolescentes

le même jour ? Après tout, en prenant l'autoroute I-5, il ne fallait qu'une demi-heure pour s'y rendre depuis l'intersection de la Pacific Highway et de la 144ᵉ Rue. Et, huit ans plus tôt, Bundy avait tué deux femmes un même dimanche après-midi. Mais il les avait trouvées toutes les deux en train de prendre un bain de soleil dans le même jardin public.

Kimi-Kai ressemblait un peu à Sandra dans la mesure où toutes les deux étaient très brunes, avec des cheveux noirs et une frange. Kimi-Kai marchait au bord de la Pacific Highway avec son petit ami quand elle fit signe à un type dans un pick-up d'aller l'attendre au coin de la rue, loin des regards.

Ce n'était pas la première fois que les enquêteurs enregistraient le signalement d'un pick-up dans l'affaire des meurtres de la Green River. Mais cette fois, il était plus précis : un vieux pick-up vert avec une couche d'apprêt sur la portière côté passager.

La presse de Seattle diffusa la description du véhicule, bien sûr, sans grand espoir : il y avait beaucoup de camions verts en mauvais état dans la région !

Le New West Motel était situé au bord de la Pacific Highway, à la hauteur de la 216ᵉ Rue. Au cours de la troisième semaine d'avril, Gail Mathews, une jeune femme à la beauté exotique, aux longs cheveux noirs, à la bouche pulpeuse, y loua une chambre pour elle et son ami Curt. Elle s'était séparée de son mari depuis peu, et était sur le point de divorcer en lui laissant la garde de leur enfant. Quant au dénommé Curt, c'était un joueur professionnel. Lui et Gail vivaient au jour le jour, sans domicile fixe ni voiture.

Alors que Curt décidait de prendre le chemin de la Midway Tavern, sur la route de Kent, où il espérait se joindre à une partie de poker, Gail lui promit de trouver un moyen pour qu'ils puissent garder leur chambre au motel encore un jour ou deux. Comme il fallait marcher près d'un kilomètre jusqu'au bar, Curt décida de prendre l'autobus. Il attendit donc à l'arrêt au coin de la Pacific Highway et de la 216e Rue. En observant d'un œil distrait la circulation automobile, il remarqua un pick-up Ford bleu ou vert plutôt en mauvais état, dont la carrosserie présentait des parties poncées prêtes à recevoir un coup de peinture.

Curt sursauta en reconnaissant Gail assise à côté du conducteur, un homme au crâne un peu dégarni, la petite trentaine. Il portait une chemise à carreaux de style bûcheron.

Au moment où il allait lui adresser un signe, Curt hésita. « Elle avait l'air hagard, déclara-t-il par la suite au FBI. Elle regardait droit devant elle. C'était bizarre. Elle me fixait des yeux, comme si elle ne me voyait pas. Je suis sûr pourtant qu'elle pouvait... Il ne faisait pas encore noir... Elle se serrait contre la portière. » Le camion tourna à gauche et disparut. « J'ai essayé de courir après, mais il allait trop vite pour moi. »

Dans l'autobus, il essaya de se raisonner, en se disant qu'il ne fallait pas s'affoler. À la Midway Tavern, personne n'avait envie de jouer au poker ; il finit par rentrer au motel au bout d'une heure et par se poster à la fenêtre de leur chambre pour scruter le trafic sur la Pacific Highway. Gail ne revint pas ce soir-là, ni les soirs suivants.

Il appela tout de suite la police pour la signaler comme personne disparue. Mais on lui répondit qu'il fallait que la déposition soit effectuée par quelqu'un de la famille. Il parcourut tout le quartier en revisitant tous les endroits où ils s'étaient arrêtés tous les deux, en vain. Personne n'avait vu Gail. En repensant à l'attitude de Gail dans le pick-up, il se disait à présent que le conducteur la menaçait sans doute avec une arme blanche ou un pistolet, et qu'elle avait trop peur pour crier. Sinon, elle lui aurait au moins adressé un petit sourire.

Ils étaient ensemble depuis près d'un an. Ils s'entendaient bien. Curt ne pouvait pas imaginer que Gail le plaque sans explication. Ils n'avaient pas le sou, d'accord, et la vie n'était pas facile, mais ils avaient confiance en l'avenir, ils allaient s'en sortir, se bâtir une existence meilleure. Le coup était sévère pour lui.

Le jour où la police fut en mesure de lui apprendre ce qu'il était advenu de Gail, il était détenu dans une prison du Texas pour trafic de stupéfiants. Il accepta volontiers de se livrer à une séance d'hypnose : si cela pouvait permettre de faire revenir à sa mémoire un numéro d'immatriculation ou un signalement plus précis de l'homme qu'il avait entraperçu ! Hélas, Curt ne se souvenait que du regard lointain de son amie.

Huit jours après la disparition de Gail Mathews, un autre enlèvement se produisit exactement au même endroit. Marie Malvar avait dix-huit ans. Philippine, elle était la fille chérie d'une famille nombreuse. Ses parents la croyaient en sécurité. Marie leur avait juré que son ami (que nous appellerons Richie) notait les numéros de toutes les voitures dans lesquelles elle montait.

Richie regarda approcher un pick-up de couleur sombre. Alors qu'il s'arrêtait à leur hauteur, ils remarquèrent sur la portière une trace plus claire qui brillait dans la lumière : une couche d'apprêt, sans doute. Marie échangea quelques paroles avec le conducteur et grimpa dans le camion.

Comme d'habitude, par mesure de sécurité, Richie suivit dans sa propre voiture, à bonne distance. D'après ses gestes, il comprit que Marie avait des problèmes. Apparemment, elle avait envie de descendre du camion. Le conducteur ralentit, mais seulement pour faire demi-tour dans le parc de stationnement d'un motel. Il roula ensuite vers le sud. Richie l'imita, mais il loupa le feu vert de la 216ᵉ Rue. Il vit de loin le camion tourner vers la Green River.

Pensant pouvoir le rattraper sur cette route, Richie trouva curieux de ne plus voir de feux arrière devant lui. Le pick-up semblait s'être volatilisé. En fait Richie n'avait pas distingué le panneau quasi invisible qui indiquait une voie sans issue à la droite de Military Road. Abasourdi, il rebroussa chemin et attendit que le type du camion ramène Marie.

Marie ne reparut pas.

Comme Marie et lui avaient des activités liées à la prostitution, Richie hésita à demander secours à la police. Il craignait tout autant le père de Marie, qui serait fou furieux d'apprendre que Richie avait laissé sa fille courir des risques pareils. Mais lorsque quatre jours s'écoulèrent sans qu'elle donne signe de vie, Richie se rendit au commissariat de Des Moines. Il eut pour interlocuteur le sergent Bob Fox. Cependant, au lieu de raconter toute la vérité, Richie se montra si vague que Bob Fox, sans songer aux meurtres de la Green River, se demanda si Richie ne s'était pas débarrassé de sa petite amie. Ou bien si Marie était partie sans laisser d'adresse après une dispute.

La famille, une fois prévenue, entreprit elle-même des recherches. Son père et son frère, guidés par Richie, retracèrent son parcours le long de Military Road, cette fois en plein jour. Il n'y avait pas beaucoup de maisons dans le quartier. Finalement, ils aperçurent un petit panneau sur le côté droit de la route, indiquant « 220th Place ». Ils se retrouvèrent dans une voie sans issue desservant huit maisons basses. Et c'est là qu'ils le virent : le vieux pick-up. Ils s'approchèrent : sa portière côté passager présentait une grosse tache d'apprêt.

Ils ne firent ni une ni deux : ils téléphonèrent à la police de Des Moines. Bob Fox accourut avec son coéquipier. Ils frappèrent à la porte pendant que le père, le frère et le petit ami de Marie observaient à distance. Fox parla un moment avec l'homme qui avait ouvert la porte.

– Il a dit qu'il n'y a pas de femme chez lui, rapporta Bob Fox peu après. Il a dit qu'il n'y a jamais eu de femme.

Le propriétaire du pick-up ne leur sembla pas louche, même pas nerveux, juste curieux de savoir pour quelle raison la police venait frapper à sa porte. Bob Fox n'était même pas certain qu'il s'agissait du camion que Richie avait suivi dans la nuit. De toute façon, ils n'avaient pas de mandat pour perquisitionner. Le type, bienveillant, leur assura qu'il vivait seul et venait d'acheter la maison.

Les proches de Marie surveillèrent un bon moment la maison de cet homme, n'osant pas aller tambouriner sur sa porte. Puis ils se résignèrent à ne plus y aller que de temps à autre, histoire de vérifier s'ils n'apercevaient pas la silhouette de Marie à une fenêtre.

Les enquêteurs se montraient très dubitatifs à propos de la thèse selon laquelle le tueur aurait conduit un vieux pick-up cabossé. A priori, il ne leur apparaissait pas comme le genre d'individu à se laisser repérer aussi facilement. Kimi-Kai et Marie avaient sans doute fait une autre rencontre après avoir été ramassées par le véhicule décrit par leurs petits amis respectifs.

13

Rétrospectivement, étant donné tout ce que nous savons aujourd'hui sur les tueurs en série, cet homme nous semble possédé par une frénésie meurtrière : pour ce type de criminel, l'assassinat est une sorte de drogue dont il faut augmenter peu à peu la dose pour bénéficier de ses effets, autrement dit pour se sentir dans son état « normal ».

Au printemps, les disparitions continuèrent à un rythme plus soutenu.

Martina Authorlee, dix-neuf ans, fut aperçue pour la dernière fois le 22 mai à l'arrêt d'autobus du Red Lion Inn. Née en RFA, où était stationné son père, soldat de l'US Army, Martina était venue vivre aux États-Unis avec ses parents en 1968, sur la base de Tacoma. Elle voulut s'engager dans l'armée, mais ne termina pas ses classes. À partir de là, sa famille ne sut plus très bien en quoi consistait sa vie. Elle leur raconta qu'elle avait un job dans l'Oregon. Ils ignoraient par exemple qu'elle avait été interpellée pour racolage à Seattle.

Cheryl Wims disparut le 23 mai du centre de Seattle, le jour de ses dix-huit ans. Une douce jeune fille à l'air sage. Fallait-il l'ajouter à la liste des meurtres de la Green River ? Les

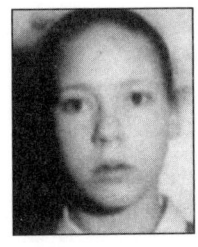 enquêteurs n'en étaient pas certains. D'après sa mère, Cheryl avait des problèmes de drogue mais ne se prostituait pas, même si elle n'allait plus au lycée. Elle avait eu un job dans un restaurant du centre. Interrogé, le patron de cet établissement qualifia la jeune fille de « tranquille et consciencieuse ».

Yvonne Antosh, dix-neuf ans, une belle brune à la somptueuse chevelure, fut aperçue pour la dernière fois le 30 mai 1983, sur la Pacific Highway, au coin de la 141e Rue...

Elles étaient si nombreuses à disparaître sans laisser de traces qu'il semblait incroyable que personne, ni piéton ni automobiliste, ne remarque rien. Les filles sur la Pacific Highway étaient à cran, et prenaient soin de dévisager longuement les hommes qui leur proposaient de monter dans leur voiture.

Les victimes présumées se volatilisaient par petits groupes – plusieurs à la fois au même endroit. À la brigade, on ne pouvait s'empêcher de comparer le tueur à un pêcheur qui, trouvant un bon coin, revenait régulièrement y lancer sa ligne.

 Connie Naon, vingt ans, conduisait une vieille Chevrolet Camaro qu'elle laissait souvent dans le parking du Red Lion Inn pour aller « travailler » sur la route. On s'étonnait de voir une fille aussi belle sur la Pacific Highway. Mais elle était toxicomane, et la drogue représentait pour elle un gouffre financier. Ce qui ne l'empêchait pas d'avoir un emploi fixe dans une entreprise. D'ailleurs, le 8 juin, elle devait passer y prendre son chèque. Elle appela son petit ami pour lui dire qu'elle arrivait chez lui dans vingt minutes. Elle n'y parvint jamais.

La police retrouva la Camaro de Connie au pied du Red Lion Inn.

 Carrie Rois, seize ans et un petit air à la Brooke Shields, disparut à la mi-juillet. Aussi incroyable que cela puisse paraître, sa famille l'avait perdue de vue.

La mère de Carrie avait divorcé de son père, puis son beau-père l'avait battue. L'adolescente porta plainte contre lui aux services sociaux et vécut ensuite dans un foyer. Au printemps 1983, elle fréquentait encore le lycée Garfield, de Seattle, où elle joua de la flûte – un cadeau de son grand-père – à la fête de fin d'année.

Mais Carrie aimait s'amuser avec ses copains, essayant un peu toutes les drogues, cannabis, cocaïne... et alcool. Sa meilleure amie – avec qui elle avait fait plusieurs fugues – constata en sortant de la maison de correction que Carrie traînait avec des filles qu'elle ne connaissait pas dans des endroits « dangereux », comme un bar topless de la Pacific Avenue appelé My Place.

Certaines de ses nouvelles copines témoignèrent que Carrie avait eu une expérience singulière avec un client. Un homme – dont elle ignorait le nom – l'avait conduite en voiture loin du Sea-Tac Strip, presque jusqu'au Snoqualmie Pass, à près de quatre-vingts kilomètres de l'aéroport, pour « voir la neige ». Elle était rentrée abrutie par Dieu sait quelle drogue, se rappelant seulement que le type était blanc et portait une casquette de base-ball.

Comme j'habitais Des Moines depuis 1963, cette zone de la Pacific Highway située au sud du quartier de l'aéroport m'était familière. J'y faisais souvent mes courses, en particulier au supermarché Safeway. On y trouvait aussi un drugstore et le meilleur pépiniériste de Des Moines.

Tous ignoraient que le Three Bears Motel était un hôtel de passe. Ainsi que le New West Motel. Personne ne considérait cette section de la Pacific Highway comme mal famée. J'allais souvent dîner en famille au Blockhouse, à quelques rues de là. Le coin de la 216e Rue m'avait toujours paru plus sûr que n'importe quel quartier de Des Moines !

Le destin de Rose Johnson, peut-être la plus belle de toutes les jeunes femmes assassinées par le tueur de la Green River, semble avoir été presque plus horrible que celui des autres.

Rose, victime d'incestes perpétrés par plusieurs personnes de sa famille, lâcha ses études dès le secondaire. Sa mère, une femme au tempérament volcanique, lui reprochait l'échec de son mariage. Plutôt que de la défendre contre son père, elle la traitait en rivale.

Le père lui rendit la vie infernale, la priva de toute intimité, allant jusqu'à enlever la porte de sa chambre, de sorte qu'elle était obligée de s'habiller dans son placard. Il refusa même de remplacer le carreau de sa fenêtre au cœur de l'hiver. Elle grelottait malgré le carton qu'elle avait collé sur l'ouverture. Et pour finir, il posa des cadenas sur les placards de la cuisine et le réfrigérateur.

Rose n'eut pas le choix. Dès qu'elle eut gagné quelques dollars, elle s'acheta une vieille voiture, une ruine, où elle élut domicile. Après tout, en été, ce n'était pas si terrible.

Rose avait tellement peur de sa mère que, même après que son père eut quitté la maison, elle refusa de rentrer chez elle. Voici le témoignage d'une de ses amies : « C'était dans un grand magasin. Cette femme s'est approchée tout doucement de Rose par-derrière et lui a fait peur. Elles ont échangé quelques paroles déplaisantes, puis la femme est partie. Quand Rose m'a dit que c'était sa mère, je n'en revenais pas. Elle s'était montrée si méchante avec Rose... Je voyais bien qu'elle n'aimait pas sa fille. »

Rose garait parfois sa voiture dans le parking du Red Lion Inn, au coin de la Pacific Highway et de la 188e Rue, mais elle préférait en général la laisser plutôt dans un petit parc de stationnement à côté d'un coiffeur pour hommes, à la hauteur de la 142e Rue. Le coiffeur la connaissait de vue. Il avait aussi remarqué qu'elle était très belle, et toujours seule – il ne l'avait jamais vue en compagnie d'un souteneur. Puis, un beau jour, il ne l'avait plus aperçue. Il comprit pourquoi en voyant quelque temps après sa photo dans le journal : elle était morte.

Ce qu'il ne savait pas alors, c'est que celui qui l'avait tuée s'était très souvent assis dans son fauteuil. Un client à la conversation agréable, qui riait toujours de bon cœur à ses grosses blagues.

Comme un bon nombre de victimes, Rose sniffait de la cocaïne quand elle en avait les moyens. La drogue lui permettait de voir la vie sous des couleurs plus riantes, et surtout la remplissait d'une énergie à soulever des montagnes. Elle ne désespérait pas à ces moments-là de changer bientôt d'existence...

Le jour de sa disparition, elle annonça à son dealer qu'elle venait le voir pour lui acheter un peu de blanche. Elle n'est jamais arrivée. Le dealer ne s'est pas inquiété.

14

Le jeune garçon grandit, mais il prenait toujours plus de retard à l'école et n'avait pas de camarade. À treize ans, il souffrait encore d'énurésie nocturne. Ses parents déménagèrent de nouveau – cette fois de l'Idaho à Seattle. Sa mère, plus dure et plus stricte que son père, qui lui avait d'ailleurs donné le surnom de « garde-chiourme », était à bout de patience.

Sa mère... une femme parfaite. En partant pour le bureau le matin, elle était toujours sur son trente et un, maquillée comme sur une photo de magazine. Autrefois, elle s'était montrée gentille. Ils faisaient des puzzles ensemble. Elle l'avait aussi aidé à apprendre à lire.

Quand elle le lavait après qu'il eut mouillé son lit, il aimait bien la sensation de ses mains sur son pénis. Elle tenait à ce que tout soit bien propre. Il comprit à demi-mot que le pire – pire que le viol – était la masturbation.

Deux filles de son âge habitaient la maison voisine de la leur à Seattle. Il les épiait quand elles s'ébattaient en maillot dans leur piscine. Il devint ainsi un voyeur. Il se plaisait à les espionner chez elles à travers les stores vénitiens. Amoureux de l'une des filles, qu'il appelait la « vieille » alors qu'elle n'avait que dix-sept ans (il en avait quatorze et était encore en sixième), il traînait avec ses petits frères et venait regarder la télévision chez eux environ deux fois par semaine.

Dans le salon de cette fille, il avait des érections. Cet été-là, alors qu'elle était installée sur un grand fauteuil devant le poste, il se débrouillait pour s'asseoir par terre à un endroit où elle serait la seule à voir son sexe bandé quand il écarterait la braguette de son short. Quelle déception quand, au lieu de manifester son intérêt et sa hâte de faire l'amour avec lui, elle fit celle qui n'avait rien vu...

Il n'en laissa pas moins libre cours à ses fantasmes, s'imaginant en train de lui demander de coucher avec lui. Une nuit, en voulant la regarder se déshabiller par la fenêtre, il fut sidéré de trouver le store baissé. Il tapota contre le carreau. Quand il entendit la porte d'entrée s'ouvrir, il crut qu'elle accourait. Mais c'était le père de la fille. Il prit ses jambes à son cou. Il l'avait échappé belle.

À l'école, il n'arrivait toujours pas à suivre. Il était en colère, mais cela ne se voyait pas. Il n'avait pas de copains. À la maison, personne ne s'occupait de lui. Il faisait un peu ce qu'il voulait.

Il prenait du plaisir à blesser et à torturer les petits animaux, tuant les oiseaux dans les arbres du jardin. Ses frères aussi. Ils les abattaient avec leurs fusils à pompe et riaient quand ils tombaient sur l'herbe comme des pierres.

Un jour, comme il se trouvait seul à la maison, furieux contre la terre entière, un chat s'approcha de lui pour se frotter contre ses jambes. Naturellement, il en voulait aussi au chat. Une idée lui vint. Il prit l'animal et l'enferma dans la glacière à pique-nique, en prenant soin de serrer fort le couvercle. De tuer ce chat lui donna l'impression d'être quelqu'un, quelqu'un de puissant, quelqu'un qui comptait. Le lendemain, il trouva le chat mort et les parois de la boîte griffées. Quand il se ressaisissait après un accès de colère, il avait toujours peur et se dépêchait de cacher sa bêtise. Il se débarrassa du cadavre et, après avoir nettoyé la glacière, la rangea à sa place. Ni vu ni connu.

Il n'avait pas prévu qu'il casserait les carreaux de l'école à coups de cailloux. Il ne savait pas comment le premier caillou s'était retrouvé dans sa main. Parfois il ne comprenait pas comment il pouvait être aussi « méchant ». Pourtant le bruit de verre brisé éclaboussant l'asphalte lui parut délectable. Pris en flagrant délit, il accepta toutes les punitions avec docilité, ainsi qu'une séance d'hypnose chez le psychologue, mais ce dernier avoua son échec : l'enfant contrôlait trop bien le flux de ses pensées. Ses parents furent obligés de rembourser les réparations.

Il n'avait pas prévu non plus de blesser le petit garçon. Il se rendait à une soirée dansante à l'école ce jour-là, quand, en traversant un terrain vague, il tomba sur ce petit de six ans. Sans trop savoir pourquoi, il l'entraîna dans un buisson, sortit son couteau et le frappa une seule fois, d'un coup rapide qui lui transperça un rein. Quand il retira le couteau, un flot de sang gicla par terre. L'espace d'un instant, il fut pris de remords, mais, quand il s'éloigna, il ne pensa qu'à se sauver. Il courut se réfugier chez lui dans sa cave. Il n'avait pas peur que l'enfant meure, au contraire, il avait peur qu'il survive et puisse l'identifier. Ils l'enfermeraient dans une maison de correction.

Un professeur trouva l'enfant blessé et appela la police. Une ambulance le transporta à l'hôpital. Il perdit un rein mais fut incapable de donner le signalement de son agresseur.

Quand il arrivait malheur aux gens, il s'en réjouissait. Un jour, un petit garçon se noya dans la partie profonde du lac d'Angle. Il y repensa souvent. Il fut de même fasciné par le meurtre d'une voisine. Dans sa tête, il essaya de reconstituer les détails de l'assassinat. C'était par une chaude nuit d'été, elle sortait faire le tour du pâté de maisons en peignoir... Un homme l'étrangla avec la ceinture de son peignoir.

Il pensait aussi qu'elle avait été violée. Elle s'était peut-être disputée avec son mari parce qu'elle était dépensière ou qu'elle le trompait. Le meurtrier était peut-être l'amant...

Il y avait tant de « peut-être » ! Il se sentait parfois l'étoffe d'un détective.

15

Les enlèvements se produisaient plus au sud désormais, à la hauteur de la Pacific Highway et de la 216ᵉ Rue.

Keli McGinness, dix-huit ans, était une blonde pulpeuse. Visage ovale, yeux bleus. Elle partageait son temps entre le quartier chaud de Portland et le Strip de Seattle. D'après une de ses anciennes compagnes de rue, que j'ai interviewée moi-même, « elle était la crème de la crème... Elle se promenait en manteau de lapin, avec une permanente toujours impeccable ».

Toujours selon mon informatrice, Keli était une fille sérieuse. « Elle n'était pas là pour s'amuser, mais pour gagner du fric. »

Keli fut aperçue pour la dernière fois le 28 juin 1983 au coin de la Pacific Highway et de la 216ᵉ Rue. Elle était vêtue d'un pull-over marron, d'un jean et d'un long manteau en poil de chameau, tenue que complétaient des talons hauts. Le concierge du Three Bears Motel enregistra son nom à 22 heures.

Le petit ami de Keli la déclara disparue le lendemain...

Le 9 juillet, la police du comté de King prit la déposition d'une secrétaire âgée de dix-huit ans qui déclarait s'être fait violer.

Une histoire classique. La jeune fille était éméchée, et venait de se disputer avec son copain, qu'elle avait laissé en plan dans un restaurant du port de Des Moines. En larmes, elle s'enferma dans une cabine téléphonique pour appeler des amis à la rescousse. Alors un pick-up s'arrêta au bord du trottoir. Le conducteur lui demanda si elle voulait qu'il la dépose quelque part.

Elle refusa son offre, mais il ouvrit de force la porte de la cabine de téléphone et la poussa dans son camion. « Je vous emmène où vous voulez », insista-t-il avec une politesse qui la sidéra. Elle lui donna l'adresse de son petit ami, en espérant que celui-ci était déjà en route et pourrait la sauver. L'inconnu suivit la route indiquée, mais ne ralentit même pas devant l'immeuble du copain, mettant le cap sur la ville de Burien, lui empoignant les cheveux et menaçant de la tuer si jamais elle tentait de s'échapper. À Burien, il se gara derrière une école désaffectée et la viola. Elle réussit finalement à ouvrir la portière, à sortir du camion et à courir vers la première maison venue. Dans son malheur, elle eut de la chance : les occupants de la maison lui ouvrirent la porte.

Mais quand la police voulut savoir à quoi ressemblait le violeur, elle répondit : « Je n'en sais rien, il faisait trop noir. »

L'endroit où Keli McGinness avait été vue pour la dernière fois se trouvait à trois kilomètres du port de Des Moines.

Carol Ann Christensen, vingt-deux ans, élevait seule sa fille. Le 3 mai, elle quitta son domicile, presque au bord de la Pacific Highway, à pied, pour se rendre à son travail : elle venait de décrocher un emploi de serveuse au Barn Door Tavern, au coin de la Highway et de la 148ᵉ Rue. Elle n'avait rien d'une prostituée. Ce soir-là, elle ne rentra pas chez elle. Sa mère était folle d'inquiétude : Carol adorait sa fille, jamais elle ne serait partie comme ça ! Qu'avait-il bien pu lui arriver ?

La réponse lui parvint, terrible, quelques jours plus tard. Le 8 mai.

Le cadavre de Carol Ann fut découvert dans une zone alors très boisée, appelée Maple Valley, à une trentaine de kilomètres à l'est du Strip et de l'aéroport. Une famille s'était arrêtée au bord de la route pour cueillir des champignons dans les sous-bois et était tombée sur un spectacle d'épouvante.

Une femme à moitié allongée, à moitié assise sur le dos, le visage enfoui dans un sac en papier marron. Ses mains, croisées sur son ventre, recouvertes de chair à saucisse. Deux truites mortes, écaillées et vidées, posées verticalement le long de son cou. Une bouteille de vin rouge d'Italie, du lambrusco, vide sur son bas-ventre.

Cette mise en scène était une façon pour le criminel de narguer les enquêteurs, de leur dire : « Chiche ! Vous ne m'aurez pas ! »

Carol Ann n'était pas semblable aux autres victimes dans la mesure où elle n'était pas une prostituée, et son corps n'avait pas été déposé dans les eaux de la Green River. Mais, comme les autres, elle avait été étranglée. Le tueur avait laissé la corde en plastique jaune vif sur les lieux.

Elle était vêtue d'un jean, d'un chemisier et d'un blouson en polyester blanc. Aux pieds, des baskets bleu et gris. Le sac en papier marron portait le logo de Larry's Market, un supermarché du Strip.

Après quelques hésitations, les enquêteurs l'inscrivirent sur la liste des victimes du tueur de la Green River.

16

Pour en revenir à Keli McGinness, de toutes les jeunes femmes disparues, elle fut celle pour qui on garda le plus longtemps espoir. La police comme ses amies demeurèrent persuadées qu'elle était encore en vie. Il lui était en effet arrivé de faire allusion à son désir de changer d'existence, de prendre un nouveau départ. Elle avait aussi déclaré à sa mère que, si elle quittait un jour Seattle, ce serait pour ne jamais revenir.

Keli était assez intelligente pour y parvenir et elle pouvait facilement passer pour une jeune fille de bonne famille.

Le père de Keli était un vendeur de voitures qui avait réussi dans la vie, sa mère une chanteuse au bord du succès. Le mariage de ses parents ne dura que deux ou trois ans. Sa mère se retrouva seule avec Keli, à l'âge de vingt-sept ans, cachetonnant à droite et à gauche. Deux ans plus tard, elle épousa un agent immobilier qui ramassait des millions. Ils s'installèrent dans une belle demeure de Seattle. Keli avait alors un cheval à elle et des leçons de piano. Elle menait la vie d'une petite fille riche. Même si sa mère et son beau-père travaillaient beaucoup et étaient souvent absents, elle supportait bien sa solitude et était toujours folle de joie de retrouver sa mère. De merveilleuses vacances les conduisaient à Hawaii ou au Mexique, ou à bord de leur yacht, le long des côtes de l'État du Washington. Cette vie de luxe dura dix ans.

Elle avait onze ans quand sa mère divorça de son beau-père... pour mieux se remarier peu après. Mais cette fois-ci, le nouveau beau-père n'était ni riche ni gentil. Et un jour, la mère rentra pour trouver son mari en train de battre l'adolescente. Keli eut la jambe couverte de bleus. Cet incident sonna le glas de cette union.

Keli avait alors treize ans, un âge délicat pour toutes les jeunes filles. Ses notes au collège chutèrent. Elle multiplia les fugues. Elle qui avait été si joyeuse et pleine d'entrain était devenue dépressive, comme si le destin l'avait trahie.

Un soir, alors qu'elle faisait du baby-sitting, on frappa à la porte. Sans réfléchir, elle ouvrit. C'était une bande de garçons. Ils la violèrent à tour de rôle.

À 3 heures du matin, sa mère se rua à l'hôpital pour trouver la jeune fille enfermée dans un mutisme complet. Keli avait reconnu des garçons de son collège. Des meneurs. Des durs. Elle était terrorisée. En acceptant de témoigner contre eux, elle risquait de plus graves sévices encore. Et puis elle avait tellement honte...

Peu après ce traumatisme majeur, Keli fit ses premières passes. Elle se décolora les cheveux et s'habilla désormais de façon provocante. Avant l'âge de dix-huit ans, elle eut deux enfants d'un garçon à peine plus âgé qu'elle, et qui avait la peau noire, ce qui ne plaisait guère à la famille de Keli. Elle abandonna le premier, un garçon. Mais six mois après, elle tomba de nouveau enceinte. Cette fois, ce fut une fille. Elle décida de l'élever elle-même. Sa mère la supplia de changer de vie, mais Keli lui répondit : « Je suis une putain, maman. Comment voudrais-tu que je gagne autant de fric en faisant quelque chose d'autre ? »

Comme Keli n'était pas toujours disponible pour son bébé, et qu'elle devait purger une peine de prison pour racolage, elle décida que le mieux était de le placer temporairement dans un foyer d'accueil. Avec la ferme intention d'aller le chercher une fois sortie.

Keli McGinness, qui considérait que les amendes et l'incarcération étaient indissociables de son métier, se présenta au centre de détention le 25 mai, comme convenu, au tribunal. Sept jours plus tard, son copain vint la chercher devant la porte de la prison et ils se rendirent ensemble à Portland. Il attendit dans un bar, comme d'habitude, qu'elle revienne avec quelques dollars. Comme tous les « petits amis » des jeunes femmes disparues, il répéta à qui voulait l'entendre qu'il « l'aimait vraiment » et qu'il s'inquiétait toujours qu'elle tombe sur un « malade ».

Consciente du danger représenté par le tueur de la Green River, Keli refusait de monter dans les voitures des clients. Elle faisait ses passes dans des chambres de motel.

Un soir, Keli signa le registre du Three Bears Motel. Une chambre à 22 dollars. Peu après 21 heures, elle était de nouveau sur la Pacific Highway, marchant vers le Blockhouse Restaurant, qui attirait une clientèle familiale. Ce n'était pas le coin idéal pour cueillir le micheton, mais les voitures qui quittaient l'autoroute I-5 à la sortie Kent-Des Moines ralentissaient parfois en la voyant derrière la ligne blanche.

Keli ne vint jamais chercher sa fille au foyer. Et, le père de l'enfant ne manifestant pas le désir de se charger d'elle, le bébé fut transféré au service d'adoption.

17

Au cours de l'été 1983, les journaux de Seattle publièrent, quoique rarement en première page, de nombreux articles sur les jeunes femmes disparues. Certains évoquaient le chiffre de plusieurs dizaines de disparitions ; d'autres en comptaient seulement dix-neuf. Tous minimisaient le danger représenté par ce « chasseur » d'un genre particulier qui rôdait dans le comté de King.

Kelly Ware, vingt-trois ans, fut aperçue pour la dernière fois le 18 juillet 1983, dans le quartier chaud de Seattle. L'album de famille la montre souriante et épanouie. Devait-elle figurer elle aussi sur le tableau de chasse du tueur de la Green River ?

Parallèlement s'allongeait une seconde liste, aussi pathétique mais encore plus effrayante.

Le 11 août, dans les mêmes terrains vagues au bout d'une des pistes de l'aéroport où l'on avait déjà découvert le corps de Giselle Lovvorn, un couple qui s'écarta des sentiers battus pour cueillir des pommes tomba sur un tas d'ossements épars derrière les décombres d'une maison. Il y avait aussi un crâne... ce qui allait permettre l'identification.

Bien des familles attendirent en retenant leur souffle le verdict du service de la police scientifique.

D'après l'examen de la denture, il s'agissait de la dépouille de Shawnda Summers, disparue depuis le 7 ou 8 octobre 1982. Impossible de déterminer la cause de la mort. Le médecin légiste n'avait décelé ni fracture du crâne, ni trace de balle. Les petits os du cou qui auraient pu révéler une strangulation avaient été disséminés par des bêtes.

Deux jours après cette découverte, la brigade trouva non loin de là les restes d'un deuxième squelette, celui-ci presque impossible à identifier. Ce fut la première victime à figurer dans la liste sous le nom de *Bones* (Os).

Les enquêteurs ne purent s'empêcher de se demander si le tueur, sentant le filet se resserrer autour de lui, n'allait pas couper court au carnage. Désormais, l'opinion publique ne pouvait plus être laissée dans l'ignorance : les jeunes filles disparues n'avaient pas changé de vie. Elles l'avaient bel et bien perdue, et dans les circonstances les plus épouvantables.

En même temps que celles des disparues et des victimes retrouvées, s'allongeait une troisième liste : celle des suspects ; ils n'étaient pas moins de trois cents !

À partir de 1983, je pris personnellement part à l'enquête. À la suite des articles que j'avais signés dans quelques revues spécialisées, je reçus chez moi des appels téléphoniques de gens qui, hésitant à s'adresser aux services de police, de peur de ne pas avoir au bout du fil un interlocuteur assez attentif, préféraient se confier à un écrivain dont ils avaient lu les livres. *Un tueur si proche* avait été publié deux ans avant le début de l'affaire de la Green River. Tous, ou plutôt toutes, puisqu'il s'agissait surtout de femmes, prétendaient savoir qui était le tueur.

Au début, je fus très impressionnée par ces dénonciations, et je transmis aussitôt aux enquêteurs de la brigade le nom et l'adresse du suspect, accompagnés d'un compte-rendu de ma conversation.

La plupart de mes délatrices accusaient leur ex-mari, leur mari ou leur compagnon. Le portrait qu'elles en traçaient était non seulement très convaincant, mais si elles supportaient, ou avaient supporté, de vivre sous le même toit que ces cinglés, on s'interrogeait sur leur santé mentale.

L'une d'elles, par exemple, disait que son mari, un représentant de commerce, rentrait toujours de ses voyages avec des petits sacs remplis de poils pubiens. Un autre découpait en petits morceaux le poster central de *Playboy* pour réarranger les bras, les jambes et la tête de la fille sur la photo. Un ex était en train d'écrire un livre à la première personne du point de vue d'une adolescente qui faisait le trottoir.

Confrontée à ce flux d'informations, je compris mieux les difficultés rencontrées par la police, dont le standard croulait sous les appels : l'enquête ne piétinait pas à cause d'une pénurie de faits, mais bien parce qu'il y en avait trop !

18

Loin d'interrompre le carnage, la découverte d'autres cadavres sembla galvaniser le tueur de la Green River.

Une semaine environ après l'exhumation du squelette de Shawnda Summers, April Buttram, dix-sept ans, se volatilisa du centre de Seattle.

Une jolie fille de dix-huit ans, blonde avec de bonnes joues rondes et roses, que l'on aurait volontiers imaginée chantant dans la chorale d'une église. Mais April n'était hélas pas la jeune fille sage qu'elle semblait être sur les photographies. Son histoire au demeurant était d'une banalité navrante. En échec scolaire, elle abandonna ses études dès le secondaire pour se lancer à corps perdu dans la drogue et l'alcool.

Originaire de Spokane, elle fut attirée par les lumières de Seattle, une ville plus grande, plus cosmopolite surtout. April croyait en son étoile. À l'âge de vingt et un ans, de toute façon, elle toucherait les 10 000 dollars que sa famille avait mis de côté pour elle sur un compte sous fidéicommis.

Elle s'enfuit de chez sa mère un beau soir, en compagnie de deux amies. Le trio se sépara ensuite à Seattle. Et la suite s'écrivit sur les trottoirs de la grande ville.

Debora Abernthy, à vingt-six ans, était plus âgée que les autres victimes. Originaire du Texas, elle était arrivée à Seattle par des voies détournées. Petite et frêle, elle avait des traits ravissants, qu'elle gâchait en s'affublant de lunettes de myope à monture épaisse qui lui conféraient l'allure d'une bibliothécaire.

Débarquée avec son copain et son fils de cinq ans à Seattle fin juillet 1983, avec l'espoir de commencer une nouvelle vie, elle se retrouva vite à la rue. Ils furent recueillis par un couple de bons Samaritains qui leur prêta une chambre sous leur toit en attendant que « les affaires reprennent ».

Debora portait une robe bordeaux quand elle partit à pied pour le centre de Seattle, le 5 septembre. Son ami et son petit garçon ne la revirent jamais.

Tracy Winston ne fêterait pas ses vingt ans le 29 septembre. Elle disparut le 12, soit sept jours après Debora. S'agissait-il d'un nouveau jeu atroce de la part du tueur, qui prenait soin d'espacer ses meurtres d'une semaine ?

Malgré l'amour que lui portaient ses parents et de ses deux frères cadets, Tracy menait une existence de paumée. Choquée de se retrouver enfermée pour la première fois entre les quatre murs d'une cellule, elle téléphona à son père en jurant qu'elle ne ferait plus rien qui puisse la mener à cette déchéance. Mais elle le supplia de ne pas venir la chercher.

C'est à sa sortie du centre de détention qu'elle fut aperçue pour la dernière fois par un chauffeur de taxi (qui n'était pas Mel Foster). Elle voulait se rendre au nord de Seattle, mais le taxi devait prendre un client à l'aéroport, de sorte qu'il lui dit de héler une autre voiture.

Son père avait débuté comme technicien dans l'armée, et, pendant toute son enfance, Tracy fut trimballée de base en base, sinon laissée aux bons soins de familles d'accueil. La mère, dont la ville natale était Tacoma, fut comblée quand son mari accepta un poste dans la compagnie Boeing, à Seattle. Hélas, peu après, à la suite de débrayages, il dut trouver un autre emploi, cette fois à Fresno, en Californie. Ce fut seulement plusieurs années après qu'ils purent revenir s'installer à Seattle, ou plus précisément à Burien, à quelques kilomètres du Sea-Tac Airport.

À l'âge délicat de treize ans, au moment où la puberté l'obligea à remanier son identité et l'image qu'elle avait d'elle-même, Tracy établit une relation affective très forte avec une adolescente de seize ans qui projetait de s'enfuir de chez elle ; elle voulait partir pour la Californie avec un garçon de dix-huit ans. Tracy rêvait de les suivre.

Lorsque son amie arriva en Californie, elle téléphona à Tracy en la pressant de voler de l'argent à ses parents et de les rejoindre en car.

Sa mère, Mertie, lors de l'entrevue que j'ai eue longtemps après avec elle, m'a dit :

— J'ai essayé de lui faire comprendre qu'elle était trop jeune pour se mettre les problèmes des autres sur le dos. Il fallait d'abord qu'elle devienne plus autonome dans sa vie quotidienne.

Son père intervint, et pour essayer de mettre de l'huile dans les rouages entre la fille et la mère, il révéla à Tracy combien sa mère avait eu du mal à l'élever quand elle était tout bébé, combien elle avait dû se battre pour la récupérer au foyer catholique où elle l'avait placée.

— C'était juste ce qu'il ne fallait pas dire, me déclara sa mère. La petite était sous le choc. À partir de ce moment-là, elle a considéré que j'étais contre elle. Elle m'accusait de ne pas l'aimer. Je tentais de lui expliquer que je voulais seulement la protéger. Mais pour elle, la seule preuve d'amour que je pouvais lui donner, c'est de la laisser libre de faire ce qu'elle voulait !

Pour illustrer la nature de leurs relations à cette époque, la mère de Tracy me raconta l'anecdote suivante.

Au cours d'une dispute, elle lui dit que ce n'était pas bon

d'« avoir une confiance aveugle dans les autres » ; ce à quoi Tracy rétorqua : « Alors tu n'as pas d'amis ! »

Sa mère me rapporta une autre de leurs conversations, qui en dit long sur l'état d'esprit de l'adolescente :

– Je veux que tu m'aimes plus que Chip... ou Kevin... [Chip et Kevin étant ses deux frères cadets.] ... Je veux que tu quittes papa, Chip et Kevin et qu'on aille vivre toutes les deux ensemble quelque part.

Ensuite, Tracy ramena à la maison un garçon de dix-neuf ans. Un beau parleur, que l'honnêteté n'étouffait pas. La mère de Tracy prédit tout de suite qu'il prenait le chemin de la délinquance. Bien entendu, plus sa mère lui était hostile, plus Tracy l'adorait. La sœur du garçon elle-même vint prévenir les parents de Tracy : « C'est un fumier. Il va la manipuler et elle va tellement changer que vous n'allez plus la reconnaître. »

Sa sœur ne s'était pas trompée. Tracy tomba folle amoureuse de cet individu, qui se mit dans la tête de la soumettre à ses désirs.

– Elle lui obéissait en tout, se rappelait sa mère. Elle n'était plus jamais à la maison... tous les prétextes étaient bons pour ne pas être avec nous... Tout ça parce qu'on lui avait interdit de lui parler au téléphone. Elle le trouvait formidable et nous reprochait nos préjugés.

Un peu plus tard, quand il purgea sa première peine de prison, il envoya des lettres à Tracy, des lettres terribles où l'érotisme se mêlait à des propos culpabilisateurs. Il cherchait à susciter son indignation devant l'injustice que la société commettait à son égard, tout en lui affirmant qu'il ne pouvait vivre sans elle. Il lui jurait qu'elle était la personne qu'il aimait le plus au monde et qu'elle devait lui prouver à son tour qu'elle l'aimait.

Le père de Tracy écrivit au directeur de la prison pour le supplier d'empêcher le détenu de harceler sa fille adolescente, mais le directeur lui répondit qu'il n'y était pas autorisé : une pareille mesure portait atteinte aux droits du détenus.

Lorsque l'amoureux de Tracy bénéficia d'une libération

conditionnelle, ses parents furent aux cent coups. Il téléphona chez Tracy, et la mère de cette dernière céda à la panique :

– Je l'ai traité de noms d'oiseau. Il n'a jamais rappelé, mais je crois que Tracy le voyait en cachette. Personne ne nous est venu en aide, nous ne savions plus comment réagir. J'ai découvert que mon mari sortait la nuit à la recherche de Tracy. Il s'armait d'une batte de base-ball, parce qu'il devait aller dans des endroits vraiment dangereux. Quand la police a fini par nous dire qu'elle ne pouvait pas intervenir, mon mari est entré dans le commissariat avec sa batte. Alors ils lui ont dit qu'ils seraient obligés de l'arrêter s'il insistait.

Deux officiers de police acceptèrent néanmoins de le suivre jusqu'à une maison où il pensait que Tracy se cachait. Elle n'y était pas, ou plutôt plus, car elle y avait manifestement séjourné.

Ses parents savaient rarement où elle demeurait. Elle venait encore les voir, pour la fête des Mères et des Pères, pour Thanksgiving, pour Noël. Mais elle refusait à chaque fois de leur dire où elle vivait. Ils finirent par comprendre qu'elle s'était séparée de son ami.

– Je n'ai jamais su si elle se prostituait, m'avoua sa mère. Je ne peux pas m'imaginer qu'elle ait pu gagner sa vie comme ça. Elle n'avait pas la peau dure. J'ai parlé à une gardienne de prison qui avait vu Tracy lors de sa brève incarcération, et elle m'a dit : « Elle n'avait rien à faire ici. On aurait dit un animal terrorisé. »

Au téléphone avec son père, ce dimanche soir où elle lui parla de la prison, elle lui confia : « Maman et toi aviez raison. Je vais me secouer et terminer mes études. Vous allez être fiers de moi ! »

Septembre s'écoula, puis octobre, novembre. La mère de Tracy était habitée par un sombre pressentiment. Tracy n'avait pas donné signe de vie depuis cette conversation téléphonique avec son père. Elle avait promis de changer de vie... Peut-être voulait-elle embrayer toute seule sans leur aide pour leur faire une bonne surprise ?

La mère de Tracy se résigna un beau jour à se rendre au poste de police pour la déclarer disparue.

– Ils ont pris ma déposition. J'ai bien été obligée de leur dire que je ne connaissais pas sa dernière adresse. Mais elle n'était pas venue partager le repas de Thanksgiving avec nous, et je connais ma fille, pour rien au monde elle ne l'aurait loupé !

Tracy avait toujours téléphoné une fois par semaine. Quand plusieurs semaines s'écoulèrent sans nouvelles, on sut qu'il lui était arrivé malheur.

Peu de temps après sa déposition, le téléphone sonna un soir. Le père de Tracy décrocha. C'était Randy Mullinax, un des enquêteurs de la brigade spéciale. Lorsque la mère de Tracy entendit son mari prononcer : « Le tueur de la Green River ? », elle fut sur le point de défaillir. Le policier eut beau leur répéter qu'il menait une enquête de routine, ils tremblaient de peur.

Vingt ans après, la mère de Tracy se souvient du jour où finalement le nom de sa fille fut ajouté à la liste des victimes du tueur.

– Je me suis traînée à quatre pattes par terre, tellement j'avais mal. Je me suis roulée en boule dans un coin. Une amie m'a fait un massage qui m'a permis de me coucher sur mon lit et de m'endormir...

« J'ai rêvé que j'étais à l'école de Tracy, dans la salle de gym. Il devait y avoir un bal. Ou bien un concert. Devant le podium, je voyais plusieurs rangées de chaises pliantes. Quelques adultes étaient assis sous la lumière clignotante reflétée par les grosses boules à facettes miroir qui tournoyaient au-dessus de leurs têtes... Tracy se tenait devant moi, avec son merveilleux sourire. J'entendais sa voix. Pourtant ses lèvres ne bougeaient pas. Elle me souriait et répétait : "Maman, je vais bien où je suis maintenant. Ne t'inquiète pas. Tout s'est arrangé."

« Je me suis réveillée en sursaut. J'ai eu la sensation physique de la présence de Tracy, comme si elle avait été là dans la chambre quelques secondes plus tôt. Je ne m'étais jamais sentie aussi tranquille à son sujet depuis le jour de sa naissance.

Sa mère n'en fut pas moins bouleversée en apprenant par la cousine de Tracy, qui avait neuf mois de plus que sa fille, qu'elle l'avait un jour aperçue en compagnie d'un homme d'âge mûr. Sans doute en septembre. La cousine attendait l'autobus devant son lycée quand une voiture s'arrêta devant elle. Elle entendit un cri. La passagère la saluait à grands gestes. Elle reconnut tout de suite Tracy. Le conducteur se pencha vers la vitre ouverte pour lui proposer de la ramener chez elle.

La cousine monta à l'arrière. Tracy lui présenta « Gary », en précisant qu'il l'aidait à trouver un emploi. Puis Tracy se tourna vers l'homme au volant et lui dit : « Chris et moi, on est les deux brebis galeuses de la famille. »

Cet homme était beaucoup plus vieux que Tracy. Tout ce que la cousine se rappelait de lui, c'étaient ses yeux :

— Il ne m'a pas regardée quand je suis montée, mais ensuite il n'arrêtait pas de me dévisager dans son rétroviseur. Je n'oublierai jamais ses yeux fixés sur moi. Il me mettait si mal à l'aise que j'ai fini par profiter d'un feu rouge pour sortir de la voiture sous un prétexte quelconque.

Elle ne se souvenait pas du modèle du véhicule, mais manifestement Tracy connaissait le type et ne semblait pas avoir peur de lui.

Maureen Feeney était d'origine irlandaise, et, à la voir, cela ne faisait aucun doute. Elle avait de beaux yeux bleus, et un visage ouvert et souriant. Issue d'une famille nombreuse, à dix-neuf ans, elle était encore non seulement immature mais aussi très naïve. Seulement, elle voulait à tout prix vivre sa vie et se débrouiller toute seule.

Elle loua un studio, dont elle paya le loyer grâce à son travail de monitrice dans une école catholique. Elle qui n'avait jamais eu de petit ami à l'école, elle se mit à fréquenter des boîtes de nuit et à boire. D'après sa meilleure amie, que j'ai interviewée, cela ne lui ressemblait pas, et elle supportait très mal l'alcool. Parfois, au téléphone, elle avait la voix pâteuse.

Encore dans l'adolescence, Maureen avait des tendances à l'anorexie, et il lui était arrivé, à l'époque où elle était lycéenne, de se tailler les bras avec des lames de rasoir, en prenant soin de dissimuler ses blessures sous des manches longues. Elle avait dit à sa meilleure amie qu'un jour elle avait fermé la porte du garage de ses parents et fait tourner le moteur de la voiture. Sa mère était arrivée juste à temps...

Maureen fut désolée d'avoir à quitter son studio d'Eastgate, non loin de Bellevue, pour un logis moins spacieux du centre de Seattle – un quartier beaucoup moins sûr qu'Eastgate. Elle raconta à sa mère qu'elle l'avait choisi pour être près de son nouveau travail, dans une garderie pour enfants en détresse. Et en effet, pendant l'été et le début de l'automne 1983, elle fut fidèle à son poste à la garderie. Vers la fin août, Maureen annonça à sa meilleure amie, non sans une certaine agitation, qu'elle avait un copain. Ils s'étaient rencontrés à l'arrêt de bus devant chez elle. Elle avait noté la date dans son journal intime : « 23 août... J'ai fait la rencontre d'Eddie Junior ! »

L'amie de Maureen était curieuse de voir à quoi ressemblait cet Eddie Junior. Elle savait qu'il n'était pas irlandais, ni blanc, d'ailleurs, mais peu importait, du moment que Maureen était heureuse. Comme par hasard, il n'était jamais là quand elle venait voir Maureen.

Les parents de Maureen avaient beau la recevoir chaque week-end chez eux ou dans leur maison de campagne, ils étaient inquiets de la savoir circulant dans le quartier mal famé de Seattle. Son frère alla même jusqu'à lui envoyer un chèque pour qu'elle rentre au domicile familial, mais elle refusa tout net. Elle déclara à sa meilleure amie qu'Eddie Junior et elle avaient l'intention de partir pour la Californie. Et quand son amie lui demanda comment ils allaient financer ce voyage, Maureen répliqua : « Pas de problème. Eddie Junior trouve toujours du pognon. »

Elle ne visita jamais la Californie.

Une semaine avant son vingtième anniversaire, elle quitta son studio pour ne jamais y revenir. Le 28 septembre 1983, elle sortit en disant à Eddie Junior qu'elle allait à la supérette. Il s'endormit, et quand il se réveilla, à 23 heures, elle n'était toujours pas rentrée.

Eddie Junior estima qu'elle était peut-être partie chercher du travail. En fouillant un peu, il trouva un journal ouvert à la rubrique des petites annonces. Maureen avait entouré de rouge une offre pour « danseuses exotiques » et écrit dans la marge : « Bob ».

Sa meilleure amie comme sa famille trouvèrent grotesque que Maureen se produise dans le plus simple appareil. Eddie Junior ne semblait pas non plus l'imaginer en danseuse exotique, il était seulement au courant de son emploi à la garderie.

À la garderie, toutefois, on avait noté chez elle un changement au cours des deux mois avant sa disparition. Quelques jours avant le 28 septembre, Maureen avait demandé un entretien avec la directrice et lui avait déclaré qu'elle n'aurait bientôt plus besoin de travailler, puisqu'elle allait « toucher de l'argent ».

Autre indice qui laissa les enquêteurs songeurs : une voisine avait entendu Maureen et Eddie Junior se disputer dans le couloir le soir de sa disparition.

19

Le plus effrayant à propos des meurtres de la Green River, c'est la sinistre alternance entre la disparition des jeunes filles et la découverte de leurs cadavres. Quel monstrueux marionnettiste pouvait bien tirer les ficelles de ce théâtre macabre ?

Il était là, quelque part, tapi dans l'ombre, peut-être tout près, dans le sud du comté de King, sur le point de fondre sur une nouvelle proie. Il était capable de s'amuser en envoyant des missives anonymes à la police. Du moins, les enquêteurs se firent cette réflexion en recevant, en septembre 1983, un mot écrit d'une main tremblante, et truffé de fautes d'orthographe. Il commençait en ces termes provocateurs : « À la poursuite du tueur de la Green River ». Puis l'auteur déclarait être ledit tueur et mettait la police au défi de l'attraper. Il se vantait d'avoir couché avec vingt ou trente prostituées, qu'il n'avait pas tuées. « J'avais besoin de les garder en vie au cas où je serais pris – pour dire que je ne leur avais pas fait de mal. »

Dans cette lettre, le soi-disant tueur conseillait à la police de prendre des photos des automobilistes qu'ils appréhendaient en compagnie de prostituées. Il ajouta que les policiers devaient améliorer la qualité de leurs relations avec les travailleuses des rues et les interroger sur leurs clients.

Les enquêteurs auraient pu en rire s'il n'y avait eu trois disparitions supplémentaires au mois de septembre, alors que quatorze mois s'étaient écoulés depuis qu'ils avaient découvert le premier cadavre au fil de la Green River.

À cinq kilomètres au sud du Strip, une route en lacet descend dans la vallée jadis verdoyante de la Green River. En chemin, elle croise une voie encore plus étroite : Star Lake Road, qui à l'époque traversait des bois, non loin d'une poignée de maisons et d'une école élémentaire. Sur la rive gauche, du côté de la pente, à moins de huit mètres du bord de la chaussée, derrière un long talus, s'ouvrait un ravin qui dégringolait jusqu'à un petit cours d'eau encaissé.

Le 18 septembre 1983 fut mis au jour ce qui devait entrer dans les annales comme le « site de Star Lake Road ». Aussi invraisemblable que cela puisse paraître, un piéton découvrit des restes à l'état de squelette au pied d'un arbre, au bord du ravin. Ils se trouvaient si proches de la route qu'on pouvait se demander comment personne n'avait senti l'odeur pestilentielle du corps en putréfaction. Comment un cadavre avait-il pu rester en plein air aussi longtemps sans être repéré ? Était-il concevable que l'on ait pu déposer là ses ossements ?

Il est plus vraisemblable que le cadavre se soit « autoenterré ». Beaucoup de sépultures en surface n'ont pas été creusées par la main de l'homme, mais par les intempéries. Le corps retourne littéralement à la terre, en s'enfonçant dans le tapis de feuilles humide. Les orages le recouvrent encore de débris végétaux. La pluie, la neige, le vent, toute la nature au fil des saisons se ligue pour l'ensevelir plus profondément.

Au bord de Star Lake Road, à cinq mètres du squelette, dont l'identification promettait d'être laborieuse, quelqu'un avait jeté un tas d'ordures surplombé d'une paire de bottes d'ouvrier.

Lorsque j'ai visité le site au printemps, l'endroit où avait reposé la dépouille pour l'instant anonyme était couvert de ravissantes trilles, ces petites plantes de sous-bois aux fleurs blanches et au feuillage sombre, si rares que leur cueillette est interdite.

 Yvonne Antosh, venue à Seattle de Colombie britannique et séjournant dans un motel du Strip avec une amie d'enfance, disparut le 31 mai 1983, à Auburn. Le 15 octobre 1983, on retrouva sa dépouille à l'état de squelette dans le site appelé Soos Creek, à Auburn.

Le 27 octobre, dans un terrain vague de la zone nord de Sea-Tac Airport, on retrouva les ossements de Connie Naon, disparue depuis le 8 juin de la même année 1983 après avoir laissé sa voiture dans le parking du Red Lion Inn.

Deux jours plus tard, les enquêteurs découvrirent les restes de Kelly Ware, disparue depuis le 18 juillet, au sud de Sea-Tac Airport.

20

Alors que l'on savait désormais ce que le sort avait réservé à Kelly, Connie et Yvonne, les disparitions se poursuivaient inexorablement.

À vingt-cinq ans, Mary Bello affichait quelques années de plus que la moyenne des jeunes filles qui semblaient se volatiliser dans les environs de Seattle.

Mary disparut le 11 octobre. Sa mère l'avait suppliée des centaines de fois de changer de vie, mais Mary s'était toujours contentée de rire en lui assurant que rien ne pouvait lui arriver. Elle n'était pas du genre à se laisser berner par une brute comme ce tueur de la Green River...

Pour comprendre ce qui lui est arrivé, je pense qu'il faut remonter des années en arrière, à une époque située avant sa naissance. Car, à mon avis, aucun d'entre nous ne vient au monde exempt de ces prédispositions, aussi bien bénéfiques que néfastes, dont nous héritons des générations précédentes.

En dépit de ses recherches intensives, la mère de Mary, Sue Villamin, avec qui je me suis longuement entretenue, ne put récolter que des informations éparses sur son propre passé. Jusqu'à ses dix ans, elle crut que les gens qui s'occupaient d'elle dans la grande maison confortable du quartier résidentiel de Magnolia, à Seattle, étaient ses parents biologiques. En 1942, date de sa naissance, les parents adoptifs préféraient souvent taire à leurs enfants les véritables circonstances qui avaient entouré leur arrivée chez eux.

— J'étais en CM2, me raconta-t-elle. Un de mes camarades de classe m'a dit qu'il avait entendu ma mère chuchoter à la maîtresse que je n'étais pas vraiment leur enfant, que j'étais adoptée. Bouleversée, dès que je suis rentrée à la maison, j'ai posé la question à ma mère. Elle a piqué une crise de nerfs, mais a fini par l'admettre. Sauf qu'elle ne pouvait pas me préciser d'où je venais, et elle m'a vivement conseillé de ne pas chercher à en savoir plus.

Un peu plus tard, Sue apprit que son véritable patronyme était Gillam ou Gilliam. Un peu plus tard encore, que ses parents avaient été mariés, et qu'elle était le quatrième enfant de sa mère – de son père aussi, peut-être, elle n'en était pas certaine. Avant elle, ils avaient eu des jumelles, blondes avec des yeux bleus.

— J'avais aussi un frère... Ma mère buvait plus que de raison. Un jour, elle a laissé les trois aînés seuls dans la maison. Le feu s'est déclaré, et ils ont pu sauver les jumelles, mais mon frère est mort. Mes parents se sont séparés à cause de ça.

Ensuite, quelques mois après sa naissance, elle fut abandonnée dans un studio de location par sa mère, partie pour l'Alaska. Il fallut plusieurs jours pour que quelqu'un s'aperçoive de la présence d'un bébé et appelle la police.

— On m'a emmenée dans un orphelinat, et les Draper m'ont adoptée. J'avais six mois. Comment pourrais-je me souvenir de tout ça ?

Sue n'avait rien à reprocher à ses parents adoptifs. Son père, contremaître pour une entreprise de Magnolia, et sa mère, femme au foyer, veillèrent sur elle comme sur leur propre fille.

— J'ai essayé je ne sais combien de fois de retrouver la trace de mes sœurs. Mais à l'orphelinat, on m'a dit que les archives avaient disparu dans un incendie. J'ai même épluché des journaux de l'époque, je n'ai jamais rien trouvé.

Elle donna naissance à Mary dès l'âge de quinze ans.

— Mes parents m'ont forcée à épouser le père de Mary. En

1957, on trouvait honteux d'avoir un enfant hors mariage. On vous appelait une « fille-mère ».

Les Draper procurèrent leur soutien à leur fille adoptive dans cette épreuve. C'est en effet « pour son bien » qu'ils insistèrent pour qu'elle épouse le père de l'enfant, un garçon de dix-neuf ans. Le mariage fut de courte durée. Le jeune homme se retrouva derrière les barreaux avant que Mary ait six mois.

— Ce n'était pas un cambrioleur très futé. Il a braqué une caisse des dépôts et consignations en croyant que c'était une banque !

Sue retourna chez ses parents adoptifs avec son bébé. Et la famille renoua avec une vieille habitude : le mensonge. Mary grandit en croyant que ses grands-parents étaient ses parents, et sa mère, sa grande sœur. En écrivant ces lignes, je songe à Ted Bundy, qui souffrit dans son enfance d'une situation analogue, laquelle eut sur lui des effets dévastateurs, quoique de nature différente.

Mary comprit le subterfuge au même âge que sa mère : à dix ans. Mais sa réaction à elle fut beaucoup plus violente.

— Elle a voulu savoir pourquoi nous ne lui avions pas dit la vérité. Je n'ai pas su quoi lui répondre. Elle refusait de comprendre qu'une gamine de quinze ans ne peut pas élever seule un enfant.

Lorsque Mary eut douze ans, Sue acheta une petite maison en face de chez ses parents adoptifs, espérant pouvoir offrir un foyer à sa fille. Mais c'était trop tard. Mary s'en fichait. Elle multiplia les fugues, essaya toutes sortes de drogues, et apprit qu'elle avait le pouvoir de plier les messieurs à ses quatre volontés tout simplement parce qu'elle était mignonne. Mary n'avait pas treize ans quand elle fut placée dans un centre pour jeunes filles difficiles.

— C'est toute l'éducation qu'elle a reçue, alors qu'elle était très intelligente, soupira Sue quand nous évoquâmes cette période. Quand elle est revenue chez nous, deux ans plus tard, elle était méconnaissable. Perdue pour nous. Elle restait quelque temps à la maison, puis piquait une colère et claquait la porte. On la voyait de moins en moins.

Mary garda un temps un petit boulot de serveuse dans une chaîne de fast-food, puis elle fut renvoyée, parce que ses copains venaient mettre la pagaille dans le restaurant. Elle était devenue une jeune fille ravissante, un mètre soixante-dix, un teint de porcelaine, une chevelure et des yeux sombres. Elle trouva plus facile de vendre ses charmes, estimant que de travailler pour le salaire minimal était bon pour les idiots.

À dix-neuf ans, Mary emménagea en Arizona avec sa mère, puis partit toute seule pour le Texas. À Tucson, elle fut employée comme « danseuse exotique » et se fit tatouer un minuscule homard sur une fesse.

Mary s'était toujours demandé qui était son père. Elle l'avait très brièvement rencontré à l'âge de seize ans. À l'époque, il lui avait dit qu'il avait « embrassé la religion ». Il prêchait au coin des rues et recueillait des aumônes « pour les pauvres ». Sue ne tarda pas à comprendre qu'il dépensait tout cet argent pour s'acheter de l'alcool. Mais, une fois encore, elle préféra taire cette information à sa fille, jugeant qu'il valait mieux qu'elle ne sache pas que son père était un minable.

Mary s'obstina. À dix-neuf ans, elle finit par soutirer à sa mère l'adresse de son père en Arizona.

– Il a essayé de la violer. Il l'a enfermée à clé chez lui et a refusé de la laisser sortir. J'avais mon berger allemand avec moi. J'ai tambouriné sur sa porte jusqu'à ce qu'il la libère. Mary a dû accepter le fait qu'elle n'avait pas vraiment de père, qu'elle n'en avait jamais eu.

Au souvenir de ce qu'avait enduré sa fille unique, Sue s'essuya les yeux :

– Mary en a bavé. Un jour, elle était avec un type dans sa voiture. Sans la prévenir, il l'a laissée là et il est parti braquer un magasin. Il y a eu flagrant délit, et, même si elle n'était pas au courant, on l'a arrêtée. Elle a été incarcérée un bon bout de temps à la prison pour femmes de Purdy. Mais elle a bien pris la chose. Elle disait que ce n'était pas si mal que ça. Elles vivaient à plusieurs dans des petits appartements.

Une forte tête, voilà ce qu'était Mary. Et si on lui se montrait curieux de savoir pourquoi elle avait mal tourné, elle se retournait contre sa mère. D'après elle, c'était à cause de Sue qu'elle se droguait – à l'héroïne et à la cocaïne – et se prostituait pour financer sa toxicomanie.

Mary était une révoltée, mais elle avait le cœur sur la main. Elle était capable d'offrir son dernier dollar à un clochard. Elle avait un sourire d'une drôlerie irrésistible et faisait la cuisine comme un cordon-bleu. Jamais elle ne ratait la fête de Thanksgiving, ni le jour de Noël. Au dernier Noël de sa vie, elle rentra chez elle, les bras chargés de cadeaux... sans emballage.

Trop méfiante pour tomber amoureuse, elle n'eut pas moins dans sa vie un certain Jimmy, vers qui elle revenait toujours après de longs mois de séparation. Jimmy n'était pas un proxénète, et il l'aimait.

Lorsque sa mère la suppliait de cesser de se prostituer, Mary la regardait comme si elle parlait chinois.

– Elle avait été volée et battue par des clients, mais elle refusait d'arrêter. Elle disait qu'avec ce qu'elle gagnait elle se payait sa came, et puis que ça lui donnait du pouvoir sur les hommes.

Elles discutèrent du péril représenté par le tueur de la Green River. Mary lui déclara en haussant les épaules : « Ne t'inquiète pas. Je peux l'éviter. Il ne m'aura jamais. Je ne veux pas en entendre parler ! » Puis elle éclata de rire, comme si le fait que quelqu'un se préoccupe de sa sécurité était du plus haut comique.

Mary était pourtant consciente du danger, non seulement pour elle-même, mais pour les « nouvelles » qui venaient de débarquer sur le Strip. Le 12 septembre, elle téléphona à la brigade spéciale de la Green River pour signaler qu'un micheton l'avait emmenée à son domicile, et qu'elle avait trouvé inquiétant qu'un type ait autant de couteaux dans sa voiture et chez lui. Ce n'était plus un jeune homme, et il conduisait une voiture bleue d'un modèle récent. Elle n'avait noté ni sa marque ni le numéro de sa plaque minéralogique. En revanche, elle leur donna son adresse : au coin de la 218e Rue et de Military Road. La déposition de Mary Bello fut vérifiée.

En fin de compte, Mary et sa mère trouvèrent un modus vivendi. Mary logeait dans les motels de la Pacific Highway, et sa mère, dans un camping-car, à seize kilomètres au sud, sur le bord de la même route. Pendant l'été 1983, Mary entama une cure de désintoxication, ce qui l'obligea à se rendre tous les jours à Tacoma – à plus de vingt kilomètres du Strip – pour prendre sa méthadone.

– Elle prenait le bus jusqu'à mon camping-car, et je la conduisais à Tacoma, où je l'attendais, puis je la ramenais à mon camping-car, et elle reprenait le bus.

Ce terrible jour d'octobre où elle vit pour la dernière fois sa fille marcher vers l'arrêt de bus, Sue fut prise d'un terrible pressentiment.

– Je t'aime ! s'écria-t-elle à l'adresse de Mary.

Sa fille se retourna pour lui sourire.

– Je ne l'ai jamais revue. Au fond de moi, je crois que je le savais. Mais je ne pouvais rien pour l'empêcher.

21

À l'automne 1983, la brigade multiplia les recherches dans les zones autour des sites où l'on avait déjà retrouvé des corps. Sur chaque site, ils examinèrent des centaines d'éléments, fibres, cheveux, cailloux, écailles de peinture, brindilles, os des doigts, bouts d'os, morceaux d'étoffe pourrie, fragments de bimbeloterie, bouts de papier, mégots. Ils photographièrent les traces de pneus, en firent des moulages. Les enquêteurs ne ménageaient pas leurs efforts ; ils étaient déterminés à relever au moins un indice susceptible de les mettre sur la piste du tueur qui les narguait depuis quinze mois.

Le tronçon de la Pacific Highway entre la 144e Rue et la 288e Rue que l'on nomme le Sea-Tac Strip pouvait être considéré comme le centre d'un immense cercle dans lequel on trouvait plusieurs « dépotoirs » où le tueur déposait (jetait ?) le corps de ses victimes, au nord, au sud et à l'est. Le tueur ne pouvait guère étendre ses activités à l'ouest, puisqu'il se serait vite heurté aux vagues qui léchaient les rives de la baie, le Puget Sound.

En abandonnant les corps de ses victimes dans les mêmes endroits, de manière groupée, par deux ou trois, le tueur se conformait-il à un rituel mystérieux qui n'avait de sens que pour lui ? Ou bien n'était-ce qu'un moyen pratique de s'en débarrasser le plus vite possible ?

Les enquêteurs ne se sentaient pas libres non plus de consacrer tout leur temps à fouiller les sites, car les disparitions continuaient de plus belle.

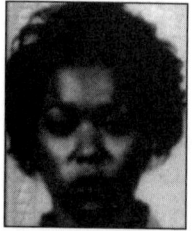

Pammy Avent fut aperçue pour la dernière fois le 26 octobre 1983, au centre de Seattle.

Patricia Osborn, dix-neuf ans, disparut le 28 octobre à l'autre bout de Seattle, sur Aurora Avenue, alors qu'elle arpentait le trottoir. Ses parents, habitant l'Oregon, tardèrent à se rendre compte de sa disparition. Lorsqu'elle ne leur téléphona ni à Thanksgiving ni à Noël, ils alertèrent enfin la police.

Le dimanche 30 octobre 1983, Delise Plager, surnommée Missy, vingt-deux ans, avait rendez-vous avec sa meilleure amie, chez cette dernière. Elle aurait dû prendre un bus dans le centre de Seattle. Elle ne prit jamais le bus, ni n'arriva jamais chez son amie.

Missy, qui squattait chez une copine, avait deux enfants qu'elle ne parvenait pas à élever. Elle avait les yeux bleus, des cheveux blonds, des traits d'une régularité parfaite, la peau éclaboussée de pâles taches de son, mais ses yeux avaient un regard lourd d'amère déception. Ce qui, étant donné l'histoire de sa vie, n'avait rien de surprenant

Alors qu'ils étaient encore tout petits, à peine cinq ans, Missy et son frère jumeau, que leur père avait déjà abandonnés dès leur naissance, furent retirés à la garde de leur mère pour des raisons peu claires, hormis ses excès de boisson. À la suite de ces défections successives, les deux enfants furent placés dans un orphelinat catholique. Missy, qui était une adorable poupée blonde aux grands yeux azur, fut immédiatement adoptée. Cela dit, ses nouveaux parents se trouvèrent désarmés devant ses troubles du comportement. Ils ne savaient pas comment la prendre. Était-ce à cause du traumatisme d'une naissance difficile qu'elle manifestait cette hyperactivité ?

Il paraît plus logique de penser que cette agitation excessive n'était pas d'origine organique, mais la conséquence du chagrin éprouvé à un très jeune âge lors de la perte d'êtres qui lui étaient chers. Elle avait été séparée non seulement de sa mère, mais aussi de son frère jumeau bien-aimé. Par la suite, elle chercherait à le retrouver, mais la famille adoptive du jeune garçon avait délibérément coupé tous les liens qui le rattachaient à son passé. Missy ne fut jamais autorisée à le voir.

Ses parents adoptifs à elle habitaient un ranch. Ils avaient eu des enfants, des garçons qui étaient grands maintenant et ne leur avaient pas posé de problème particulier. Ils n'étaient pas préparés à faire face à la tornade qu'était Missy, incapable de se concentrer, ne tenant jamais en place, sans parler de ses crises de colère.

En désespoir de cause, quand elle atteignit l'âge de dix ou onze ans, ils la placèrent dans un centre catholique dirigé par des religieuses. Ces dernières firent de leur mieux pour lui prodiguer leur affection et la rendre plus heureuse. Missy ignorait alors que sa mère et son père s'étaient remariés chacun de son côté et qu'elle avait déjà une demi-sœur.

Missy rentrait au ranch le week-end. Le médecin de famille, ayant diagnostiqué chez elle une hyperactivité avec troubles de l'attention, lui prescrivit de la Ritaline. Mais pendant la semaine, au centre, la directrice, sœur Antonia, refusait de donner des amphétamines à une enfant, si bien que, tous les lundis matin, Missy subissait un syndrome de sevrage qui lui mettait le moral à zéro et la privait de toute son énergie.

Un lundi, elle rentra du ranch avec quelques traces de coups sur les fesses. Il faut dire qu'elle avait une peau d'une blancheur et d'une finesse qui marquaient comme un rien. Pendant que sœur Antonia prenait des photos de ses bleus, elle sanglota, non pas pour se plaindre, mais d'angoisse à l'idée des ennuis qu'elle allait causer à sa famille.

À l'époque, Missy était à peine pubère. Ses seins commençaient à peine à pointer sous ses tee-shirts. Elle confia à son éducatrice, Barbara, que des garçons l'avaient déjà pincée à la poitrine pour la taquiner. « Tout ce que j'ai trouvé à lui répondre, se rappela par la suite Barbara, c'était que j'étais désolée. Je comprenais qu'ils avaient blessé son amour-propre, et que c'était très mal de leur part. »

Mais Missy avait-elle été si « blessée » que cela par ces attouchements ? Elle qui avait été privée d'amour avant l'âge de cinq ans, elle qui cherchait toujours à établir un contact physique avec les autres... La suite de son histoire devait prouver qu'elle ne savait pas dire non aux garçons ni aux hommes qui voulaient la prendre dans leurs bras.

L'un des épisodes les plus pathétiques de son séjour chez les sœurs se produisit le soir de la kermesse, au moment du spectacle de l'atelier théâtral.

– Je pense que Missy n'avait aucun espoir de voir sa famille dans la salle, et pourtant sa mère adoptive était là. Missy en fut si heureuse qu'elle fondit en larmes. Pauvre gamine, elle a sangloté pendant toute la représentation. Ensuite, elle était si fière de montrer sa mère aux sœurs... On voyait bien qu'elle lui était très attachée.

En dépit de toutes les secousses affectives qui avaient ébranlé Missy, elle était encore capable d'aimer, et d'aimer intensément. Ce n'était pas un petit être enfermé en lui-même, hostile au monde extérieur. Une éducatrice bénévole de l'école, surnommée Woody, m'a raconté combien elle avait travaillé avec Missy pour qu'elle enchaîne ses actions de manière moins intempestive.

Mais à mesure que les mois passaient, il devenait évident que les week-ends à la maison ne réussissaient pas à Missy, qui rentrait toujours hystérique. Comme le centre n'avait pas les moyens d'assurer un internat complet, on chercha, la mort dans l'âme, à l'orienter vers un autre établissement. Barbara, qui en sa qualité d'éducatrice lui tenait lieu de mère de substitution au centre, pleura en la voyant partir.

Plusieurs années s'écoulèrent sans que Barbara reçoive de nouvelles de Missy, puis elle apprit qu'elle avait été placée en maison de redressement. Elle en eut le cœur chaviré. Qu'avait-il pu se passer ?

Beaucoup de choses. Non seulement Missy manifestait des troubles du comportement, mais elle avait aussi des difficultés d'apprentissage, autrement dit elle était dyslexique. Ce handicap scolaire lui rendit les heures de classe très pénibles. Elle s'en échappait en rêvant au jour où ils seraient enfin tous réunis comme avant, sa vraie mère, son père, son frère...

Missy, sous des dehors agressifs, cachait un cœur d'or et une vulnérabilité d'écorchée vive. Elle était régulièrement recueillie par des sœurs ou des mères de substitution qui lui procuraient un toit et l'encourageaient à développer l'estime de soi. Mais elle n'était pas commode à vivre. D'un désordre extrême, elle ne rangeait ni ne lavait jamais rien, ni vaisselle, ni vêtements, à moins qu'elle n'ait perdu quelque chose dans une pile de linge sale.

Il semblait parfois que Missy était destinée à mourir jeune. Un terrible accident de la route en 1977 lui brisa la hanche et la mâchoire. Souffrant d'un traumatisme crânien, elle avait tellement de mal à respirer qu'il fallut pratiquer une trachéotomie.

De moins en moins au collège, et de plus en plus toute seule, Missy collectionna un certain nombre de tatouages, des marques qui pourraient permettre de l'identifier si jamais il lui arrivait malheur. Elle avait *Love* écrit sur le dos d'une main, *Frank* à la saignée du bras, un symbole porte-bonheur sur un doigt, un papillon sur le genou. Du travail d'amateur, tatoué peut-être de sa propre main. Le seul qui était vraiment professionnel était le petit dragon sur son épaule droite.

Missy, dans sa folle quête d'amour, eut deux enfants illégitimes à respectivement seize et dix-huit ans : Nicole, en 1976 ou 1977, et un petit garçon, Darrell, en 1979. Elle ne tenait pas tellement à leurs pères, mais adorait ses enfants, dont, hélas, elle était bien incapable de s'occuper, les laissant le plus souvent aux bons soins de ses amies.

Un jour de 1982, Missy crut qu'elle allait s'évanouir de joie lorsqu'une fille rencontrée au cours d'une soirée la regarda d'un air sidéré et s'exclama : « C'est pas croyable comme tu ressembles à mon copain. On dirait sa jumelle ! »

C'est ainsi que Missy retrouva le frère perdu dix-sept ans plus tôt. Il vivait à Tacoma, et savait où trouver leur père : au Texas, sous le nom de Dennis. Missy lui téléphona, et il la mit en contact avec sa mère, qui après plusieurs remariages avait échoué à Reno, dans le Nevada.

Sa mère l'invita à la retrouver pour Noël. Toutes deux attendirent ce moment, le cœur gonflé d'espoir. Mais les retrouvailles se soldèrent par un désastre. La mère de Missy, qui élevait les enfants de son dernier compagnon, était toujours portée sur la bouteille. Elle n'était pas prête à fournir l'effort nécessaire pour renouer avec une fille abandonnée depuis longtemps, et qui avait à présent deux enfants.

En écoutant le récit de Missy, la description de ses manques affectifs, des drames qui avaient jalonné sa jeune vie, sa mère fut saisie d'un sentiment de culpabilité mêlé de dégoût. Le fait que Missy ait été internée dans une maison de redressement la révolta : elle s'était attendue à retrouver une jeune femme bien dans sa peau, pour qui tout « roulait ».

Sa mère, qui travaillait dans une boutique de développement photo d'un centre commercial, n'avait pas les moyens de faire venir Missy. Et si elle avait caressé cette idée, cette envie ne tarda pas à lui passer devant son désordre chronique. On aurait dit qu'un cyclone était passé dans la maison. Après quelques verres de trop, sa mère lui lança ces mots terribles : « Tu as trop de problèmes, Missy, on n'aurait peut-être pas dû te ranimer à la naissance. »

Ces paroles frappèrent Missy en plein cœur. Elle qui avait passé toute sa vie à rêver d'une réunion avec cette mère tant aimée, la voilà qui prenait la mesure de ce qu'il y a de pire pour un enfant : l'indifférence. Peu importait à sa mère si elle était vivante ou morte. Pire, elle l'aurait sans doute souhaitée morte !

Missy téléphona à son père pour l'informer que son séjour chez sa mère s'était mal passé. Elle retournait à Seattle ; sa mère lui avait offert un aller simple en guise de cadeau de Noël. Mais au moment du départ, elle lui donna un anneau en argent et turquoise. « Ça valait trois sous, mais elle m'a juré qu'elle ne l'enlèverait jamais. »

Ensuite, Missy sembla aller à la dérive. Elle ne se présenta pas aux rendez-vous fixés par les assistantes sociales pour voir comment on pouvait l'aider à élever ses enfants. Elle n'avait plus de domicile fixe et vivait ici ou là.

Missy fit une tentative de suicide qui laissa sur ses poignets de minces cicatrices blanches. Heureusement, des amies l'avaient sauvée in extremis, mais on pouvait craindre une récidive : Missy ne croyait plus à rien. Elle détestait les hommes. À l'entendre, tous ceux qui l'avaient approchée l'avaient soit ignorée, soit maltraitée. Son jumeau habitait chez son père, au Texas. Tous deux étaient en liberté conditionnelle à la suite d'une histoire d'escroquerie et travaillaient dans le même restaurant. Il y avait des chances pour que sa fille soit bientôt adoptée, et son fils vivait chez sa meilleure amie, pour le moment, car Missy était terrifiée à la pensée que les services sociaux puissent venir s'en emparer.

Au début de l'année 1983, Missy, malgré son antipathie déclarée pour les hommes, vécut plusieurs semaines d'affilée avec plusieurs messieurs, qu'elle prit à chaque fois pour des amis – pour s'apercevoir ensuite qu'ils ne l'étaient pas. Elle se plaignit en particulier de l'un d'eux, qui avait essayé de l'habiller comme une putain et de provoquer chez elle une dépendance à l'héroïne.

Après un usage régulier de la drogue, elle finit bel et bien par être accro. Elle se fournissait dans une ancienne église où se déroulaient des raves – un lieu qui serait fermé par les autorités publiques deux ans après. Missy était sur le point de se faire tatouer un gigantesque loup-garou depuis son menton jusqu'à son pubis.

L'usage de la drogue la poussa à accepter l'idée de se prostituer. En avril, elle logeait dans un minuscule studio en sous-sol, dont elle avait du mal à payer le loyer. Quelques mois plus tard, elle téléphona à une avocate qui l'avait déjà tirée d'affaire. Interviewée par la suite, cette avocate déclara :

– Elle était toxico, et terrifiée à la perspective de perdre ses gosses... Je ne lui avais pas parlé depuis longtemps. Je n'ai pas compris ce qui lui était arrivé. La dernière fois, elle avait hâte de reprendre des études, et voilà que je la retrouvais en pleine déchéance.

Les amies de Missy précisèrent qu'elle n'acceptait jamais d'être pénétrée par ses clients et se limitait à la sexualité orale. « Elle le faisait dans leur voiture ou au motel, mais jamais chez eux. »

Missy espérait toujours économiser assez pour louer un appartement correct et récupérer la garde de ses enfants. Au début de l'automne 1983, elle s'inscrivit à des cours censés lui apprendre à être un bon parent.

Quelques semaines plus tard, sa situation avait dû se dégrader, car Missy et sa meilleure amie, prostituée consommatrice de drogues comme elle, se rendit à Olympia, dans le même État de Washington, pour « ramasser un paquet ». Le micheton refusa de les payer et leur rit au nez. Ensuite, elles prirent un car ou firent du stop jusqu'en Caroline du Nord, où sa camarade avait de la famille. Mais elles se disputèrent, et Missy rentra à Seattle.

Elle s'installa avec une autre amie, Maia, qui la déclara disparue à Halloween.

La veille de Noël, le père de Missy reçut un étrange appel téléphonique. Une femme sanglota dans son oreille : « Papa ! Je serai à la maison pour Noël ! » puis on coupa. Il n'avait pas reconnu la voix.

Barbara, la femme qui s'était occupée d'elle au centre catholique, me déclara :

– Elle ne méritait pas un destin aussi cruel. C'était une fille adorable qui n'avait pas eu de chance dans la vie. Quand je pense qu'elle avait été obligée d'abandonner ses enfants...

Nous n'avons jamais su les détails, mais on avait l'impression que l'histoire se répétait. Elle revivait les souffrances de sa mère. Mais je tiens à ce que les gens sachent que c'était quelqu'un de bien. Elle ne méritait pas cette mort horrible.

Tina Tomson ne méritait pas non plus de mourir de façon aussi atroce. Aucune des victimes de la Green River ne méritait un sort pareil.

Tina Tomson, vingt ans, de son vrai nom Kimberly Nelson, était originaire du Michigan. Après avoir abandonné ses études en seconde, elle prit le chemin de Seattle, laissant derrière elle sa mère et son beau-père. Son père, pour sa part, vivait en Floride. Tina partit pour ne pas revenir. Elle téléphona à sa sœur pour lui dire qu'ils ne devaient pas l'attendre pour Noël 1983.

Tina faisait vivre un proxénète, lequel se montra catastrophé lorsque, début octobre 1983, elle fut incarcérée pour prostitution dans la prison du comté de King. Il alla jusqu'à se plaindre amèrement : comment allait-il pouvoir joindre les deux bouts sans ses passes ? Il se moquait bien qu'elle fût enceinte de trois ou quatre mois.

Tina avait plusieurs noms de guerre, dont « Kim » et « Star ». Son amie Paige ne la connaissait que sous celui de Star. Paige était prostituée elle aussi. Leurs souteneurs respectifs s'entendaient pour déplacer les filles de manière à les empêcher de trouver un emploi « normal » et à tirer parti des meilleures opportunités dans les quartiers les plus chauds du moment.

Lorsque Kim/Tina/Star sortit de prison juste avant Halloween, Paige et elle furent conduites par les proxénètes au Sea-Tac Strip, et installées au Ben Carol Motel. Elles « travaillèrent » deux nuits au routier Evergreen. Paige se fit appréhender par un policier, lequel la relâcha avec un avertissement.

Paige déclara Star disparue le 31 octobre. « Star » Tomson. Le fait que les victimes de la Green River aient eu tant de surnoms et pseudos ajoutait une complication supplémentaire à une tâche déjà ardue.

Tina avait disparu vingt heures seulement après Missy.

Le matin du 31, au coin de la Pacific Highway et de la 141e Rue, Tina et Paige bavardaient sous le crachin. Elles connaissaient mal le Strip et n'étaient que vaguement au courant du danger représenté par le tueur de la Green River. D'après Paige, « Star n'avait peur de rien. Elle montait avec le premier venu... Elle était sûre de pouvoir se tirer de n'importe quelle situation ».

Tina lui annonça qu'elle avait l'intention de travailler juste assez pour payer leur chambre – 25 dollars la nuit. Les deux filles faisaient des économies en préparant leurs repas au motel.

Paige partit avec son premier micheton en voiture. À son retour, quinze à vingt minutes plus tard, Tina n'était plus là. Paige supposa qu'elle avait trouvé un client ou avait regagné le motel. Frigorifiée, elle décida de rentrer. Tina n'était pas non plus dans la chambre.

Deux jours plus tard, Paige fut accostée par un pick-up rouge foncé au toit peint en blanc. Le conducteur lui adressa un signe et lui demanda : « Vous étiez pas avec une grande blonde l'autre jour ? » Paige en eut froid dans le dos. Le type lui proposa alors de monter avec lui. Sagement, elle refusa. À la police, elle le décrivit comme un homme de trente-cinq ans, de race blanche, plutôt athlétique, un mètre soixante-dix-sept, vêtu d'une chemise à carreaux et d'une casquette de base-ball.

Toujours d'après Paige, Tina portait un pantalon noir à fines rayures, un chemisier rose, un long manteau en cuir noir et des Nike bleues. Rien d'autre ne manquait dans leur chambre de motel. Les enquêteurs emportèrent toutes les affaires de Tina – quelques vêtements, des bigoudis, une brosse à dents, une trousse à maquillage.

Paige se rappelait aussi le numéro de la plaque d'immatriculation du pick-up. Un précieux renseignement, qui, hélas, ne fut pas noté ou se perdit dans la masse des informations.

Jusqu'à nouvel ordre, en proportion du nombre de disparitions, peu de dépouilles avaient été découvertes. Le tueur était assez habile pour dissimuler le corps du délit. La plupart de ceux que l'on avait retrouvés avaient été simplement déposés dans un coin, recouverts de quelques feuilles. Il semblait les jeter comme des poupées cassées.

Il avait pourtant pris la peine d'enterrer celle dont quelqu'un trouva par hasard le corps le 13 novembre 1983, dans une zone boisée à quelques centaines de mètres de la Pacific Highway, et à quelques rues du Red Lion Inn. Gisaient là en fait deux victimes : une jeune femme et le fœtus qu'elle portait en son sein. La jeune femme était couchée sur le dos, les genoux légèrement repliés vers la gauche. Elle était enfouie à moins d'un mètre de la surface, mais le tueur avait pris soin de la recouvrir de terre. Pourquoi ce traitement de faveur ? Parce qu'elle était enceinte ? Aurait-il éprouvé de la pitié pour ses victimes ?

Dans cette sépulture hâtive reposait Mary Bridget Meehan, qui, après deux fausses couches, s'était résignée à faire adopter l'enfant à qui elle allait donner le jour.

22

Le travail scolaire lui semblait toujours aussi abscons, mais il se délectait à cacher des secrets à ses camarades qui se croyaient si malins.

Sa vie sexuelle était plutôt une vie rêvée, détachée de la réalité quotidienne, où il se révélait un piètre séducteur. Il avait eu une aventure, une fois, une seule, avec une fille un peu plus âgée que lui avec qui il prenait le bus de ramassage scolaire. Mais plus âgée, et par conséquent beaucoup plus expérimentée, elle s'était moquée de lui.

Il n'était bon en aucune matière, ni en maths, ni en anglais, ni en histoire, mais il ne se débrouillait pas si mal quand il s'agissait de réparer des objets. Son père tentait de lui enseigner la mécanique, mais dans ce domaine comme dans les autres, il lui fallait plus de temps pour apprendre que la moyenne. Il aimait bien la marche à pied et la pêche. Il aimait les bois. Il aimait être seul et épier les gens à leur insu.

En 1965 et 1966, il eut un job de serveur au Hyatt Hotel non loin de l'aéroport, puis il fut vendeur au Gov-Mart Bazaar, un revendeur d'articles soldés après faillite. Les quelques filles avec qui il parvenait à sortir refusaient toutes de coucher avec lui. Finalement, il en trouva une qui accepta. Dans l'obscurité de sa voiture dans un drive-in, une éjaculation précoce l'empêcha d'aller jusqu'au bout. Mais par la suite, ils se retrouvèrent souvent pour faire l'amour.

Il avait vingt ans quand il termina ses études au lycée. Qu'allait-il faire à présent ? Intégrer l'armée pour y apprendre un métier ? La guerre du Vietnam faisait encore rage, et il n'avait aucune envie de partir pour le front. Il s'engagea dans la marine. Avant de partir pour la base de San Diego, il épousa celle qui était sa petite amie depuis déjà longtemps, Heather.

Heather avait un an de moins que lui. Ils se marièrent en août 1970 à Fort Lawton, à Seattle, devant un chapelain de l'armée. Pendant ses mois d'entraînement en Californie, tout se passa apparemment très bien entre eux, même s'il se trouvait chaque semaine plusieurs jours en mer. Lorsqu'il était en permission, ils faisaient l'amour plusieurs fois par jour. Il n'y avait rien d'autre dans leur vie de très excitant, mais sa femme lui semblait satisfaite.

Et puis il stationna en mer plusieurs mois d'affilée. Sa jeune femme se retrouva seule dans une ville où elle ne connaissait personne. Ni l'un ni l'autre n'avaient beaucoup de maturité. La jalousie s'en mêla. Ils se mirent à s'accuser d'infidélité. Comme il savait à peine écrire, il n'arrivait pas à tourner les lettres qu'il lui adressait de manière à ne pas la blesser.

En fait, il la trompait tout autant. À ses yeux, coucher avec une prostituée alors qu'il était au loin lui paraissait chose naturelle. De l'autre côté des mers, sa femme, qui s'ennuyait ferme, se lia d'amitié avec l'épouse d'un marine, et se mit à fréquenter avec elle les bars de la ville et à faire des rencontres.

Quand le médecin militaire lui apprit qu'il avait la chaude-pisse, il ne voulut d'abord pas y croire. Il avait déjà eu une maladie vénérienne ! Comme si on pouvait s'immuniser contre la chtouille ! Il n'avait pas dû bien regarder les films éducatifs destinés aux nouvelles recrues. Il n'avait sans doute pas compris à quoi servaient les préservatifs. Mais il n'en voulut pas à ses partenaires philippines : elles l'avaient initié à des pratiques sexuelles d'un érotisme plus voluptueux que la posture dite du missionnaire.

La colère qui l'avait habité toute son enfance et son adolescence n'avait pas désarmé. Il la tenait seulement en bride.

Quand il revint en permission à San Diego, sa femme lui

avoua avoir eu des aventures en son absence. Le coup s'avéra fatal à leur union. Il la traita de pute. Le divorce fut prononcé moins d'un an après leur mariage.

Après cette déconfiture, il se mit à fréquenter des bars de rencontres. Il eut plusieurs liaisons successives. Aucune d'entre elles ne dura plus de quelques mois.

Il se rabattit sur les prostituées.

23

Le corps de Mary Bridget Meehan ayant été découvert dans sa juridiction, Jerry Alexander, un inspecteur de Seattle, prit les choses en main et chercha à localiser son ancien ami et souteneur, Ray. Ce dernier dut être poussé dans ses retranchements pour retrouver la mémoire. Il finit par admettre que Mary Bridget « travaillait » dans la zone du Sea-Tac Strip. Il ne se rappelait en revanche qu'un seul de ses clients : le propriétaire d'une voiture de sport bleue avec une plaque minéralogique personnalisée.

Alexander consulta les fichiers du DMV, le Department of Motor Vehicles. Le signalement donné par Ray semblait correspondre à un cabriolet Volkswagen Karmann Ghia bleu dont le propriétaire vivait à trois kilomètres du Strip.

Un homme d'une trentaine d'années, a priori inoffensif. Il admit volontiers avoir des relations avec des prostituées, et avoir connu Mary Bridget. « J'aime les filles avec des gros seins, et je l'avais vue promener son chien non loin de Larry's... Elle avait un look romantique et solitaire. »

Il n'avait pas l'air suspect ; il répondait à toutes les questions avec franchise. Mais quand Alexander vérifia ses antécédents, quelle ne fut pas sa surprise de découvrir qu'il était considéré comme un « dangereux paranoïaque... Il se prend pour un espion, il a des tendances suicidaires et garde sur lui un neuf millimètres ».

Cet homme n'avait cependant pas tué Mary Bridget, car il présenta aux autorités un solide alibi concernant le jour où elle avait disparu.

Alors que l'année 1983 tirait à sa fin, le shérif Vern Thomas déposa une requête auprès des politiciens du comté de King : la brigade spéciale de la Green River pouvait-elle bénéficier d'une augmentation budgétaire qui lui permettrait de gérer l'énorme masse d'informations générées par les disparitions successives de jeunes filles et la découverte des cadavres ? L'avis fut plutôt favorable dans l'ensemble, mais quelques voix conservatrices s'élevèrent pour protester contre l'usage abusif que l'on faisait de l'argent du contribuable en enquêtant sur des meurtres de prostituées.

L'opinion publique était divisée. Beaucoup de gens se disaient choqués de voir que les filles étaient obligées de travailler dans la rue alors que rôdait un tueur et reprochaient à la police de ne pas progresser dans son enquête au motif que les victimes étaient des prostituées.

Les ultra-conservateurs, en revanche, formaient des attroupements dans le centre de Seattle, de modestes mais virulentes manifestations, où ils brandissaient des banderoles aux termes sans ambiguïté : « Nettoyons nos rues ! » et « Halte à la prostitution ! ». Parmi eux, il y avait des adolescents en tenue de base-ball et des mères de famille avec des poussettes. L'une de ces bien-pensantes redoutait que le tueur ne s'en prenne bientôt à de « gentilles jeunes filles ».

Soixante-quinze personnes occupèrent le rectorat pour exiger que le shérif protège mieux leurs enfants des ravages de la prostitution.

L'homme d'affaires qui avait organisé l'opération déclara : « On ne pourra jamais mettre fin à la prostitution, mais au moins qu'on les écarte de la communauté ! » Il perdit néanmoins de sa superbe lorsqu'on lui fit observer que les victimes avaient elles aussi des parents, et que ceux-ci les pleuraient.

Le lieutenant Dan Nolan, un de ceux qui s'étaient le plus dévoués à la tâche de la brigade spéciale, leur suggéra un autre point de vue : et s'ils s'employaient à faire pression sur les clients, plutôt que de condamner les jeunes filles dont ces derniers se servaient pour assouvir leurs désirs ?

Son discours fut accueilli par des huées. C'étaient ces filles vénales, bien sûr, qui étaient le problème ; des putains ! des traînées ! des grues ! des filles qui n'avaient aucun respect pour elles-mêmes et étaient trop lascives et paresseuses pour gagner leur vie à la sueur de leur front. Ils savaient ce qu'était une prostituée, ils avaient vu comment elles vivaient dans les films à la télévision.

Les policiers eurent beau leur expliquer que les travailleuses des rues n'embrassent pas cette profession par goût ou par perversité sexuelle, mais bien poussées par la misère, la solitude, les difficultés d'adaptation à la société, ils refusaient d'écouter. « Si elles vendent leur corps, c'est qu'elles aiment ça ! » s'exclama une voix mâle dans l'assistance.

En dépit de ces discussions houleuses, il fut décidé qu'une récompense de 500 dollars serait offerte pour toute information qui conduirait à l'arrestation du tueur de la Green River. Le 25 novembre 1983, la somme grimpa à 7 600 dollars.

C'est aussi à cette époque que les services internes de la police vinrent évaluer le travail accompli jusque-là par la brigade spéciale afin de proposer d'éventuels changements de méthode. Dick Kraske, Dave Reichert, Fae Brooks et Randy Mullinax n'en menaient pas large.

Parmi ces spécialistes, Bob Keppel avait été l'un des principaux enquêteurs sur l'affaire Bundy. Il travaillait désormais à la division criminelle du bureau du procureur général de l'État du Washington, où il s'occupait non seulement de relancer des procès ralentis par les pesanteurs de la justice, mais aussi de mettre en place un fichier des criminels et délinquants sexuels pour l'ensemble de l'État.

Si Bob Keppel et Dave Reichert étaient l'un et l'autre persuadés que les meurtres allaient se poursuivre, ils n'étaient pas toujours d'accord sur l'ordre des priorités. Reichert était un homme d'action, Keppel un analyste. Mais ils finissaient toujours par s'entendre, en partant du principe que rien n'était plus nuisible à une enquête sur une affaire aussi médiatisée que l'un des responsables se mette à jouer les stars !

L'agent du FBI John Douglas, expert en profiling, vint se joindre à eux avant la fin 1983. Avant de tomber gravement malade d'une encéphalite aiguë qui le laissa paralysé pendant plusieurs mois, il eut le temps d'exposer une méthode tout à fait novatrice en matière d'interrogatoire. Une fois que les enquêteurs tenaient un suspect sérieux, au lieu d'exercer sur lui une pression morale en lui faisant honte, ils devaient s'arranger pour « dédoubler » l'individu qui se trouvait en face d'eux. En s'adressant alternativement à un « bon » et à un « méchant », autorisant ainsi le « bon » à se désolidariser du « méchant ».

L'idée était en effet excellente, mais encore fallait-il mettre la main sur un suspect plausible. À l'approche de Noël 1983, le moral de la brigade spéciale n'était pas brillant. Comme jadis les enquêteurs sur l'affaire Bundy, ils se plaignaient d'être noyés dans un océan de paperasse, d'appels anonymes qui ne menaient à rien, de procès-verbaux... Après un an de travail acharné, ils avaient l'impression d'en être encore au même point : ils couraient après un tueur insaisissable.

Comme, sous son commandement, la brigade spéciale n'avait affiché aucun résultat, en 1983, Dick Kraske fut remplacé par Frank Adamson, un vieux routard de la police du comté de King.

— Je n'ai pas demandé ma mutation parce que nous avions commis des erreurs, expliqua Kraske. Mais j'avais l'impression que nous n'étions pas du tout soutenus, ni par les élus, ni par l'opinion publique.

En novembre 1983, après son élection au poste de shérif, Vern Thomas réunit autour d'une table tous les policiers concernés par l'affaire de la Green River afin de mettre sur pied le plan de bataille de la brigade spéciale numéro deux. Comme à l'époque le budget annuel n'atteignait même pas les 10 000 dollars (alors que par la suite il grimperait jusqu'à 30 millions de dollars), tous s'accordèrent pour réclamer plus d'argent. Ils n'étaient que huit à se partager cinq voitures pour faire face à un afflux permanent d'informations tous azimuts.

Lisa Yates disparut deux jours avant Noël 1983. Dix-neuf ans, très belle. Yeux noirs, longue chevelure blonde. Malgré son mode de vie, elle était adorée par les siens. Pour sa nièce, qui avait neuf ans à l'époque, elle était une « princesse de conte de fées ».

– Lisa était belle comme le jour, et très talentueuse, généreuse et drôle. Je la trouvais trop cool. Elle a été tuée juste avant de venir me chercher pour pique-niquer au parc.

Lisa avait été ballottée toute son enfance de famille d'accueil en famille d'accueil. Elle avait vécu longtemps chez sa sœur, et ensuite elle s'était « débrouillée ».

24

Frank Adamson fut sidéré en apprenant qu'il avait été nommé à la tête de la brigade spéciale de la Green River. Le shérif Thomas ajouta qu'il devait lui rendre compte directement. Adamson ne protesta pas. Cet arrangement était plus clair que le précédent, où une poignée de soi-disant spécialistes avaient réussi par leurs critiques constantes à saper le moral de l'équipe de Kraske.

Adamson, qui avait servi dans presque toutes les unités du comté de King, occupait alors un poste à la police des polices. Un homme discret et cultivé, dont l'allure calme et décontractée inspirait confiance et sympathie. C'était un des meilleurs flics du département, et l'un des plus aimés. Il connaissait beaucoup de secrets sur ses collègues, et n'ignorait pas la rumeur selon laquelle le tueur de la Green River pouvait être un officier de police.

Sous la houlette de ce nouveau chef à l'enthousiasme contagieux, et forte désormais de quarante enquêteurs, la brigade spéciale emménagea tambour battant dans des locaux plus spacieux que ceux du palais de justice où ils logeaient jusqu'ici : à Burien, soit à un jet de pierre du Sea-Tac Strip.

La première étape consista à revoir et reclasser toutes les données recueillies au cours des dix-huit mois précédents, avec l'aide avisée des « anciens », Dave Reichert, Bob Lamoria, Ben Colwell, Rupe Lettich et Fae Brooks.

– J'étais persuadé, se souviendra par la suite Adamson,

qu'avec une si bonne équipe j'allais pouvoir boucler l'affaire en six mois. C'est d'ailleurs, je l'avoue, ce qui aurait dû se passer...

La brigade reçut aussi le soutien d'un substitut du procureur, Al Matthews.

Cinq jours avant Noël 1983, un autre cadavre fut retrouvé, le premier sous la responsabilité de Frank Adamson. Ce n'était en fait pas un cadavre, mais un crâne. Le crâne de Kimi-Kai Pitsor.

– Nous avions une liste de sept jeunes femmes, sept victimes – des victimes connues – et toutes ne se révélèrent pas des victimes de la Green River, dira Adamson. Par ailleurs, il y avait la liste des disparues que nous avait transmise la police de Seattle, comptant vingt-deux cas. La plupart de ces dernières furent retrouvées, leurs restes plutôt, et c'étaient presque toutes des victimes du tueur. J'étais à la brigade depuis quinze jours seulement quand on est tombé sur le crâne de Kimi-Kai Pitsor au cimetière de Moutain View. Elle était la plus jeune de toutes. À peine seize ans. Quel choc ç'a été pour moi !

Le cimetière en question se trouvait à un peu plus de vingt-cinq kilomètres au sud-ouest de l'aéroport, à la périphérie de la petite ville d'Auburn, à quarante-cinq kilomètres du centre de Seattle, où Kimi-Kai avait été aperçue pour la dernière fois. Un lieu à ciel ouvert, et non un bois comme pour les autres victimes.

– On s'est dit que le tueur cherchait à faire joujou avec nous en déposant le crâne à cet endroit. Certains de mes enquêteurs ont même suggéré qu'il l'avait caché et qu'un coyote l'avait déterré et transporté jusqu'au cimetière.

Adamson déploya toute la panoplie pour essayer de retrouver les autres ossements.

– On a exploré la pente d'un talus, en quête de quelques os ou d'un reste de vêtement. C'était tellement à pic que nous avons été obligés de faire appel aux pompiers et à leur grande échelle... Hélas, nous n'avons rien trouvé. J'ai arrêté les frais.

Au laboratoire, ils réussirent sans difficulté à identifier le crâne d'après la denture. Sa mère reçut la nouvelle avec calme. Elle soupira :

– Elle ne souffre plus. Elle n'a pas froid. Pas faim. Aucune douleur ne peut plus l'atteindre. C'est ce qui m'avait le plus tourmentée depuis neuf mois.

Au début des années quatre-vingt, la technologie informatique n'était pas aussi avancée qu'aujourd'hui, et l'accès à l'information beaucoup plus laborieux. Ces vingt dernières années ont apporté de nombreux bouleversements dans ce domaine. Sans parler des progrès gigantesques en biotechnologie. À l'époque, on ne pratiquait pas de tests ADN. Le système de traitement automatisé AFIS des empreintes digitales en était à ses balbutiements. On avait encore recours à la méthode archaïque de comparaison mise au point par le FBI, la spécificité d'une empreinte digitale pouvant être déterminée à partir des creux et des bosses dont elle est constituée. Bref, avant l'AFIS, il fallait deux mois pour obtenir une reconnaissance d'empreinte. Quant aux analyses de sang, tout ce que l'institut médico-légal était en mesure de déterminer, c'était si l'échantillon était humain ou animal, et, dans le premier cas, à quel groupe il appartenait.

Depuis que le professeur Edmond Locard, créateur du premier laboratoire de police scientifique du monde, à Lyon, en 1910, a formulé sa théorie de l'échange – « tout auteur d'infraction laisse des traces sur le lieu de son forfait et emporte avec lui des éléments de ce lieu » –, cette dernière est restée à la base de toute investigation sur les lieux du crime. Naturellement, à l'époque qui nous occupe, les techniques ont évolué avec le temps, et elles évolueront encore de façon spectaculaire à mesure qu'avancera l'enquête.

Début 1984, la brigade de la Green River était d'humeur optimiste. L'une des tâches les plus délicates consistait à interroger les suspects, au nombre affolant, vu la quantité de dénonciations. Là aussi, sous les ordres d'Adamson, il s'opéra un classement par ordre prioritaire. Car les enquêteurs avaient plutôt tendance à se fixer sur un seul suspect.

— Je n'arrêtais pas de répéter à mes hommes qu'il fallait se méfier de sa propre myopie, que nous étions toujours enclins à nous laisser obnubiler par certains individus.

Dave Reichert, par exemple, demeurait persuadé que Mel Foster était le tueur. Un de ses collègues croyait dur comme fer que c'était un avocat de Ken dont la clientèle comprenait un pourcentage élevé de travailleuses des rues. L'avocat habitait non loin de l'endroit de la Green River où l'on avait retrouvé les cinq premières victimes. Il avait en outre séjourné longtemps dans une ville de Californie qui comptait plusieurs affaires non résolues de femmes assassinées.

— J'ai moi-même eu quelques entretiens avec cet avocat, un homme dans la quarantaine, dira Adamson. Il était toujours tiré à quatre épingles. Et moi je me disais : Ce gars-là n'irait pour rien au monde patauger dans la vase d'une rivière !

Pour la petite histoire, l'avocat suspect, qui était aussi propriétaire d'un sordide immeuble de rapport, fut ensuite assassiné par un de ses locataires mécontents.

Même Adamson finit par avoir son suspect préféré, ou plutôt ses trois suspects.

Le premier était un homme d'âge mûr qu'une jeune prostituée avait qualifié de « micheton ultra glauque ». Après l'avoir abordée avec gentillesse, il l'avait emmenée faire des emplettes de lingerie puis l'avait ramenée chez lui, dans une assez belle demeure entourée de plusieurs hectares non loin de la Green River. Le problème, c'était que cet homme – que j'appellerai Rasmussen – refusa de la redéposer sur la Pacific Highway. Il la garda prisonnière une semaine. Il lui montra un insigne de policier. Devait-elle le croire ou non ? Puis il lui ouvrit la porte de sa grange. Quelle ne fut pas sa consternation, et sa terreur, quand elle aperçut un mur tapissé de photos de femmes déshabillées... Il prit des photos d'elle. Elle se demanda si elles allaient terminer épinglées sur le mur avec les autres...

Rasmussen, qui de toute évidence n'était pas dans le besoin, ne lui fit pas de mal, même s'il la retint contre son gré. Il finit par lui céder et la raccompagner au motel où ils s'étaient donné rendez-vous au départ. Lorsqu'elle raconta son histoire à la police, elle eut l'impression qu'ils allaient la prendre pour une mythomane. Mais elle put les conduire jusqu'à la maison et leur indiquer la grange.

N'ayant pas assez d'éléments pour obtenir un mandat de perquisition, le capitaine Bob Evans se rendit peu après chez Rasmussen au volant d'une Cadillac banalisée. Lorsque l'homme lui ouvrit la porte, il expliqua qu'il était en panne. La ruse s'avérant toutefois insuffisante, la brigade finit par obtenir du juge l'autorisation de fouiller la maison et ses dépendances. Ils découvrirent une trappe ronde dans le plafond de la grange, mais ce grenier ne présentait rien de spécial. Quant au mur de photos, il n'y en avait pas trace. En revanche, ils retrouvèrent, dans un des appareils de Rasmussen, une pellicule qui, une fois développée, révéla une série de portraits de leur informatrice.

Rasmussen fut rayé de la liste des suspects. On ne pouvait pas l'accuser sous prétexte qu'il était un peu pervers sur les bords et prenait des photos cochonnes. Le détective privé qu'avait engagé Rasmussen quand il avait vu que la police tournait autour de lui apprit par la suite à Adamson que les photos qu'ils n'avaient pas trouvées lors de la perquisition avaient été là tout du long, dans la grange même, à l'intérieur d'un tiroir.

– On était devenus des as pour retrouver une aiguille dans un botte de foin, dira Adamson, mais alors, qu'est-ce qu'on était rouillés quand il s'agissait de la simple routine !

25

L'aile conservatrice du comté de King tirant à boulets rouges sur l'absence de politique de lutte contre la prostitution, cause de tous les maux, la municipalité convoqua une réunion à la mairie avec les chefs de la police. Cette réunion, où étaient présents le shérif Vern Thomas et le capitaine Adamson, n'attira pas les foules, mais assez de journalistes pour qu'on ait gardé une trace de ce qui s'y était dit.

À la personne qui demandait si le tueur allait de nouveau frapper, Frank Adamson répondit sans hésiter par l'affirmative. Il n'y avait aucune raison pour qu'il s'arrête là, au contraire, il devait se féliciter d'avoir réussi à « brouiller les pistes ». En outre, les tueurs en série étaient plutôt enclins à « accélérer » leur rythme, à moins qu'une arrestation pour un autre délit, la maladie ou un changement de vie radical (mariage, divorce) ne vînt mettre brutalement un terme à leurs activités.

Mary West fut aperçue pour la dernière fois dans le quartier de la Rainer Valley le 6 février 1984. Sur les photos, elle a un joli visage et un sourire un peu timide. Elle vivait chez sa tante et n'était jamais en retard. Elle avait quitté la maison dans la matinée du lundi. Elle aurait eu dix-sept ans le mois suivant, et cinq mois après elle aurait donné le jour à un enfant. Elle avait caché sa grossesse, ne sachant pas ce qu'elle ferait quand celle-ci « commencerait à se voir ».

Les groupes féministes s'étaient joints aux voix conservatrices pour accabler la brigade de la Green River, en lui reprochant de ne pas tout tenter pour attraper le tueur.
Le 20 février, Mike Barber, journaliste au *Post-Intelligencer*, qui avait signé tous les articles sur l'affaire dans ce journal, reçut une lettre dans une enveloppe blanche banale portant le cachet de la poste de Seattle.

>Seattle postintelligencer
>Fairview n john
>PO Box 70
>Seattle WA 98111

Déjà, l'adresse était fausse : c'était celle du *Seattle Times*. Dieu sait par quel miracle postal elle avait finalement échoué sur son bureau. L'expéditeur avait ajouté au coin de l'enveloppe : *très important*.
À la première lecture, le message lui parut incompréhensible : les lettres y étaient toutes attachées, sans espace entre les mots. Il le relut en se demandant s'il y avait un code secret dont il lui faudrait trouver la clé. Il se mit à tracer des diagonales entre ce qui ressemblait à des mots et, peu à peu, le sens de ce qu'il avait sous les yeux lui apparut. Pour lui faciliter la tâche, le texte était truffé de fautes d'orthographe.

Cequevousavébesoindesavoiresurletueurdelagreenriver.
Nejetezpas
1unbrascasséoudisloquépourquoi
2unenoiredansrivièreavecpierredansvaginpourquoi
3pourquoicertainesrivièrecertainesdehorscertainessousterre
4lassurancequilaeu
5àuileurmortgagne
6camionpasdici

7certainesdoigtcoupé
8illespossedeapreslamortilfume
9ilmâcheduchewingum...

Et ainsi de suite sur deux pages. Signé *appelémoifred*.
Ce soi-disant Fred avait tout l'air de vouloir jouer au détective. Cette missive, plutôt banale au fond, présentait cependant une particularité troublante ; deux détails qui avaient été soigneusement tenus secrets : la présence d'un caillou triangulaire dans le vagin d'une victime retrouvée dans la Green River, et celle de la bouteille de lambrusco disposée sur un autre cadavre.
La lettre fut d'abord transmise à l'institut médico-légal pour voir si on pouvait développer des empreintes sur le papier à l'aide de la ninhydrine, technique qui permet de retrouver parfois des empreintes digitales vieilles de plusieurs dizaines d'années. Puis elle fut envoyée au FBI, à John Douglas, afin qu'il en évalue le contenu et dans l'espoir que l'on identifie le type de machine à écrire sur laquelle elle avait été dactylographiée.
D'après le labo du FBI, il s'agissait d'une machine Olympia présentant un espacement de 2,60 mm entre les signes et utilisant un ruban encreur en tissu.
Pour John Douglas, l'auteur de cette lettre ne pouvait pas être le tueur.
– Il n'est lié ni de près ni de loin aux meurtres de la Green River. D'intelligence moyenne, il cherche à se valoriser par une tentative stupide de manipulation. S'il détient des informations qui n'ont pas été divulguées, c'est qu'il y a eu une fuite dans les services de la police.
Quand les enquêteurs lui soumirent aussi le cas d'un inconnu qui leur avait téléphoné en se disant le tueur de la Green River, Douglas ajouta que, d'après lui, très rares sont les tueurs en série qui cherchent à communiquer avec les médias ou l'équipe en charge de l'enquête. Et lorsqu'ils écrivent ou téléphonent, c'est toujours pour donner des détails qui prouvent qu'ils sont bien celui qu'ils recherchent. « Étant

donné leur sentiment d'infériorité et le mépris qu'ils ont pour eux-mêmes, ils ont un besoin viscéral, dit Douglas, de montrer qu'ils sont les plus forts. »

Quand les enquêteurs recevaient un appel téléphonique d'un homme qui se prétendait le tueur, ils devaient, toujours selon Douglas, exiger qu'il donne des précisions sur les sites où il déposait les corps. Et ensuite, ils devaient surtout éviter de s'y précipiter comme à un rendez-vous important. « Cela le rendra furieux et il vous jugera comme des incapables qui ne peuvent même pas suivre de simples indications. »

Malgré tout, il fallait se méfier : un imitateur se révélait parfois tout aussi dangereux que le vrai !

La brigade avait bien besoin de ça ! Un deuxième tueur ! En attendant, il fallait trouver l'origine des fuites. Comment avait-il pu bien savoir pour la pierre triangulaire et la bouteille de lambrusco ? Pour ma part, j'étais au courant, quelqu'un de la brigade me l'avait dit, mais je m'étais tenue bouche cousue. Des journalistes du *Seattle Times* l'avaient aussi appris, mais ils n'avaient rien publié. Alors, qui ? Après tout, l'auteur de la lettre aurait pu quand même être le tueur...

En rangeant récemment, en 2003, mes papiers concernant l'affaire de la Green River, j'ai remis la main sur une enveloppe similaire à celle reçue par Barber.

Mrs Ann RULE
C/o *POST-Intelligencer*
6th & Wall
Seattle, Wasjington
98121

Le cachet de la poste de Seattle indique la date du 24 avril 1984, soit deux mois après la première lettre. L'adresse du journal était correcte. La faute d'orthographe à *Wasjington* était corrigée au crayon. Derrière, était écrit :

Andy Stack
GREEN RIVER

Avec, rajouté à l'encre :

G-R (209)

Quelqu'un au journal me l'avait fait suivre à ma boîte postale. L'enveloppe était vide, et je ne me souviens pas qu'il y ait jamais eu quoi que ce soit dedans. J'ignore qui a écrit *Andy Stack* sur le rabat, mais c'est ainsi que j'ai signé pendant des années mes articles à *True Detective*. À l'époque, les personnes qui savaient qui se cachait derrière ce pseudo se comptaient sur les doigts d'une main. Quant au *209*, je n'ai aucune idée de ce qu'il pourrait représenter. Était-ce la 209e lettre que recevait le journal ? Ou ce chiffre avait-il une signification pour l'expéditeur ?

À l'époque, je recevais tant d'informations de mes lecteurs et de gens qui s'intéressaient à l'affaire de la Green River que j'avais l'impression d'être noyée dans une mer sans fin. Comme toujours, je transmettais à la police tout ce qui me semblait digne d'être retenu.

Ce qui ne m'avait pas non plus traversé l'esprit, c'est que le tueur était peut-être parmi mon public quand je donnais une conférence, ce qui m'arrivait souvent. Peut-être était-il là, à quelques mètres de moi, en train de boire mes paroles...

26

Pour en revenir à la mystérieuse lettre reçue par Mike Barber, j'ai joué à cette occasion les cryptographes amateurs. Dans mon esprit, il ne fait aucun doute qu'elle a été écrite par le tueur lui-même : il savait trop de choses et son orthographe était celle d'un illettré.

Voici, de sa prose, ma traduction :

Ce que vous avez besoin de savoir sur l'homme de la Green River
Ne me jetez pas.

1. *D'abord un bras cassé ou disloqué. Pourquoi ?*
2. *Une Noire dans la rivière avait un caillou dans le vagin. Pourquoi ?*
3. *Pourquoi certaines dans la rivière ? Certaines à découvert ? Certaines enterrées ?*
4. *L'assurance. Qui l'a touchée ?*
5. *Qui a bénéficié de leur mort ?*
6. *Le camion n'est pas du Washington. Père l'a peint dans la rivière (?).*
7. *À certaines on avait tranché les ongles.*
8. *Il les a baisées après les avoir tuées. Il fume.*
9. *Il mâche du chewing-gum.*
10. *Il est possible que la première l'ait fait chanter.*
11. *Tu travailles pour moi ou pour personne.*

12. *Je crois qu'il a changé son modus operandi. Homme d'affaires ou représentant de commerce.*
13. *Réservation voiture et motel.*
14. *Un homme aperçu sortant d'un motel avec une valise. Elle était lourde et il avait besoin d'un coup de main. Clés et carte d'identité se trouvent sur la route 18.*
15. *Où sont les bagues et autres babioles ?*
16. *Flic qui n'est pas de l'État de Washington.*
17. *Je ne tue pas dans une zone précise. Regardez un peu ailleurs.*
18. *On a de vieilles cicatrices.*
19. *Maman à Maple Valley avait un vin rouge lambrusco, et des poissons.*
20. *Et qu'en est-il de la drogue et du deal ?*
21. *Tête retrouvée. Qui l'a trouvée ? Où est le reste ?*
22. *Quand sont-elles mortes ? Le jour ou la nuit ?*
23. *Qu'est-ce qui a déchiré leur bouche, ou est-ce un truc ?*
24. *Pourquoi prendre certains vêtements et laisser le reste ?*
25. *Le tueur porte au moins une bague.*
26. *L'homme dans l'immobilier est l'un d'eux.*
27. *Un routier a été vu pour la dernière fois avec l'une d'elles.*
28. *Certaines avaient des marques de corde sur le cou et les mains.*
29. *Une Noire dans la rivière avait seulement une odeur sur elle.*
30. *Toutes étranglées mais chacune avec une méthode différente.*
31. *Une Noire dans la rivière avait travaillé pour la municipalité.*
32. *Un bon nombre avaient des souteneurs qui les battaient.*
33. *Le service d'escorte les avait forcées à ne pas avoir peur de la mort.*
34. *Peut-être leur souteneur les a eues. Qui trouve les ossements ? À quoi servent-ils ?*

*35. Un homme armé d'un fusil ou d'un couteau.
36. Quelqu'un a été payé pour en tuer une. Les autres pour le cacher.
37. Tuées à cause de qui elles sont. Ou de ce qu'elles sont ?
38. Y a-t-il une morte différente des autres ?
39. Ce pourrait être un habitant de Portland. Quelqu'un qui travaille là-bas.
40. Quel genre d'homme ?*

Il y a un livre sous l'enseigne de Denney's. Pas ça. Dehors. Il appartient à un flic.

Quelle que soit la vérité au sujet de l'identité du malade mental qui a rédigé cette lettre, à l'époque, la brigade avait pris des mesures drastiques pour protéger la zone du Sea-Tac Strip. Des policiers en civil arpentaient la Pacific Highway tous les soirs, et, au moins une fois par semaine, des femmes flics déguisées en prostituées. Un « appât » destiné au conducteur qui ralentit et aborde la travailleuse des rues sous le regard d'aigle d'autres flics planqués, prêts à fondre sur le suspect en puissance. Ce genre de pratique présentait l'inconvénient de faire fuir les vraies prostituées et ces messieurs leurs clients, pour qui une arrestation signifiait souvent risquer de mettre son épouse ou sa petite amie au courant de ses goûts sexuels.

Tôt ou tard, ils finiraient bien par prendre le tueur de la Green River dans leurs filets, pensaient les enquêteurs de la brigade. S'il rôdait toujours, il n'allait pas résister, et il tomberait dans le piège qu'ils avaient dressé avec tant de soin et de discrétion. Mais s'ils l'attrapaient, s'ils lui mettaient la main au collet, le reconnaîtraient-ils ? Pour perquisitionner dans sa voiture et sa maison, il fallait un mandat, et, pour cela, tenir un motif raisonnable. Alors, à moins qu'il garde sur lui des souvenirs de ses victimes...

Ils eurent beau appréhender des dizaines de michetons, cela ne donna rien.

À la mi-mars 1984, le tueur dut ricaner en voyant que s'était mobilisé un groupe de femmes qui se faisait appeler la « coalition féminine pour arrêter les meurtres de la Green River » afin d'épingler l'incompétence de la brigade, incapable de mettre fin à la série noire. Elles furent bientôt appuyées par un « collectif des prostituées américaines ».

Voici ce que déclarait lors d'une conférence de presse la meneuse de ces féministes, Melissa Adams :

– Nous appelons toutes les femmes à dénoncer cette mascarade qu'est l'enquête sur les meurtres de la Green River. Il est de notre responsabilité à toutes d'agir, et d'agir maintenant... parce que des femmes sont en train de mourir.

Les hommes n'eurent pas le droit de se joindre à la manifestation qui parcourut le centre de Seattle pour finir devant le palais de justice. Ils furent seulement autorisés à leur faire une haie d'honneur.

Deux prostituées devaient servir de mascottes, l'une venant de San Francisco, l'autre de Londres, afin de s'exprimer au nom des travailleuses de rue de la région, trop effrayées ou trop gênées pour sortir de l'anonymat. À l'époque, les féministes avaient tendance à pousser des clameurs pour la bonne raison que la rue était leur seule tribune. « On tue des femmes ! s'exclamait Adams. Solidarité avec toutes les victimes du tueur... qui sont aussi les victimes d'une société sexiste. » « La violence infligée aux femmes est le sport national américain ».

Il est vrai que trop de femmes, alors que nous abordons le troisième millénaire, sont encore livrées aux coups. L'ennui, c'est que la coalition avait choisi une cible inappropriée en s'attaquant à la brigade spéciale de la Green River, dont les hommes, et les femmes au demeurant, aspiraient tout autant à capturer le tueur que celles qui défilaient bannière au vent. Que l'on traite leur travail et leurs efforts de « mascarade », ils trouvaient la pilule amère.

Dave Reichert, à la brigade depuis déjà deux ans, le prit plus mal que les autres. C'était pénible de persévérer alors qu'aucune piste ne menait jamais à rien et que les critiques fusaient de toutes parts.

– Nous nous apercevons avec le temps, déclara Reichert,

que les services de police ne sont pas armés pour faire face à une affaire de cette ampleur.

La brigade, encore une fois, jugea nécessaire une réorganisation interne et une nouvelle répartition des tâches. Désormais, chaque enquêteur s'occupait exclusivement de quelques victimes. Dave Reichert, par exemple, se chargeait de l'investigation concernant la mort de Wendy Coffield, Debra Bonner, Marcia Chapman, Cynthia Hinds, Opal Mills et Leann Wilcox. Les dossiers des autres victimes ainsi que ceux des jeunes femmes disparues furent de la même manière pris en charge par des enquêteurs précis.

Cinq jours après la manifestation féministe, la brigade dut inscrire un nom supplémentaire à son tableau. Cindy Smith n'avait que dix-sept ans, et elle ne les faisait même pas. À la consternation de sa mère, elle était partie vivre en Californie. Quel soulagement ce fut pour elle quand sa fille lui téléphona à la mi-mars 1984 pour lui annoncer son retour prochain... Elle était fiancée, disait-elle, et folle de bonheur. Sa mère, ravie de cette bonne nouvelle, lui envoya de l'argent pour l'autocar. « Elle n'a même pas défait sa valise, se souviendra-t-elle, tellement elle était pressée de voir son frère. »

C'était le premier jour de printemps, le 21 mars. Elle se rendait au lieu de travail de son frère, au coin de la Pacific Highway et de la 200ᵉ Rue. Par quelle cruelle ironie le sort lui avait-il fait parcourir tout ce chemin depuis la Californie pour rencontrer la mort ?

Le plus incroyable, c'était que les filets posés par la brigade sur la Pacific Highway (les femmes flics déguisées) avaient pris le tueur dans leurs mailles : il avait été interrogé par Randy Mullinax. Ce dernier avait remarqué que cet individu passait souvent sur la route et qu'il suivait les filles des yeux. Ce n'était pas en soi un crime, et il n'y avait pas de raison de le soupçonner plus qu'un autre. D'ailleurs, l'homme admit volontiers avoir recours à la prostitution, il n'avait pas de casier et était domicilié dans le quartier. Mullinax relâcha le conducteur aux regards équivoques et classa le procès-verbal. Mais il n'en oublia pas pour autant cet entretien...

Le même individu fut peu après de nouveau appréhendé, cette fois par Larry Gross, qui, comme Mullinax, le jugea inoffensif et le relâcha. Un type banal en chemise à carreaux et casquette de base-ball ; un ouvrier célibataire comme il y en avait des centaines.

27

Après son divorce, alors qu'il avait tout juste un peu plus de vingt ans, il retourna vivre à Renton, sa ville natale, à une dizaine de kilomètres de Burien. Là, il se mit à draguer en voiture dans les rues le samedi soir. Il finit de cette manière par aborder une jeune fille, que j'appellerai Dana, qui accepta de lui donner son numéro de téléphone. Dana ne ressemblait pas du tout à son ex-femme. Petite et obèse, elle qui n'avait jamais eu beaucoup de succès auprès des garçons au lycée fut enchantée de voir qu'elle plaisait.

De son côté à lui, il n'en revenait pas de susciter de l'admiration chez une femme. Elle ne paraissait même pas remarquer qu'il n'avait pas inventé la poudre ! Après les orages de la séparation et du divorce, sa présence lui réchauffait le cœur. Ils ne tardèrent pas à emménager ensemble dans une toute petite maison de Maple Valley Heights, toujours à Renton. Le jardin de cette bicoque isolée était traversé par des lignes de haute tension, ce qui ne contribuait pas à attirer les locataires, d'autant qu'à l'époque les magazines télévisés multipliaient les reportages sur les dangers d'une forte exposition aux champs magnétiques à basse fréquence.

Il avait été embauché comme peintre en carrosserie par la compagnie Kenworth, le fabricant de camions. La paye était maigre, mais il apprenait un métier.

Maryann n'avait pas vu Dana depuis des années, depuis qu'elles avaient été au lycée ensemble, pas dans la même classe toutefois. Maryann avait deux ans de plus que Dana. Elle était la présidente du club des filles, et, comme Dana, elle avait un problème de surpoids. Dana avait été en quelque sorte sa « groupie ». Elle l'avait invitée un jour chez elle. Sa famille venait d'un État du Sud des États-Unis, et ils étaient amateurs de musique country. Le père de Dana jouait du violon, Dana de la guitare. Ils appartenaient même à un groupe appelé les Country Fiddlers et passaient parfois à la radio.

Après une école de gestion dans le centre de Seattle, Maryann se maria et perdit Dana de vue. Puis, un beau jour, Dana lui téléphona. Elle s'était mariée et avait accouché d'un garçon : Chad. Un grand prématuré. Il se trouvait dans un centre de soins intensifs néonatal à Seattle. Le couple n'ayant qu'une voiture, et son mari en ayant besoin pour aller à l'usine, Dana n'avait pas de moyen de transport. Maryann, qui avait eu une petite fille quelque six mois plus tôt, eut pitié d'elle et proposa de la conduire.

En dépit de sa taille minuscule et de sa maigreur, le petit Chad s'accrochait à la vie. Ses parents purent bientôt le ramener à la maison. Maryann et Dana restèrent liées, d'autant que leurs maris s'entendaient bien, tous deux amateurs de vie au grand air et de pêche.

Maryann trouvait le mari de Dana sympathique :

– Il avait les yeux qui pétillaient et un super sourire. Quel est le mot qu'on emploie, déjà ? Charismatique. Il avait du charisme. Il cherchait à ce que les gens l'aiment – il leur faisait du charme. Le genre de type qui s'arrête au bord de la route pour vous aider à changer votre roue, toujours prêt à rendre service. Dana était comme lui, avide d'amitié.

Il semblait à Maryann que le mari de Dana plaisantait de choses que l'on prenait en général soin de taire. Un après-midi, alors qu'elle était avec lui dans leur petit jardin de Maple Valley Heights, il lui avait dit en riant : « J'avais épousé une fille blonde et mince avec qui ça n'a pas collé, alors cette fois j'essaye avec une petite grosse brune, j'espère que j'aurai plus de chance. »

Les deux couples se voyaient le week-end, improvisant des dîners aux spaghettis et hamburgers – ni les uns ni les autres n'étaient en fonds – arrosés d'un verre de vin (ils buvaient peu). Les femmes prétendaient qu'elles étaient bonnes amies parce qu'elles avaient toutes les deux un problème de poids, et des maris maigres.

Ils allaient à l'église ensemble, ou plutôt fréquentaient une secte baptiste qui cherchait à s'implanter dans la région et louait une salle de l'Aqua Barn, dans Maple Valley, un complexe sportif avec piscine et haras. Cette secte avait pour pasteur un fanatique misogyne qui fulminait contre les épouses et les filles qui désobéissaient à leur époux et à leur père. « Les femmes n'avaient pas le droit de porter de rouge ni de se couper les cheveux, se rappelait Maryann. On n'avait même pas le droit de diriger le chœur. Le mari de Dana gobait tout ce que racontait le pasteur, mais mon mari et moi, quand il nous a traités de *chrétiens du dimanche* sous prétexte qu'on ne participait pas à toutes leurs activités, on n'y est plus retournés. »

Dana était soumise à son mari. S'il suivait tous les préceptes du pasteur, elle les suivait aussi. Ils avaient emménagé dans une autre petite maison, à Burien cette fois, et quand Dana voulut peindre la salle de bains en bleu, il le lui interdit. « Elle sera blanche, décréta-t-il. Tous les murs de la maison seront blancs. »

La belle-mère de Dana n'était pas du tout le même genre de femme. Mary était chef du rayon hommes de JCPenney à Renton. Brune à la ligne impeccable, elle était toujours si bien habillée, avec accessoires assortis, qu'on l'aurait dite sortie d'une boîte. Mary n'aimait guère Dana. D'une part, elle estimait qu'elle ne tenait pas bien son intérieur, et d'autre part, qu'elle ne s'occupait pas bien de Chad, un petit garçon maigre au nez qui coulait en permanence. Le pauvre petit avait hérité les allergies de son père et devait suivre un traitement.

Dana désirait un autre enfant, mais son mari s'y opposait :

ils n'avaient pas les moyens d'en élever deux. Il voulait que Dana se fasse ligaturer les trompes.

Avec la grossesse et les années qui passaient, Dana avait encore pris du poids. Son mari ne disait rien, mais elle savait qu'en son for intérieur il regrettait qu'elle soit devenue si forte. Après quelques tergiversations, elle se résolut au pontage gastrique. À la fin des années soixante-dix, cette technique en était encore au stade expérimental. De fait, l'intervention se solda par une réussite : en quelques mois, Dana perdit plus de vingt kilos – elle n'avait jamais été aussi svelte. Les hommes la regardaient tout d'un coup d'un autre œil. Ce qui eut pour effet de provoquer l'inquiétude de son mari. Voici ce dont Maryann se souviendra : « Dana se faisait draguer pour la première fois de sa vie. Sa belle-mère lui avait trouvé un boulot chez Penney. »

Le jeune couple déménagea de nouveau. Leur nouvelle maison, tout aussi isolée que les précédentes, nichait au fond d'une petite route sans issue qui donnait sur Star Lake Road.

Reçus chez eux pour le dîner, Maryann et son mari furent stupéfaits lorsque leurs hôtes disparurent dans le jardin après le repas pour ne revenir qu'un bon moment après. Devant l'air perplexe de son amie, Dana lui avoua en riant qu'ils avaient fait l'amour – une fantaisie de son mari. Tout en s'étonnant de ce manque élémentaire de courtoisie, Maryann ne s'en formalisa pas. Dana était tellement heureuse de sa silhouette rajeunie qu'elle faisait peut-être une crise d'adolescence à retardement...

Tous les quatre aimaient aller écouter de la musique country dans un club appelé The Beanery, à la périphérie de Kent. « Lorsque le mari de Dana était de service de nuit, Gil, mon mari, les y conduisait. C'est là que les choses ont commencé à tourner au vinaigre dans leur couple, dira Maryann. Au début elle dansait avec nous trois à tour de rôle. C'était sympa. Puis Dana s'est mise à filer à l'anglaise avec des types. Elle racontait à son mari qu'elle passait la nuit chez notre amie Diane parce qu'il était trop tard pour rentrer chez elle seule alors qu'il était au boulot. »

Cela devait arriver. Une nuit le mari de Dana téléphona chez Diane. Constatant qu'elle n'était pas là – qu'elle n'avait même jamais passé une seule nuit chez Diane –, il fut d'abord estomaqué. Cette petite grosse qu'il menait à la baguette, et qui n'aspirait qu'à être une bonne ménagère et une bonne mère, métamorphosée en femme fatale ! Interrogée par son mari, Dana protesta, accusa Diane de mentir, Gil de tromper Maryann.

Le pontage gastrique de Dana eut des effets pernicieux, en ce sens qu'à force de maigrir elle s'étiola. Elle fut bien obligée de subir une deuxième intervention, pour rétablir la place de l'estomac dans son système digestif (le pontage gastrique consistant à relier directement l'œsophage à l'intestin grêle). C'était une question de vie ou de mort. Son mari insista pour qu'elle en profite pour se faire ligaturer les trompes. Un enfant, ça suffisait bien comme ça. Elle accepta.

Mais leur mariage ne s'en remit pas. Ses deux femmes l'avaient trahi, il ne pouvait pardonner ni à l'une ni à l'autre. Au printemps 1981, le divorce fut prononcé. Il verserait à Dana une pension alimentaire pour l'enfant, et aurait la garde de Chad les week-ends et pendant les vacances. Il en voulait à Dana d'être forcé de lui donner une bonne part de ce qu'il gagnait à la sueur de son front.

Les prostituées, en revanche, représentaient à ses yeux une valeur sûre.

28

D'emblée, en prenant ses fonctions de commandant de la brigade spéciale de la Green River, le capitaine Frank Adamson avait admis qu'il n'avait pas l'expérience d'un fin limier de la Criminelle. Il était disposé à engager dans son équipe tous ceux susceptibles de donner un coup de main. Bob Keppel, qui avait contribué à résoudre l'affaire Bundy, fut rappelé du bureau du procureur général. Par ailleurs, le FBI lui envoya Duke Dietrich, du bureau de San Francisco. C'était un spécialiste des enlèvements d'enfants et des crimes en tout genre, nécrophilie comprise. Mais surtout, Adamson prit contact avec Chuck Wright, un officier de la police de l'État. Wright enseignait aussi à l'université de Seattle, où il donnait des cours sur la délinquance sexuelle. En fait, Adamson cherchait une personne apte à évaluer rapidement les suspects, que l'on appelait, par un curieux euphémisme, les « individus intéressants ». Un bon nombre de ces individus figurant au dossier avaient un casier. Wright allait non seulement leur permettre de repérer les délinquants sexuels, mais aussi, avec la collaboration du psychiatre Chris Harris, de dresser un profil du tueur.

Wright se souviendra : « La première chose que j'ai vue sur l'étagère de Frank Adamson, ce fut l'ouvrage de l'American Psychiatric Association : *Diagnostic et statistiques des troubles mentaux*. Je n'avais jamais connu de flic avec cette bible. En plus, Adamson l'avait lue ! »

Conduit dans l'arrière-salle du bunker de la brigade, Adamson souleva pour Wright la toile qui cachait la « carte des cadavres » épinglée au mur. « La carte était piquée d'un nombre incroyable d'épingles de couleur. Chaque tête d'épingle représentait le corps d'une des victimes. Comment pouvait-il y en avoir autant sans soulever une émeute dans la population ? »

Chaque lieu du crime avait été filmé. Au début, ils prenaient aussi le son, mais comme certains policiers sur place ne pouvaient s'empêcher de s'exprimer dans un langage ordurier, Wright suggéra : « On doit tenir compte du fait qu'un jour un jury va visionner ces vidéos, et vous écouter jurer comme des charretiers, ça ne facilitera pas la tâche du ministère public. »

Désormais, le micro fut coupé sur les caméras.

Wright se rendit sur chaque site. Une nuit, il eut une expérience singulière. C'était l'hiver, au coucher du soleil. Il accompagnait deux inspecteurs en civil. À mesure qu'ils progressaient dans les bois, l'obscurité s'épaississait autour d'eux. La brigade avait reçu un appel anonyme : il y aurait eu deux corps cachés dans les environs. Les inspecteurs sortirent leurs armes. « On a avancé comme dans un trou noir. Et tout d'un coup, j'ai senti que mon pied s'enfonçait dans quelque chose de mou, j'étais mouillé jusqu'à la cheville... J'ai cru que mon cœur s'arrêtait de battre. Ça a été à mon tour de pousser un juron : Merde ! J'ai marché sur un macchabée ! » Ce n'était qu'une bûche pourrie.

Ce qui frappa le plus Wright à l'époque, c'est le souci que les enquêteurs avaient des filles sur le Sea-Tac Strip. « Nous étions garés au bord de la Pacific Highway quand on a remarqué une camionnette qui s'arrêtait devant nous. Le conducteur a adressé un signe à une jeune femme, laquelle s'est approchée pour lui parler par la vitre. L'instant d'après, elle contournait le véhicule pour grimper à bord de l'engin. Mais avant de claquer la portière, elle s'est tournée vers nous et a souri. Cela m'a étonné, mais pas l'inspecteur à côté de moi, qui lui a rendu son sourire. Lorsque la camionnette a démarré, nous l'avons suivie dans notre voiture balisée en prenant soin de garder nos distances. L'inspecteur m'a expliqué qu'ils essayaient de surveiller les michetons pour assurer la sécurité des filles... Quand ils ont eu terminé, nous avons suivi la camionnette jusqu'à la grande route. Et quand la fille en est descendue, elle nous a de nouveau adressé un petit signe, comme quoi tout allait bien. »

Ces méthodes proactives, consistant à traquer le criminel avant qu'il n'agisse, nécessitaient la coopération des prostituées elles-mêmes. Elles devaient, entre autres, fournir à l'équipe toutes les informations à leur disposition sur les goûts particuliers de leurs clients. Chuck Wright, qui avait pourtant couvert une grande partie du vaste terrain de la perversion, fut sidéré par les pratiques nécrophiles de certains, comme cet homme qui payait une fille pour s'allonger dans un cercueil avec des glaçons dans le vagin !

La police de Seattle avait d'autre part fait main basse sur le fichier d'un service d'escorte et arrêté deux individus pour proxénétisme notoire. Dans le fichier, ils trouvèrent les noms, adresses, relations d'affaires et goûts sexuels des clients des call-girls. Cette liste ne fut, bien entendu, jamais publiée, mais je sais qu'à côté de certains noms était écrit : *dangereux*. Les plus violents, parfois de braves citoyens apparemment sans histoire, furent appréhendés et interrogés, pour en fin de compte rejoindre dans les dossiers la foule des « individus intéressants ».

Cela dit, les call-girls bien rémunérées représentaient un faible pourcentage des prostituées. Wright participa à l'interrogatoire des familles de plusieurs jeunes disparues. Il fut frappé par leur passivité confinant à l'apathie : « J'accompagnais deux adjoints du shérif qui essayaient de vérifier si une adolescente avait juste disparu ou s'il fallait la rajouter à la liste des victimes de la Green River. Son père nous a ouvert la porte. Je n'avais jamais vu pareil taudis. Aucun de nous n'a osé s'asseoir. Il y avait des cannettes de bière vides partout, et tellement de fumée que j'en avais les larmes aux yeux. Lorsque l'un des adjoints l'a questionné sur sa fille, le père s'est montré évasif. Il a affirmé n'avoir aucune idée de l'endroit où elle se trouvait. Et quand le même adjoint a ajouté que personne ne l'avait vue depuis plus de deux mois, le père a eu l'air étonné. Mais l'était-il vraiment ? De toute façon, elle n'était jamais là. Il ne savait jamais où elle était. Elle avait fait tellement de fugues qu'il avait cessé de les compter. Nous étions accablés. Comment un père pouvait-il atteindre ce degré d'indifférence vis-à-vis de son enfant ? Une grande tristesse s'est dégagée de cette visite. Nous avons découvert plus tard qu'elle faisait le trottoir quelque part en Californie. Au moins celle-là était en vie et, si ça se trouve, mieux lotie que sous le toit paternel. »

La brigade bénéficia en outre des conseils avisés de Pierce Brooks, celui qui avait prononcé pour la première fois le nom de « tueur en série » à propos des crimes sexuels violents, et qui, en collaboration avec le FBI, avait créé le VICAP (Violent Criminal Apprehension Program) à Quantico, en Virginie.

Brooks et moi avions fait équipe dans les Forces spéciales du VICAP et, avec John Walsh, avions témoigné ensemble début 1983 à propos de la menace que faisait peser sur l'Amérique le nombre grandissant des meurtres en série, aux audiences d'une commission du Sénat où siégeaient entre autres les sénateurs Arlen Spector et Ted Kennedy.

Et voilà que peu de temps après, Pierce Brooks venait à Seattle pour évaluer la progression de l'enquête sur les meurtres de la Green River. Il passa deux semaines à étudier l'énorme masse d'informations recueillies par les deux premières brigades. Sa recommandation fut la suivante : il fallait poursuivre l'enquête, quitte à multiplier par deux l'équipe si cela s'avérait nécessaire. Toutes les données, même les détails les plus insignifiants, devaient en outre être informatisées.

À son avis, les sites choisis par le tueur pour y déposer le corps de ses victimes relevaient d'une volonté délibérée. Il savait exactement où il allait se débarrasser d'elles quand il les assassinait. Mais écoutons les propos mêmes de Pierce Brooks :

– Pour le moment, concentrons-nous sur les quatre sites principaux : zone nord de l'aéroport, zone sud de l'aéroport, Star Lake et Green River. Des terrains boisés, cachés aux regards. A priori, on se dit que c'est l'endroit idéal pour qui veut se défaire d'un objet gênant – un cadavre dans l'affaire qui nous occupe.

« Le corps des filles, ou plutôt la relation qu'il établit avec ces corps, voilà ce qui donne au tueur une impression de toute-puissance. Il a besoin de savoir que le lieu de sépulture qu'il choisit est un endroit secret, un endroit qu'il est seul à connaître.

« S'il ne connaît pas le terrain, il prend de trop grands risques. Je me mets dans la peau d'un type qui roule sur une petite route au milieu d'un bois avec dans son coffre un cadavre dont il veut se débarrasser. Je serais fou de m'aventurer dans ce bois. Dieu sait ce qu'il y a derrière ces arbres, au fond de ce ravin... Il se pourrait que ce soit une décharge clandestine. Il risquerait de tomber nez à nez avec un quidam qui le ferait épingler...

Brooks était sûr et certain que le tueur connaissait les différents coins comme sa poche. Il habitait et travaillait non loin des sites « dépotoirs ». Il insista par conséquent auprès des inspecteurs pour qu'ils focalisent leur enquête sur les résidents, de préférence à long terme. Comme les jeunes filles avaient disparu à des heures différentes de la journée et de la nuit, il leur conseilla aussi de consulter les horaires des usines de la région, des compagnies de taxis, des militaires stationnés dans les nombreuses bases de la périphérie de Seattle et de Tacoma.

– J'ai toujours eu la sensation que cet individu devait être un militaire ou au moins avoir servi sous les drapeaux.

Mieux que toutes les voyantes réunies, Brooks parvenait à constituer une image de ce à quoi pouvait ressembler le tueur. Et il était convaincu qu'ils ne recherchaient qu'un seul homme, même s'il ne jugeait pas impossible qu'ils soient deux : après tout, c'était plus commode pour transporter un corps au milieu d'un bois ou au sommet d'un talus.

– C'est sans doute un Blanc, un militaire ou un ex-militaire, un type qui aime la vie au grand air et qui croupit dans la solitude même s'il n'est pas introverti. Je ne pense pas que quelqu'un qui ramasse des prostituées dans la rue soit le style à aller draguer dans les bars de rencontres. Il n'a pas de charme, c'est pourquoi il se rabat sur les travailleuses des rues, elles font des victimes toutes désignées.

Brooks fit remarquer que la plupart des tueurs en série que l'on a réussi à arrêter ont au départ été interpellés, un peu par hasard, pour des délits mineurs : excès de vitesse, véhicule défectueux...

29

Au printemps 1984, le nombre de disparitions de jeunes filles avait diminué au point que l'on espérait qu'il n'y en aurait peut-être plus. La série de meurtres était-elle enfin arrivée à son terme ? En attendant de connaître la réponse à cette question, la police poursuivait le mise au jour des restes des victimes.

Le 19 février, on découvrit un morceau de mâchoire humaine dans le cimetière de Mountain View, où l'on avait déjà trouvé le crâne de Kimi-Kai. L'identification ne put s'effectuer tout de suite.

Le 31 mars, un père et son fils se promenaient à pied dans une forêt de pins, au bord de la Highway 410, à quarante-cinq kilomètres au sud-est du Sea-Tac Strip, quand ils tombèrent sur des ossements.

Ce nouveau site se trouvait si loin des autres que Frank Adamson ne fut pas convaincu au départ qu'il existait un lien entre cette dépouille et le tueur de la Green River. Il restait si peu de chose du corps que l'identification risquait d'être impossible. Tous les cadavres retrouvés dans les bois de l'État du Washington ne pouvaient quand même pas être ceux des victimes de la Green River !

Plus surprenantes furent les découvertes à l'est de Seattle, sur la route du Snoqualmie Pass, ce passage montagneux de la chaîne des Cascades où la jeune Carrie Rois fut emmenée en camion par un drôle de type, qui la ramena néanmoins en ville saine et sauve... à ceci près qu'elle disparut peu de temps après. Le 14 février, jour de la Saint-Valentin, un soldat descendu d'un convoi avec ses camarades pour se dégourdir les jambes tomba sur un squelette gisant au pied d'une falaise.

Les experts médico-légaux cherchèrent en vain à comparer la forme de sa denture, qui présentait un espace entre les incisives du haut, avec celles figurant dans leurs fichiers. Si bien qu'on classa la dépouille sous le nom de *Bones#8*. Tout ce qu'on savait d'elle, c'est qu'elle était brune, de race blanche, âgée d'une trentaine d'années. Elle était morte depuis trois à six mois. Il manquait les os des bras et des jambes, sans doute emportés par des charognards, mais le médecin légiste, le Dr Don Reay, réussit à déterminer qu'elle avait été de taille moyenne.

Un mois plus tard, le 13 mars, un deuxième cadavre fut découvert, lui aussi par hasard, cette fois par un fleuriste en quête de mousse, à trois cents mètres environ du premier. Il lui manquait les mains et un bout de bras. De nouveau les équipes médico-légales s'abattirent sur les lieux comme une armée de fourmis et passèrent toute la zone au peigne fin. Ils trouvèrent des slips féminins, mais appartenaient-ils à cette femme dont la mort remontait à quatre mois ?

Cette fois-ci, ils réussirent à identifier la dépouille. Il s'agissait de Lisa Yates, la belle jeune fille qui, avant sa disparition, devait passer prendre sa nièce pour l'emmener pique-niquer au parc. Elle comptait parmi les dernières disparues, deux jours avant la Noël 1983.

Au site dit des Cascades, non loin du lieu de tournage de la série télévisée *Twin Peaks*, on avait l'impression d'être très loin du Sea-Tac Strip et d'Aurora Avenue. Tout près, la nouvelle autoroute, la I-90, grondait sous les pneus des innombrables poids lourds en provenance des quatre coins des États-Unis qui parcouraient l'un des principaux couloirs commerciaux du pays. Les routiers aimaient bien à cet endroit emprunter la bretelle de sortie, la 34, pour un repas roboratif au Ken's Truck Stop, où ils pouvaient aussi prendre une douche et même une chambre de motel s'ils ne voulaient pas dormir dans la cabine de leur gigantesque camion. Le tueur de la Green River pouvait-il être un routier ? Il ne serait pas le premier tueur en série à exercer cette profession idéale pour quelqu'un qui veut se débarrasser discrètement d'un cadavre... C'était d'ailleurs l'une des propositions de la lettre de dénonciation « appelez-moi Fred » adressée au journaliste Mike Barber.

Le 21 mars 1984, alors que le printemps faisait officiellement son entrée, le responsable de l'entretien des terrains de base-ball au nord de l'aéroport international était occupé à déblayer pour la prochaine saison quand son labrador vint déposer un os à ses pieds.

Un os humain : une hanche. L'homme, un dénommé Van Dyke, téléphona à la police du port de Seattle parce que les terrains se trouvaient sous leur juridiction ; ils se chargèrent d'alerter la brigade spéciale de la Green River. Le lieutenant Beard se rendit aussitôt sur les lieux avec une brigade cynophile de recherche des personnes ensevelies. Le chien les mena dans un bosquet de pins à une trentaine de mètres de la barrière du terrain... jusqu'à un squelette. Une jeune fille. *Bones#10*.

Mais les recherches ne s'arrêtèrent pas là.

Le lendemain, le maître-chien Chris Clifford et son saint-hubert – qui portait le nom approprié de Sorrow (Chagrin) – découvrirent une autre dépouille non loin de la première.

Sorrow venait de retrouver les restes Cheryl Wims, dix-huit ans, disparue du centre de Seattle depuis dix mois, presque jour pour jour.

Aussi affligeantes que fussent ces exhumations, le capitaine Adamson n'en ressentit pas moins un renouveau d'espoir : ces nouveaux sites allaient livrer des indices, qui à leur tour permettraient bientôt de mettre la main sur le coupable.

30

Les enquêteurs de la brigade spéciale, après avoir interrogé des milliers de suspects, étaient en mesure de conclure que dans le comté de King il n'y avait pas pénurie d'individus dangereux.

Le casier du gérant d'un motel de Kent, Douglas Jeffrey, montrait qu'il avait été condamné pour viol treize ans plus tôt. Bien entendu, ses employeurs l'ignoraient. Il avait le genre de physique qui plaît aux femmes, une épouse, un enfant, un sourire charmeur et des manières agréables. À l'époque, on envoyait les délinquants sexuels suivre une thérapie au Western State Hospital, puis on les libérait sans les assujettir à un suivi judiciaire avec injonction de soins. Comprenez : sans leur imposer de castration chimique.

Cet homme, donc, en apparence un brave père de famille, n'avait pas le profil d'un récidiviste. Il avait passé avec succès toutes les étapes de la thérapie de groupe. Estimé guéri, une fois remis en liberté, il s'empressa de prouver le peu d'efficacité de ce programme. La prison n'avait fait qu'aiguiser son appétit. Pendant les deux années qui suivirent, il s'introduisit dans des appartements et des maisons du quartier d'East Hill à Kent. Des femmes se réveillèrent au cœur de la nuit pour voir un homme penché sur elle, la tête gainée d'un bas Nylon qui lui donnait une figure grotesque. La police estime à cent viols son tableau de chasse. Il se servait d'un couteau pour menacer ses victimes déjà terrifiées, et ensuite il leur fauchait leur argent et leurs bijoux.

Il lui arrivait de s'équiper d'un appareil photo et de se servir du déclencheur automatique pour se photographier en action. Mais il n'oubliait jamais de prendre son bipeur, au cas où on aurait eu besoin de lui au motel.

Voilà donc un criminel qui rôdait non loin de l'endroit où l'on avait trouvé les premières victimes de la Green River. Il avait l'air sympathique, une jeune femme ne se serait sans doute pas méfiée. Se pouvait-il qu'il fût un tueur en série en plus d'être d'un violeur multirécidiviste ? Pourtant, il finit par ne plus être considéré comme suspect.

Pendant l'été 1983, un jeune homme de dix-neuf ans convainquit un ami, vingt ans, de l'aider à tuer sa propre mère. Cette femme dans la force de l'âge, puisqu'elle n'avait que trente-neuf ans, mourut étouffée à l'arrière de la vieille camionnette cabossée qui lui servait de gîte. Son fils avoua par la suite aux enquêteurs qu'il avait aussi assassiné quatre femmes dans le sud du comté de King et décrivit les endroits où il avait laissé leurs corps. Il revint néanmoins sur ces aveux. Les deux complices furent condamnés à de longues peines de prison... et rayés de la liste des suspects.

Il est très difficile de ne pas être tout feu tout flamme dès que l'on pense tenir un suspect. Je suis moi-même tombée dans ce piège à plusieurs reprises. Quelques années après le début de l'enquête sur les meurtres de la Green River, je reçus une série de lettres d'un homme qui habitait la capitale fédérale, Washington. C'était un avocat. J'avais vérifié. Il prétendait savoir ce qui était arrivé à toutes ces jeunes femmes assassinées et me promettait de m'envoyer des enregistrements qui emporteraient ma conviction.

Mais quand il commença à me dire qu'il avait joué un rôle capital dans le scandale du Watergate, aux côtés de Carl Bernstein et Bob Woodward, mon enthousiasme retomba comme un soufflé.

Les cassettes annoncées arrivèrent dans ma boîte aux lettres : des heures et des heures de prises de vue en plan fixe de mon informateur racontant par le menu la scène sans intérêt d'un rituel aussi interminable que morne ; une secte sataniste qui soi-disant enlevait des jeunes femmes pour accomplir des sacrifices humains. Mon correspondant prétendait s'être caché dans les ténèbres pour filmer des hommes en cagoule qui évoluaient autour d'un feu de camp (en étranglant des innocentes). Les bois ressemblaient, disait-il, à ceux où l'on avait retrouvé les corps des victimes de la Green River. Il connaissait d'ailleurs le nom de ces dernières – leurs noms avaient été diffusés dans tous les journaux. Pauvre fou, il avait dû troquer son obsession psychotique du Watergate contre celle de la Green River.

Poursuivie par un doute, j'achetai quand même *Les Hommes du président*. Et là, noir sur blanc, qu'est-ce que je vois ? Le patronyme (peu courant) de mon correspondant. Il avait en effet contribué à mettre les auteurs en contact avec Gorge profonde ! J'étais impressionnée, mais j'en conclus quand même qu'il devait avoir disjoncté au moment du Watergate.

Par acquit de conscience, pour ne pas risquer de passer à côté d'une pièce à conviction, je transmis les cassettes à Dave Reichert, de la brigade, sans omettre d'en informer mon correspondant. Et puis je n'y pensai plus. Et à vrai dire, je n'en ai plus jamais entendu parler...

Une habitante du sud du comté me harcela au téléphone. Elle était sûre et certaine que son mari, dont elle était séparée, n'était autre que le tueur de la Green River. Ce n'était pas la première fois que j'entendais cette chanson, mais cette délatrice était d'une ténacité incroyable. Et puis elle me raconta une histoire qui me fit dresser les cheveux sur la tête. À propos de la disparition de Marie Malvar, il y avait un détail que l'on avait pris soin de ne pas divulguer : on avait retrouvé son permis de conduire dans l'aérogare de Sea-Tac plusieurs semaines après son enlèvement. Soit elle l'avait perdu, soit son ravisseur avait cherché à faire croire qu'elle avait pris l'avion et changé de vie. Mais cela, personne n'était censé le savoir.

Mon interlocutrice, que j'appellerai Sonya, faisait non seulement une fixation sur l'affaire, mais semblait persuadée qu'une grosse compagnie américaine l'espionnait, ce qui me semblait relever de la pure et simple paranoïa. Elle avait tellement peur qu'elle était tout le temps en train de déménager, me laissant à chaque fois sur mon répondeur un numéro de téléphone différent. Voici ce qu'elle me raconta :

– J'étais à l'aéroport à la porte B avec mon mari pour accompagner sa mère et son père qui partaient. Mon mari a sorti des cartes d'un portefeuille. Croyant que c'était le mien, je me suis emparée de ce que je croyais être mon permis de conduire quand je me suis aperçue que ce n'était pas moi sur la photo, mais une jeune fille aux longs cheveux noirs. J'ai juste eu le temps de voir "Mal..." écrit dessus avant qu'il ne me l'arrache des mains. Il l'a donné à notre bébé pour qu'il joue avec, puis, quand ses parents ont disparu dans la salle d'embarquement, il s'est penché pour le récupérer, mais le bébé l'avait laissé tomber. Il l'a cherché partout. Ensuite, on nous a demandé de quitter le terminal parce que c'était l'heure de la fermeture.

Le permis de conduire de Marie avait bien été retrouvé près de la porte B-4 par Michael Meadows, un employé du service de l'entretien, qui l'avait remis aux objets trouvés, lesquels l'avaient à leur tour transmis à la brigade spéciale.

L'information que m'avait communiquée cette femme était donc troublante.

Tout le monde à Seattle y allait de sa théorie, la plus courante étant que le tueur était un flic. J'ai même entendu citer le nom d'inspecteurs que je connaissais depuis des années... par leurs ex-femmes, qui me disaient : « Oui, vous croyez que vous le connaissez, vous avez juste déjeuné avec lui ! » Le genre de remarque à vous donner froid dans le dos. Heureusement, ils avaient tous des alibis en béton !

Aucune méthode médico-légale n'était jugée trop bizarre pour identifier les victimes, ou le tueur lui-même. Certains enquêteurs prêtaient une oreille attentive aux voyantes. La présence d'un sourcier était bienvenue sur les sites : on espérait seulement qu'il trouverait autre chose que de l'eau. Par ailleurs, de nombreux informateurs avaient été hypnotisés afin de faire surgir de leur inconscient des images précises de ce que leurs yeux avaient vu mais que leur cerveau avait manqué de noter.

Betty Gatliff était un sculpteur d'une catégorie un peu spéciale. Elle était l'une des rares anthropologues médico-légales à pouvoir, grâce à son talent artistique, retrouver les traits d'un visage à partir des vestiges osseux d'un crâne. Comme j'avais sympathisé avec Betty à un congrès où je dirigeais un séminaire sur Bundy, et elle un séminaire de sculpture « légiste », elle me téléphona dès son arrivée à Seattle (elle habitait l'Oklahoma) pour m'inviter au laboratoire du Dr Reay. J'acceptai non sans une certaine réticence, n'ayant guère de penchant pour le morbide. Au labo, Betty choisit un crâne dans une des quatre boîtes contenant les ossements numérotés des victimes anonymes. Surmontant mon dégoût, je me dis que j'avais sous les yeux les vestiges de qui avait été des jeunes filles, et qu'elles méritaient qu'on identifie ce qui restait d'elles pour leur offrir une vraie sépulture.

Betty commença par le crâne retrouvé en septembre 1983 au bord de Star Lake Road. Il avait été nettoyé et stérilisé à haute température. En le voyant du point de vue de Betty, je compris combien deux crânes peuvent être dissemblables. Sur celui-ci, des pommettes saillantes faisaient penser à une Indienne.

Je regardai Betty disposer des petites gommes à crayon ordinaires sur la surface du crâne : elle avait constaté que l'épaisseur de ces pastilles correspondait à celle de l'épiderme. Puis elle recouvrit délicatement le tout de glaise : les muscles. Et un visage surgit en effet peu à peu sous nos yeux. Quand elle fut satisfaite, elle ajouta des globes oculaires en verre marron, des sourcils et une perruque brune.

Nous reculâmes d'un pas, toutes les deux songeuses.
Qui es-tu ?
Hélas, cette méthode d'identification n'a rien d'infaillible. Impossible de savoir quelle est la profondeur exacte des tissus ici ou là, sur les lèvres, au bout du nez... Le sexe et la race sont en général assez simples à déterminer d'après la forme de la mâchoire, du front, des dents, ce qui facilite le choix de la couleur et de la forme des postiches.

Et si cette femme s'était épilé les sourcils ? Et quel style de maquillage appliquer ? La longueur des cheveux ? Raides ou frisés ? L'artiste « légiste » Frank Bender, de Philadelphie, qui a permis l'arrestation d'un dangereux criminel, raconte qu'il « parle » aux crânes sur lesquels il travaille. Betty Gatliff, pour sa part, comptait plus sur la structure osseuse qu'elle avait sous les yeux.

Tout en l'ignorant à l'époque, nous avions entre les mains les restes de Gail Mathews, la jeune femme que son amoureux avait aperçue dans un vieux camion et qui l'avait regardé comme si elle ne le voyait pas. Elle avait dû avoir peur alors, pour ne pas oser appeler au secours. Son visage d'argile était serein à présent, et impassible.

Lorsque, par la suite, il m'arriva d'examiner les portraits photographiques de Gail, je fus frappée par ses lèvres extraordinairement charnues, à croire qu'elle s'était injecté une trop grosse quantité de collagène. Mais comme, en 1983, on ne connaissait pas encore cette technique, force fut de conclure que cette bouche pulpeuse lui avait été donnée par dame Nature – il nous aurait été impossible de l'imaginer ainsi d'après la forme de son crâne.

Gail n'est pas la seule victime dont le corps ait été abandonné près de Star Lake Road. Le 31 mars 1984, six mois après la découverte des restes de Gail, un cueilleur de champignons, en suivant la ligne des arbres au bord du ravin, tomba sur un crâne humain. Il sauta aussitôt dans sa voiture pour aller téléphoner au shérif. Peu après, Frank Adamson débarqua avec son bataillon d'enquêteurs et de techniciens de l'institut médico-légal. Ils avaient encore affaire à une zone peu commode à explorer. L'individu qui semait des corps à droite et à gauche dans la région paraissait affectionner les lieux escarpés. Peut-être pensait-il que, tout au fond d'un ravin, nul n'irait les chercher ? S'il était bien celui qu'on avait aperçu dans plusieurs camionnettes différentes, il était peut-être équipé d'une sorte de treuil ou de hayon élévateur qui lui permettait d'abaisser les cadavres jusqu'au sol. Mais son plan n'était pas parfait. Les arbres avaient arrêté la chute des cadavres.

Adamson crut que cette journée ne se terminerait jamais. Il était sans cesse harcelé par les journalistes, qui tentaient de franchir le périmètre de sécurité pour « contribuer » à l'investigation, et même, pourquoi pas, trouver d'autres cadavres. Sauf que le chef de la brigade spéciale n'avait pas envie de voir son terrain piétiné par une horde de maladroits.

En réalité, ils trouvèrent assez vite le reste du squelette. Mais à mesure que les recherches progressaient, les enquêteurs découvrirent deux autres squelettes un peu plus bas le long de la pente. Puis d'autres encore. Ils marquèrent les arbres les plus proches des dépouilles à la peinture orange, afin de pouvoir réaliser des mesures par triangulation, autrement dit de diviser le terrain en triangles. Ces arbres portèrent respectivement les chiffres 1, 2, 3, 4, 5.

Ce site se révéla l'un de ceux que le tueur préférait quand il s'agissait de se débarrasser d'un corps devenu encombrant. À vol d'oiseau, il se trouvait à moins de mille cinq cents mètres de la Green River.

Malgré son allure de bois paisible, où les gens venaient rarement, le site était proche de la Pacific Highway et, côté est, de la laiterie des Smith Brothers, où allaient et venaient des douzaines de camions-citernes par jour. Par ailleurs, de nouvelles maisons se construisaient le long de la 55e Rue et de Star Lake Road. Pendant la journée, il était par conséquent difficile à un homme de venir cacher là quelque chose d'aussi encombrant qu'un cadavre. Sous le couvert de la nuit, en revanche, c'était tout ce qu'il y avait de plus envisageable.

Pendant tout le week-end, les journalistes bruissèrent autour d'Adamson comme un nuage de moustiques. À l'époque, il n'avait pas d'attaché de presse pour esquiver leurs questions, et il ne pouvait pas faire trois pas sans tomber nez à nez avec un représentant des médias. Lui qui, d'habitude, se montrait plutôt accommodant et jovial finissait par perdre patience. Et quand il retourna au bureau, ce fut pour trouver sur son répondeur cent vingt-huit messages !

Le chef de la brigade spéciale n'en pouvait plus. Officiellement, ils avaient désormais localisé vingt corps. Mais Adamson soupçonnait qu'il ne s'agissait que de la partie visible de l'iceberg. Lorsque le Dr Don Reay et son confrère le Dr Bill Haglund lui rendirent compte de l'identité des dernières victimes, il lui apparut sans l'ombre d'un doute que le tueur possédait un sens de l'organisation structuré jusqu'à la maniaquerie. Comme s'en était déjà douté Pierce Brooks, le tueur repérait de toute évidence ses sites *avant* de commettre ses meurtres.

Le premier avait été la Green River, puis les terrains vagues autour de l'aéroport, puis la Highway 410 et finalement Star Lake.

Les victimes retrouvées dans ce dernier site furent identifiées comme étant Terry Milligan, disparue du Sea-Tac Strip le 28 août 1982, Delores Williams, disparue du Strip le 8 mars 1983 et Sandra Gabbert, disparue du Strip le 17 avril 1983.

Il fallut attendre un an, le mois de février 1985, pour identifier le corps qu'on avait retrouvé en premier comme étant celui de Gail Mathews, disparue seulement cinq jours après Sandra Gabbert. Quelque chose avait peut-être effrayé le tueur et il l'avait jetée trop près de la route...

La cinquième dépouille du site de Star Lake Road fut identifiée au cours de la troisième semaine d'avril 1984, par Bill Haglund, grâce à sa denture. Il s'agissait d'Alma Smith, la jeune fille calme et solitaire qui avait passé une enfance heureuse dans la petite ville tranquille de Walla Walla.

Le tueur de la Green River était en passe de devenir une figure de légende, un personnage qui semblait sorti d'un de ces films d'horreur alors tellement en vogue auprès de la jeunesse, par exemple la série des *Vendredi 13* qui met en scène un psychopathe nommé Jason dont les victimes sont des adolescents. Mais ce qui, dans les chambres obscures, donne de délicieuses sueurs froides prend, dans la vraie vie, un visage hideux.

Comme il devait sourire, l'auteur de ces crimes, en s'entendant qualifier dans les journaux et à la télévision de plus terrible tueur en série de tous les temps !

Il y avait tant de disparues, et tant de dépouilles, que je me surpris moi-même un jour à penser à elles comme à une espèce de catalogue séquentiel de chiffres. Ce jour-là, horrifiée à l'idée de réduire ces jeunes filles à de simples statistiques, je passai une nuit blanche, équipée de papier bristol blanc, de ciseaux et de ruban adhésif, à construire un tableau où chaque victime trouvait sa place, avec son nom, son signalement, la date et l'heure auxquelles elle fut aperçue pour la dernière fois... et la date à laquelle on retrouva son corps. Cette dernière case fut hélas trop souvent laissée en blanc. Mais grâce à ce petit travail, je réussis à mémoriser leur identité. Jamais plus elles ne seraient pour moi de simples chiffres.

Adamson, qui était poète à ses heures, tomba d'accord avec T. S. Eliot pour dire qu'avril est le mois le plus cruel. Le mois d'avril 1984 livra en effet un nombre effrayant de cadavres de femmes.

Ces découvertes se firent parfois dans des conditions rocambolesques. Je pense en particulier au rôle que joua dans l'une d'elles notre fameuse voyante, Barbara Kubik-Patten, qui prétendait être en communication avec l'au-delà et plus précisément quatre jeunes mortes : Mary Bridget, Kimi-Kai, Opal et une blonde anonyme. Personne ne voulait jamais l'écouter quand elle venait jouer les mouches du coche à chaque nouvelle exhumation, mais on s'accordait néanmoins à lui reconnaître une qualité : la persévérance !

Le 15 avril, cette dame réussit à me coincer alors que je dînais chez des amis – j'avais laissé leur numéro de téléphone sur mon répondeur au cas où mes enfants auraient eu besoin de me joindre. Exaspérée par son culot, je lui déclarai : « Vos visions sont trop vagues, Barbara. Il faudrait que vous trouviez vous-même un cadavre pour être convaincante. Les enquêteurs de la brigade ne croient pas à la voyance, voyez-vous. »

Le mercredi suivant, l'équipe de terrassiers d'une exploitation forestière tomba sur des ossements humains dans une forêt appartenant à la Weyerhaeuser Company, pas très loin de l'endroit où, deux mois plus tôt, avaient déjà été retrouvées deux victimes. Les os étaient éparpillés sur plus de quinze mètres carrés au nord de la Highway 18, presque au croisement de North Bend.

Encore une fois, seule la denture, en l'occurrence une mandibule, permit l'identification. On venait d'exhumer les restes d'Amina Agisheff, trente-sept ans, aperçue pour la dernière fois attendant à un arrêt de bus du centre de Seattle. Elle figurait la première sur la liste des disparues, alors qu'elle était mère de trois enfants, et certainement pas une prostituée.

En dépit de la proximité de ses restes avec ceux des victimes du tueur de la Green River, ses proches, et la police, refusaient d'admettre l'idée qu'elle ait pu être l'une d'elles. En premier lieu, elle était trop âgée, et en deuxième lieu elle menait une vie tout ce qu'il y a de plus rangée. Née à New York, élevée à Paris, elle était enseignante dans une école Montessori, et doublait son salaire par un emploi de serveuse dans le restaurant scandinave le plus renommé de Seattle, à des kilomètres du Sea-Tac Strip. Il y avait de fortes chances pour que le criminel responsable de la mort d'Amina ait « profité » de la publicité faite aux sites du tueur légendaire.

Mais pour en revenir à Barbara Kubik-Patten, accompagnée de ses deux enfants les plus jeunes, elle débarqua dès le lendemain dans la forêt de North Bend. Ne pouvant franchir le périmètre de sécurité, elle se résigna à pénétrer dans les bois, huit cents mètres plus loin, par une autre aire de pique-nique. Par la suite, elle devait prétendre qu'elle avait été guidée par la voix de Kimi-Kai Pitsor.

Et elle trouva un corps.

La voyante fila retrouver les hommes de la brigade occupés à recueillir les indices sur le site avec l'aide des techniciens de l'institut médico-légal. Rupe Lettich, un des enquêteurs, commença par la prier de quitter immédiatement les lieux et refusa de l'écouter, l'ayant trop souvent entendue crier au loup. Ce fut finalement Frank Adamson qui, sachant qu'elle avait fouillé dans un autre coin de la forêt, lui prêta une oreille attentive. « Elle avait dû se frayer un passage dans un bosquet touffu d'aulnes pour trouver le corps, se rappellera-t-il. Les restes étaient recouverts d'une poubelle plastique verte, et il y avait aussi des os d'animaux. C'est assez incroyable, quand on y pense, qu'elle ait pu tomber dessus... »

Par une curieuse coïncidence, après la découverte de cette dépouille, le 19 avril 1984, l'enquête prit un tour encore plus compliqué. D'abord, impossible d'identifier la victime dans le sac en plastique. Ce ne fut que bien plus tard qu'elle se révéla être Tina Thompson, vingt-deux ans, une jeune et jolie brune qui avait la réputation de ne pas se laisser avoir facilement.

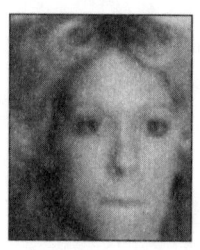

Tina Thompson ne doit pas être confondue avec Tina Tomson, la blonde jeune fille portée disparue à Halloween. Cette dernière n'avait pas encore été retrouvée. Tina Thompson, quant à elle, volatilisée le 26 juillet 1983, n'avait pas été déclarée disparue tout de suite.

Le tueur savait-il qu'il avait assassiné deux homonymes ? Sans doute pas. Mais le fait n'en était pas moins troublant.

Comme l'était celui d'avoir rétorqué en guise de boutade à Barbara Kubik-Patten, quatre jours seulement avant son exploit, qu'il lui faudrait retrouver un corps avant qu'on accepte de prendre en compte son avis. J'avoue que je l'ai presque soupçonnée de complicité de meurtre. Les enquêteurs ont dû partager mon sentiment, puisqu'ils lui ont demandé de passer un test au polygraphe. Ils se sont aussi sans doute raisonnés, tout comme moi, en se disant qu'elle s'était au fond contentée d'aller explorer l'aire de pique-nique suivante, emplacement que le tueur avait trouvé commode déjà à plusieurs reprises. En fin de compte, son extraordinaire trouvaille était peut-être moins à attribuer à d'hypothétiques voix d'outre-tombe qu'à l'exercice d'un solide esprit de déduction.

Barbara Kubik-Patten avait obtenu ce à quoi elle aspirait depuis deux ans : la une de la presse de Seattle. Elle expliqua à Mike Barber, du *Post-Intelligencer*, qu'elle avait vu le tueur de la Green River à deux reprises !

La première, bien entendu, au bord de la rivière du même nom. Un cri avait déchiré l'air, et un homme de haute taille avait traversé le champ pour monter dans sa voiture, une voiture blanche, et filer à toute vitesse. « C'est un Blanc, affirma-t-elle. Cheveux bruns, jambes minces, âge indéterminé, mais il marche à grandes enjambées en balançant ses bras. »

Elle alla jusqu'à demander à un dessinateur de tracer un portrait-robot d'après sa description – elle prétendait avoir bien examiné son profil. Quant au véhicule blanc, d'après elle, il avait un moteur gonflé, car même en appuyant à fond sur son propre accélérateur, elle n'avait pas pu le rattraper. Où avait eu lieu cette course effrénée ? Sûrement pas sur Frager Road, où tout excès de vitesse est voué à vous précipiter dans la rivière, tant il y a de virages en épingle à cheveux.

Après ce coup d'éclat, elle continua à se présenter sur les lieux de crime et à seriner aux gens de la presse que cela lui permettait d'établir un meilleur « contact » avec les victimes.

31

Le battage médiatique lui plaisait beaucoup. Voilà qu'on parlait de lui, qu'il recevait enfin cette attention dont les autres en général, y compris ses parents, l'avaient jusqu'ici privé.

Au début des années quatre-vingt, il avait été cocufié par deux épouses – « la blonde avec la peau sur les os et le gros pruneau ». Sous les drapeaux, il avait fréquenté des prostituées, mais ces dernières l'avaient trahi, elles aussi, puisqu'elles lui avaient refilé une maladie vénérienne. Cela dit, il était encore taraudé par de gros besoins sexuels, et pour les assouvir, il lui fallait des partenaires féminines.

Il trouva une mine d'or dans une association pour parents divorcés appelée Parent sans partenaire. Il coucha avec plus de douze femmes rencontrées lors de ces réunions. Darla, par exemple, crut au départ qu'elle avait eu beaucoup de chance en rencontrant cet homme. À bien des points de vue, elle correspondait au profil des victimes de la Green River. Jeune et jolie, blessée par la vie, et pourtant encore pleine de confiance en l'avenir.

Née à Santa Rosa, en Californie, dans un milieu plutôt aisé – son père était le propriétaire d'une station-service et sa mère ne travaillait pas –, Darla disait avoir manqué d'amour étant petite, et avoir souffert des affres de la solitude. « J'étais l'aînée, mais ma sœur cadette est partie chez des cousins à nous quand j'étais en CP, et ensuite mes parents ont adopté une autre fille, l'enfant de parents éloignés. »

En dépit du fait que sa grand-mère habitait chez eux, Darla était chargée de la cuisine et du ménage. Ses parents, qui sortaient beaucoup et buvaient sec, n'avaient pas le temps de s'occuper de la marmaille. « Un type qui était marié à une copine de ma mère m'a violée quand j'étais encore toute gamine, racontera-t-elle par la suite. Ma mère l'a su, je crois, mais elle n'a rien dit. »

Tout en jouant les bravaches et les meneuses de bande, à l'adolescence, Darla ne parvenait toujours pas à avoir le contrôle sur sa vie. « Je planquais des lames de rasoir dans mes cheveux. Tout ce que je cherchais, c'était une place où je me sente bien. »

Son premier enfant fut un garçon. Il était illégitime et, selon la coutume familiale, fut « donné » à des cousins. Darla n'avait pas encore vingt ans quand elle épousa Jimmy. Elle était très amoureuse. Bientôt vint au monde une petite fille, puis, l'année suivante, un garçon. « J'aurais préféré ne pas avoir des grossesses aussi rapprochées, j'avais déjà deux enfants en bas âge, mais Jimmy s'est soûlé le soir de Noël et il n'a rien voulu entendre, il m'a presque violée. J'ai tout de suite su que j'attendais un bébé. »

Trois, c'était trop pour Darla. Un soir, alors que le bébé hurlait, elle faillit le jeter dans la cheminée. « J'ai eu du bol que Jimmy rentre tôt ce soir-là. Je devenais folle. »

Les ennuis ne faisaient que commencer. Elle souffrait d'une dépression post-natale, mais, cette maladie n'étant pas encore reconnue à l'époque, Jimmy la fit interner à l'hôpital psychiatrique de l'État pendant trois mois et déposa une demande de divorce. « J'étais tellement naïve et bête... Je ne voulais pas divorcer... Je l'aimais... Je n'ai même pas eu la jugeote d'engager un avocat... Comme on sortait de temps en temps, tous les deux, je pensais qu'on se remettrait ensemble. Et puis papa est arrivé un jour et m'a montré le papier. Jimmy a tout manigancé, c'est passé au tribunal, et je me suis trouvée tout d'un coup divorcée. Jimmy me prenait tout, la maison, les gosses, tout... »

Jimmy s'étant mis à sortir avec une autre femme, Darla, écœurée, quitta Santa Rosa pour Seattle, en compagnie de sa sœur. Comme elle était plutôt jolie, elle trouva sans mal un emploi, de danseuse dans un bar lesbien au sous-sol de la Smith Tower, dans le centre de Seattle. Au point où elle en était, se disait-elle... « C'est là que j'ai découvert les amphétamines. »

Jimmy manquait à Darla, elle retournait le plus souvent possible à Santa Rosa pour les voir, lui et les enfants, n'ayant toujours pas renoncé à l'espoir d'une réconciliation. Il semblait content et alla jusqu'à lui louer un studio. Ils couchèrent ensemble. « Je suis de nouveau tombée enceinte ! Je pensais qu'il sauterait de joie quand je le lui annoncerais, mais il m'a juste dit : Il n'est pas de moi. Pourtant, c'était bien le sien. Je n'avais été avec personne d'autre. »

Ce rejet brutal plongea Darla dans une noire mélancolie. « J'ai avalé plein de barbituriques et tout ce que j'avais pu acheter sans ordonnance, et je me suis endormie. Je serais morte si ma mère n'était pas arrivée à l'improviste. Elle était venue m'emprunter un foulard pour aller à la messe ! J'avais la vie sauve, mais j'étais toujours enceinte. Grâce à Dieu, car cette petite fille compte pour moi. »

Suite à cette tentative de suicide, Darla se retrouva encore une fois en pavillon psychiatrique. Quand elle en sortit, elle s'en fut vivre avec d'autres femmes et évita pendant huit ans les fréquentations masculines. « Ma meilleure amie m'a persuadée de ne pas faire adopter ma fille, et je lui en serai éternellement reconnaissante. Nous l'avons élevée ensemble. »

À la trentaine, tentée de retrouver une intimité avec des hommes, elle opta pour une ligature des trompes. Elle avait déjà donné naissance à cinq enfants, c'était assez. Sa stérilisation lui apporta une liberté dont elle n'avait jamais osé rêver. Elle se mit à coucher avec un peu n'importe qui. « Je buvais trop à l'époque, et je crois que je voulais prouver que je pouvais satisfaire un homme, même si je n'avais jamais d'orgasme. Pour la première fois de ma vie, c'était moi qui menais la danse. J'avais du pouvoir sur les mecs. J'étais belle, ils me désiraient, je n'en demandais pas plus. »

Au bout de six mois de ce régime, elle décida de mettre un terme à sa frénésie de sexe et de devenir une meilleure mère pour sa petite Libby. C'est parce qu'elle cherchait à s'en sortir qu'à la fin des années soixante-dix elle adhéra à l'association Parent sans partenaire, qui cherchait à venir en aide aux gens qui se trouvaient contraints d'élever seuls leurs enfants.

– On se rencontrait chez les uns ou les autres pour discuter, on partageait des petits dîners improvisés ou on allait danser à la salle des fêtes de Kent. L'association organisait aussi des promenades avec les enfants. J'y allais avec Libby. Je buvais encore pas mal, mais ça me faisait du bien d'être au grand air et de marcher sur des sentiers de randonnée en montagne. C'étaient des gens très chouettes.

Elle était attirée par un homme, un divorcé, mais il vivait déjà avec une femme, autre membre de l'association. Le week-end, il venait avec son fils de sept ans, Chad. Il semblait très fier du petit garçon, qui habitait chez sa mère le reste de la semaine.

Un jour, alors que le groupe faisait une randonnée au pied du Snoqualmie Pass, non loin d'Issaquah, Darla se surprit à l'observer du coin de l'œil. Il était plutôt beau mec, et musclé. La trentaine, plus jeune qu'elle. « On s'est retrouvés à marcher tous les deux loin des autres et on a engagé la conversation. Je l'ai trouvé très agréable, et drôle parce que tellement réservé. Mais comme il vivait avec quelqu'un d'autre, ce n'était pas la peine d'y penser... »

Et puis, un beau soir, coup de théâtre : « J'ai un peu flirté avec lui, comme ça, et ça lui a plu. Je ne lui ai pas caché que je voulais pousser plus loin notre relation. Il n'a pas tardé à rompre avec l'autre nana. Il s'est installé chez moi du jour au lendemain. Oui, comme ça. C'était en mai 1981. »

Il payait sa part des charges de la maison, mais ne participait guère aux tâches ménagères, compensant par des gros travaux au jardin. Darla se souviendra de lui comme d'un homme très doux, quoique peu sentimental. « Il ne m'a jamais offert un seul cadeau ! »

Ils n'avaient pas grand-chose en commun. Il n'ouvrait jamais un livre, alors que Darla était une lectrice fascinée surtout par le thriller authentique. Elle n'avait pratiquement pas manqué un numéro de *True Detective* depuis son passage au collège. Il ne s'intéressait pas non plus au cinéma, mais regardait avec elle la télévision le soir. En dehors de l'association, il n'avait pas d'amis, sauf un de ses frères, dont il était proche. Il emmenait souvent Darla rendre visite à ses parents, qui vivaient à quelques rues de la Pacific Highway.

Malgré tout, Darla trouva en lui un partenaire sexuel exceptionnel. « Je dirais que son passe-temps favori était le sexe. On faisait l'amour au moins trois fois par jour. »

Elle ne s'en plaignait pas, bien qu'elle fût souvent embarrassée par son goût pour les rapports sexuels au grand air, dans sa voiture, ou dans toutes sortes d'endroits où on aurait pu les surprendre. À cette époque, il conduisait un pick-up bordeaux avec un toit blanc et gardait toujours une couverture à l'arrière, au cas où...

– J'ai fini par m'habituer à faire l'amour dehors. Un jour, alors qu'on campait au bord de la Yamika River, on a fait la bête à deux dos, et il est passé une barque avec plein de gens qui nous ont salués avec de grands gestes en riant. On leur a rendu leur salut. Et je n'étais même pas gênée. Je me sentais vraiment bien avec lui.

Quand Darla lui apportait une gamelle sur son lieu de travail, ils se glissaient discrètement dans la cabine couchette d'un camion. Personne ne les a jamais surpris.

Il prenait un malin plaisir à repousser toujours plus loin les limites. Par exemple, il jugeait très excitante toute la zone autour du centre commercial de Southcenter. Tant qu'ils s'étaient cantonnés à la cabine du camion sur le parking, Darla avait trouvé ça très bien. Mais, à lui, cela ne suffisait pas. « La zone de chargement comportait tout au fond une palissade de ciment, pas très haute, mais quand même... Il a voulu qu'on fasse l'amour sur l'herbe de l'autre côté. On entendait parler les types à quelques mètres. Il aurait suffi qu'ils jettent un coup d'œil par-dessus la palissade. Mais lui, il s'en foutait. »

Ce qu'il aimait par-dessus tout, c'était la nature. Le camping. La pêche. C'était un de ces pêcheurs qui ne ramenaient jamais de poisson. Darla et lui s'équipèrent : tente, sacs de couchage, matériel de cuisine. Il leur arrivait de rester une semaine dans les bois. Elle préparait leurs repas vêtue en tout et pour tout d'un torchon autour de la taille : il la trouvait belle toute nue.

En dehors de la pêche, il trouvait distrayant de déterrer de vieilles bouteilles le long des voies ferrées. Il buvait très peu et ne fumait pas. À vrai dire, Darla le trouvait parfait. « Il était très propre et attentif avec moi. Très fort physiquement... vraiment très fort. »

Ils avaient à propos de la sexualité des discussions assez crues, et s'échangeaient volontiers leurs fantasmes. L'un et l'autre avaient eu une grande diversité d'expériences. D'après Darla, il lui a été fidèle pendant leur liaison.

Un jour, alors qu'ils campaient sans leurs enfants dans la forêt nationale de Wenatchee, d'un commun accord, ils s'essayèrent au sadomasochisme. Darla n'avait rien contre l'idée d'être attachée à un arbre ou au sol, du moment qu'il « ne lui ferait pas mal ».

Fou d'excitation, il alla jusqu'à lui fourrer des fruits dans le vagin, mais il tint sa promesse et ne lui fit pas mal.

Plus déconcertant aux yeux de Darla que ces pratiques sortant pourtant de l'ordinaire, il y avait le fait qu'il ne lui disait jamais qu'il l'aimait. Et elle n'allait quand même pas lui poser la question ! En plus, il cherchait à tout prix à récupérer la garde de son fils, Chad, un garçon plutôt gentil, mais hyperactif, et Darla se voyait mal s'occupant de lui jour après jour.

Devant son acharnement passionné à récupérer Chad, elle finit d'ailleurs par le lui dire. « Un jour, juste avant Noël 1981, je lui ai annoncé que je rompais. Je ne pouvais pas élever son fils. Je n'avais même pas été capable d'élever mes propres enfants ! Et tu ne me dis jamais que tu m'aimes ! lui ai-je lancé. Mais, si je t'aime, a-t-il répondu, mais je lui ai dit que c'était trop tard. »

Il ne s'est pas mis en colère. Il s'est contenté de quitter le domicile de Darla. Et ils sont restés amis.

Après son départ, la fille de Darla, Libby, confia à sa mère qu'elle était soulagée parce qu'il lui donnait la « chair de poule ». Il ne l'avait jamais battue, il n'avait jamais rien dit de spécial, mais un jour il était entré dans sa chambre et elle avait eu l'impression que quelque chose n'allait pas. Darla était stupéfaite ; il s'était toujours montré avec elle très respectueux et de bonne composition.

Début 1982, il téléphona à Darla pour lui annoncer qu'il venait de s'acheter une maison à Des Moines, non loin de la Pacific Highway. Une modeste maison en bois, de plain-pied. Très fier de son acquisition, il invita Darla et une de ses copines à pendre la crémaillère avec des collègues et des membres de Parent sans partenaire.

– On y est allées toutes les deux. Il avait tout préparé, et nettoyé la maison de fond en comble. Mais aucun de ses invités, sauf nous, ne s'est pointé. Quelle pitié ! On a fait comme si de rien n'était, mais je voyais bien qu'il était vexé. Je me souviens qu'il avait deux grands sapins dans son jardin. Par la suite, chaque fois que je prenais la I-5 et que j'apercevais le sommet de ces deux arbres, je pensais à lui.

Son jardin se terminait par un haut talus dont l'autre versant descendait à pic sur l'autoroute. Chez lui, le grondement des voitures était semblable au bruit des vagues : continuel.

La seule fois où Darla le vit hors de lui, ce fut après leur rupture, après cette pendaison de crémaillère ratée. Il l'invita à dîner, avec Libby. Quand elle demanda si elles pouvaient venir avec une copine de Libby, il dit d'accord.

– Libby était adolescente, vous savez comme sont les filles à cet âge-là. Sa copine et elle ont été prises d'un fou rire pendant le dîner. Je les ai grondées un peu, après tout, il s'était donné la peine de nous préparer un bon repas... Eh bien, elles ont continué à pouffer comme des idiotes et lui s'est fichu en rogne. Il était fou furieux. Je ne l'avais jamais vu comme ça.

Peut-être croyait-il qu'elles se fichaient de lui. En tout cas, il s'est mis à leur crier dessus. Libby a eu peur. Après cette histoire, on n'est plus jamais retournées chez lui.

Peu après cette soirée catastrophique, l'ex-amant de Darla amorça une liaison avec une autre adhérente de l'association : Trish Long. Quelques mois plus tard, Darla entendit dire qu'il avait attrapé le virus de l'herpès génital, et elle se félicita d'avoir échappé à cette infection. Mais elle ne lui en voulait pas pour le reste. Cinq ans plus tard, elle rencontra un autre homme et l'épousa. Elle n'entendit plus parler de son ex-amant.

32

À la mi-mai 1984, la brigade spéciale connut un moment de répit, tout comme les filles derrière la ligne blanche de la Pacific Highway : le nombre de disparues tomba à zéro. Mais Frank Adamson, méfiant, n'en maintint pas moins ses troupes sur le qui-vive. Des femmes flics déguisées en prostituées continuèrent à déambuler sur le Sea-Tac Strip, sous l'œil vigilant de leurs équipiers planqués dans des voitures banalisées.

Certains parents sans nouvelles de leur fille, très angoissés, se mirent en communication pour partager leur expérience, leur force et leur espoir. Par exemple Judy DeLeone, dont la fille, Carrie, avait été aperçue pour la dernière fois à Seward Park à Seattle. L'inspecteur Randy Mullinax et la présidente de l'association Amis et famille des victimes de crime violent, très active dans la région de Seattle depuis une dizaine d'années, voyant combien Judy était dépressive et redoutant une tentative de suicide, la présentèrent à Mertie Winston, dont la fille Tracy était portée disparue depuis le mois de septembre.

– Je ne voyais pas ce que je pouvais faire pour elle, me racontera Mertie, mais j'ai néanmoins accepté de lui téléphoner. On a parlé pendant trois heures d'affilée. Personne ne comprenait aussi bien que nous ce que traversait une mère ou un père dans un cas pareil. On s'est vraiment soutenu le moral. On s'est serré les coudes. On s'est dit que Carrie et Tracy étaient encore en vie quelque part, que tout allait bien pour elles, qu'elles rentreraient bientôt à la maison.

Le 7 mai 1984, la brigade de la Green River ouvrit une enquête sur le meurtre d'une femme de trente-huit ans, Kathy Arita, dont le corps avait été retrouvé non loin du lac Fenwick. Le site correspondait au profil du tueur en série – à un kilomètre de la rivière – mais la similitude s'arrêtait là. Elle n'était pas prostituée, mais employée de la firme Boeing, mère d'un jeune homme de dix-sept ans. Sa dépouille était entièrement vêtue. Les enquêteurs ne tardèrent pas à rayer son nom de la liste : elle avait été tuée par un autre criminel.

Alors que la violence qui s'était déchaînée contre les adolescentes du Sea-Tac Strip s'était pour ainsi dire calmée, les enquêteurs se rendirent dans d'autres coins du Nord-Ouest américain où sévissaient violeurs et tueurs en série : ils voulaient, avant d'aller plus loin, consulter leurs collègues. À Anchorage, en Alaska, par exemple, un boulanger du nom de Robert Hansen avait avoué avoir assassiné dix-sept femmes en l'espace de dix ans, à coups de flèches. À Los Angeles, un cameraman de la télévision venait d'être accusé de trois meurtres de jeunes femmes en Californie.

À chaque fois que surgissait une affaire de meurtres en série – et elles se révélaient, hélas, de plus en plus fréquentes –, les enquêteurs de la brigade spéciale se demandaient si le coupable pouvait être celui qu'ils traquaient depuis si longtemps.

Le 9 mai, Bill Haglund, de l'institut médico-légal, confirma que les ossements recueillis près d'Enumclaw, au bord de la Highway 410, étaient ceux de Debora Abernathy, cette jeune femme originaire du Texas qui n'aurait pour rien au monde abandonné son petit garçon.

Curieusement, un homme trouva par terre, à l'intersection de la Highway 18 et de la Route 167, soit à des kilomètres de l'endroit où l'on avait découvert le corps de Debora, le permis de conduire de celle-ci. En ratissant le sol, les enquêteurs aperçurent aussi l'acte de naissance de son fils. Le tueur avait sans doute jeté ces papiers de son véhicule en marche, pour éviter qu'on établisse un lien entre eux et la dépouille qu'il avait dissimulée dans la nature.

En ce même mois de mai 1984, je fus interviewée à propos de la Green River par deux journalistes du *San Francisco Chronicle*. À l'époque, je me trouvais à Eugene, dans l'Oregon, pour assister au procès de Diane Downs, accusée d'avoir tué l'un de ses enfants et attenté aux jours des deux autres. J'ai gardé cet article, ce bout de papier aujourd'hui jauni et écorné, pour son intérêt concernant l'affaire : c'était la première fois que la presse étrangère à Seattle reconnaissait qu'il se passait des événements très inquiétants dans l'État de Washington.

Cela me fait un drôle d'effet de relire mes déclarations de l'époque : « Soit le tueur est doté d'une intelligence supérieure, soit c'est un type qui compense un faible QI par une débrouillardise hors norme... un individu antisocial présente toujours une façade d'amabilité sans faille. »

Dans le même article, l'agent du FBI Bob Ressler affirmait : « En général, ces gens-là sont d'une bonté désarmante. D'apparence tout à fait normale ; ils n'ont rien de bizarre. C'est ce qui les rend aussi dangereux. »

Le battage médiatique se répandant comme une traînée de poudre dans les autres États de l'Union, quel ne fut pas le soulagement de Frank Adamson quand, le 23 mai 1984, fut créé au sein de son équipe un poste d'attaché de presse... On y nomma la charmante Fae Brooks, de longue date dans la brigade en qualité d'inspecteur, et on compta désormais sur elle pour ménager la chèvre et le chou.

Dès le 26 mai, Fae Brooks fut assaillie par une meute de journalistes à la suite de la découverte de nouveaux ossements, cette fois dans le comté voisin de Pierce. Au crâne était attaché un appareil dentaire. On ne fut pas long à l'identifier comme appartenant à Colleen Brockman, quinze ans, cette jeune fille si naïve qu'elle pensait que les hommes qui la prenaient à bord de leur voiture sur la Pacific Highway et lui payaient le restaurant avaient de l'affection pour elle. Cela faisait un an et demi que sa dépouille attendait d'être repérée.

Le mois de juin s'écoula sans autre découverte macabre. Le 16 juillet 1984, le nombre des victimes officielles s'élevait à vingt-six – dont dix-huit identifiées.
Quant à celles qui étaient toujours portées disparues, elles s'appelaient Kase Lee, Debra Estes, Denise Bush, Tina Tomson, Shirley Sherrill, Becky Marrero, Mary Bello, Carrie Rois, Patricia Osborn, Marie Malvar, April Bruttram, Pammy Avent, Mary West, Keli McGinness, Martina Authorlee et Cindy Smith. Une liste non exhaustive, étant donné que d'autres jeunes filles n'avaient peut-être pas, pour une raison ou pour une autre, été signalées par leurs proches.
Le standard de la brigade continuait à être pris d'assaut par de braves gens qui proposaient aux enquêteurs leurs « excellents tuyaux ».

Le samedi 31 juillet 1984, je reçus un appel téléphonique d'un certain Randy, qui disait habiter San Francisco avec sa grand-mère. Il venait de lire *Un tueur si proche* et voulait me parler de deux types qu'il avait rencontrés en prison : Richard Carbone et Robert Matthias. Il était sûr et certain qu'ils avaient perpétré au moins une partie des meurtres de la Green River. Ils lui avaient aussi confié qu'ils avaient dévalisé une banque à Seattle. Il me donna un signalement précis, au tatouage près, de MM. Matthias et Carbone. Il ajouta qu'il était furieux de ne pas recevoir de nouvelles de la brigade spéciale, qu'il avait pourtant contactée en la personne de l'inspecteur Gebo. Je lui expliquai que les enquêteurs étaient débordés, tout en lui certifiant que Gebo finirait par le rappeler.
Trois jours après, je reçus un appel de Matthias en personne. Randy lui avait communiqué mon numéro. Il redoutait son transfert à Seattle sous la bonne garde des enquêteurs de la brigade. Je le rassurai en l'informant qu'on allait seulement mandater l'inspecteur Paul Smith pour l'interroger sur place, à San Francisco.

Par la suite, Matthias me téléphona à plusieurs reprises pour me raconter son enfance malheureuse et pour m'avouer qu'il avait tué de ses propres mains plusieurs jeunes filles qui comptaient parmi les victimes de la Green River. Il fondit en larmes lorsque je le poussai dans ses retranchements et l'obligeai à préciser les dates, les saisons, les lieux autour de Seattle. Au début, je l'avoue, je l'avais presque cru.

– Expliquez-moi, par simple curiosité, lui dis-je, si vous êtes bien ce que vous prétendez être, vous devez être vraiment beau garçon, conduire une voiture de sport et posséder un pouvoir de séduction irrésistible, parce que, par les temps qui courent, les filles sont plutôt réticentes à monter en voiture avec un homme.

Il a répliqué qu'il était en effet beau garçon, et qu'on lui aurait donné le Bon Dieu sans confession.

– Au bout de cinq minutes, les gens ont l'impression qu'ils m'ont connu toute leur vie. C'est parce que je sais leur parler. Mes tatouages leur foutent un peu la trouille, mais dès que j'ouvre la bouche, ils oublient tout.

Ce Matthias m'intriguait. Il semblait en effet connaître un certain nombre de choses sur l'affaire qui étaient censées être restées confidentielles. Nos dialogues se poursuivirent pendant quelque temps. Mais au bout d'un moment, je m'aperçus qu'il voulait me soutirer plus d'informations qu'il n'était disposé à m'en fournir. J'évitai avec soin de lui donner des précisions sur les lieux du crime ou les victimes. Matthias les prenait toutes pour de jolies brunes. Je ne démentis pas. Il se trompait aussi à propos de la façon dont elles étaient mortes. Il évoquait l'usage d'une arme à feu et disait qu'elles avaient été non seulement étranglées, mais aussi battues et poignardées.

Le deuxième lascar, Richard Carbone, me téléphona, du moins déclarait-il être Carbone. D'après sa voix, j'aurais juré que c'était encore Matthias. Bref, lui aussi soutenait qu'à eux deux, Matthias et lui, ils avaient tué des jeunes femmes dans trois États : le Minnesota, l'Oregon et le Washington. « On flanquait les filles dans le coffre de bagnoles volées, et on les abandonnait ici ou là. »

Comme Matthias, il semblait très inquiet à la perspective d'être extradé de Californie et voulait s'assurer qu'il ne risquait rien. Accepterais-je de les accompagner en qualité de témoin ? Il paniquait à l'idée que les journalistes leur tombent dessus. « Il y a beaucoup de malades mentaux à Seattle qui ne demandent qu'à nous faire la peau. »

En relisant les dix-huit feuillets de transcription que j'avais moi-même dactylographiés après ces appels pour les transmettre à l'inspecteur Bob Gebo, je me dis que je les avais pris bien au sérieux pour avoir accepté de les écouter aussi longtemps.

Les enquêteurs Paul Smith, Ed Streidinger et Randy Mullinax montèrent dans l'avion pour San Francisco avec pour mission d'interroger les détenus Carbone et Matthias. Ils les questionnèrent séparément, bien entendu. L'un se vanta d'avoir tué onze jeunes femmes, l'autre pensait qu'ils en avaient assassiné seize. Mais tout cela, ce n'était que du vent.

Mullinax, qui avait parlé à de nombreuses familles de victimes et été le témoin impuissant de leur chagrin, contempla avec répugnance l'individu assis de l'autre côté de la table dans la salle d'interrogatoire. Il savait qu'il mentait : il racontait n'importe quoi. Mullinax, qui se montrait en général si flegmatique, n'y tint plus : il prit le prisonnier par le col et articula entre ses dents : « Écoute-moi bien, espèce de salopard. Il y a des gens qui sont malades d'inquiétude, sans nouvelles de leur enfant. Tu n'as pas intérêt à faire le malin. »

Les deux taulards admirent qu'ils avaient tout inventé. Ils s'étaient dit que c'était un bon moyen de s'échapper, s'attendant à être extradés de Californie sous une faible escorte. Leur plan consistait à distraire l'un des enquêteurs afin que l'autre ait le temps de dérober la clé des menottes.

C'était un plan stupide. S'ils avaient été extradés, ils auraient été transférés à Seattle sous la garde de quatre personnes au moins, et ferrés non seulement aux poignets, mais encore aux chevilles !

Le tandem Matthias-Carbone ne fut pas le seul à ouvrir une piste qui se transforma vite en impasse. Les enquêteurs comptabilisaient plus de dix mille noms dans leurs fichiers, chacun nécessitant au moins un rudiment d'investigation. En octobre 1984, le programme informatique fut enfin opérationnel. Mais il avait coûté 200 000 dollars, et certains jugeaient le budget de la brigade (2 millions de dollars) disproportionné pour les résultats obtenus. Dans l'opinion publique comme dans les sphères politiciennes, on commençait à piaffer d'impatience et à accuser la police d'incompétence, d'autant plus qu'il ne s'était plus produit de disparitions depuis plusieurs mois, ce qui constituait à la fois un gage d'espoir et le signe que l'on n'allait peut-être jamais mettre la main sur l'auteur de cette effarante série de crimes.

33

Alors que l'on abordait une troisième année d'enquête avec des indices aussi minces qu'au départ, chacun à la brigade avait plus ou moins acquis, selon son tempérament et ses capacités, une sorte de « spécialité ». Dave Reichert, par exemple, qui avait sorti le corps de Debra Bonner des eaux de la Green River, continuait à passer au peigne fin les sites où l'on avait retrouvé les cadavres tout en s'efforçant de se mettre dans la peau de l'assassin, selon la méthode préconisée par Pierce Brooks. Bob Keppel, d'esprit plus analytique, s'était plongé dans l'océan de données et d'informations recueillies au fil du temps. Randy Mullinax, pour sa part, en plus de sa mission à l'investigation, servait d'interlocuteur privilégié aux familles des victimes.

Les uns et les autres travaillaient avec un acharnement remarquable, compte tenu de la mauvaise ambiance générale et du peu de soutien dont ils bénéficiaient de la part des pouvoirs publics.

À l'automne 1984, Frank Adamson avait fait passer un avis dans la presse, priant toutes les personnes s'aventurant dans les bois et la campagne, randonneurs, chasseurs, pêcheurs ou simples promeneurs, de garder l'œil ouvert au cas où elles tomberaient sur un objet susceptible d'éclairer la disparition de plus de quinze jeunes filles.

À la suite d'une méprise, un nom fut un temps rayé de la liste : celui de Mary Bello. Un policier d'Odessa, au Texas, était convaincu d'avoir vu une jeune fille correspondant au signalement de Mary dansant dans une boîte de nuit d'Odessa quelques mois après qu'elle eut été portée disparue. Il avait repéré le petit homard tatoué sur sa fesse. Par-dessus le marché, la danseuse se faisait appeler Roxanne Dunlap, ce qui avait été un des pseudos de Mary.

Cela dit, Mary n'avait pas téléphoné à sa mère depuis un an. Même si elle avait été droguée jusqu'aux yeux, il paraissait invraisemblable qu'elle ne donne pas signe de vie.

Le 12 octobre 1984, un homme qui cueillait des chanterelles et des morilles dans les bois au bord de la Highway 410, à douze kilomètres à l'est d'Enumclaw, non loin par conséquent d'un des sites connus du tueur de la Green River, découvrit éparpillés par terre un crâne et un tas d'ossements. Certains de ces restes appartenaient à des animaux, mais d'autres étaient bel et bien humains. Un périmètre de sécurité fut dressé dans l'heure, et la brigade se mit au travail, secondée par l'équipe de jeunes bénévoles qui à chaque nouvelle découverte venait prêter main-forte pour ratisser le terrain. Chaque fois qu'ils trouvaient quelque chose, ils le rangeaient dans un sac en plastique et indiquaient sur l'étiquette leur nom, la date et l'heure. Ils allèrent jusqu'à passer au tamis la terre, au cas où le tueur aurait laissé un indice, si petit soit-il. Ils vérifiaient le contenu des terriers, exhumaient des poils, des petits os, des objets brillants.

Bill Haglund, après avoir piétiné sous les arbres en salopette et grosses bottes en caoutchouc, rentra dans son labo et endossa sa blouse de médecin légiste. Grâce encore une fois à la denture, il put conclure que Mary Bello n'aurait jamais dû être rayée de la liste des victimes probables.

Le corps de Mary fut retrouvé un an jour pour jour après sa disparition, le 12 octobre 1983.

Deux officiers de police vinrent frapper à la porte de la caravane de la mère de Mary. Le chagrin de cette dernière fut immense. « Ma mère en est morte un mois après, me dira-t-elle au cours de l'interview qu'elle m'accorda. Je n'avais pas été une bonne mère pour Mary. Je pensais qu'elle finirait elle-même par avoir des enfants, et que je pourrais me rattraper en étant une bonne grand-mère. La nouvelle de sa mort m'a démolie. »

La mère de Mary me confia avec des sanglots dans la voix : « J'ai gardé les cendres de Mary chez moi. De les savoir là me réconfortait, tout en me rendant triste. Une de mes amies disait que c'était trop dur pour moi. Alors je suis allée au bord de la Green River et j'ai éparpillé ses cendres dans les tourbillons. On n'a pas organisé de funérailles proprement dites. Mes parents avaient peur du qu'en-dira-t-on. Mais, comme elle n'employait pas son vrai nom sur le trottoir, personne n'aurait pu deviner. »

Un mois plus tard, un troisième corps, après ceux de Debora Abernathy et de Mary Bello, fit surface sur le même site de la Highway 410. Le 14 novembre 1984, un chasseur découvrit le cadavre d'une jeune femme disparue en mai 1983 : Martina Authorlee.

Dans le fossé au bord de la grande route, les enquêteurs ramassèrent les pages gorgées d'eau d'une collection de revues pornographiques à tendance sadomasochiste et d'un livre de poche dans la même veine. Coïncidence ? Ou bien le tueur les avait-il laissés là en guise de pied de nez à ceux qui débarquaient une année après lui sur une piste froide ?

À l'époque de cette découverte, Dave Reichert et Bob Keppel ne se trouvaient pas dans le comté de King. Ils s'étaient envolés pour la Floride, chargés d'une mission digne du *Silence des agneaux*.

Ted Bundy, qui connaissait Bob Keppel pour l'avoir traité jadis avec mépris parce qu'il n'était alors qu'un jeune flic, un bleu, avait depuis lors ravalé sa morgue. Détenu dans le couloir de la mort du pénitencier de Raiford, il attendait son exécution pour le meurtre d'une fillette de douze ans, Kimberly Leach. À présent, il se considérait comme le grand « spécialiste » du meurtre en série, m'écrivant dans ses lettres d'un ton condescendant que je ne comprenais pas vraiment les tueurs en série et que j'avais tout faux sur le chapitre de leurs motivations et de leurs profils psychologique. Mais, bien entendu, il ne me révélait jamais rien de vraiment intéressant.

En attendant, le tueur de la Green River menaçait de battre les records de Ted Bundy, aussi bien du point de vue du nombre de ses victimes que par son aptitude à échapper aux autorités. Il est évident que la visite des deux enquêteurs de Seattle a dû galvaniser Bundy, lui donnant l'occasion de montrer qu'il était toujours le « roi des tueurs en série », doté d'une compréhension prodigieuse de la mentalité criminelle.

Il se disait aussi que, tant qu'il pourrait se rendre utile, il échapperait à la chaise électrique...

C'était Ted Bundy qui avait envoyé une lettre à Bob Keppel à l'automne 1984 : il souhaitait donner un coup de main dans l'affaire de la Green River. Frank Adamson avait aussitôt envoyé Keppel en compagnie d'un de ses meilleurs enquêteurs, Reichert, en Floride pour un entretien avec le célèbre tueur, mais il ne se faisait guère d'illusions : Ted Bundy n'avait sans doute guère plus à leur apprendre que les voyantes qui déliraient sur « l'eau, les arbres et les montagnes ».

La rencontre eut lieu les 16 et 17 novembre 1984 dans les entrailles de béton et d'acier du pénitencier. Dans ce que leur raconta Bundy, il y eut peu à prendre et beaucoup à laisser. Aussi curieux que cela puisse paraître, le monde des tueurs en série est tout petit. Ceux qui mènent l'enquête se connaissent entre eux, les tueurs eux-mêmes correspondent parfois. Bob Keppel et Bundy, le flic et le criminel, continuèrent à s'envoyer des lettres jusqu'au jour où vint le tour de ce dernier de s'asseoir sur la chaise électrique. Mais dans l'ensemble, ses propositions relevaient plus de la théorie que de la pratique ; en un mot, tout ce qu'il avait pu leur dire n'avait pas fait avancer d'un pouce l'investigation !

34

La nouvelle année 1985 commença sans bruit. Le 20 janvier tombant le jour où se jouait le plus gros match de football de l'année, Ronald Reagan accepta de reporter au 21 son discours d'investiture à l'aube de son deuxième mandat à la présidence des États-Unis.

Le tueur de la Green River ne faisant plus parler de lui, on pouvait craindre, étant donné le faible degré de collaboration entre les autorités des différents États, qu'il soit parti sévir ailleurs que dans le Washington. Les autres possibilités étant : il était mort, il était en prison ou bien un événement extérieur l'avait transformé au point qu'il avait mis un terme à sa vie de meurtrier – du moins pour le moment.

Car il faut se rendre compte qu'un tueur en série est en quelque sorte « intoxiqué ». Ted Bundy employait le mot de *shoot* pour décrire le moment de la mise à mort de sa victime. Leur *fix*, c'est de tuer. Et comme tout junkie, il leur faut « monter les doses », autrement dit tuer plus, et plus souvent.

En janvier 1985, le laboratoire du Dr Don Reay diffusa auprès de la brigade des détails supplémentaires au sujet des ossements encore anonymes, les boîtes classées *Bones*. Les os du bassin de la première victime de Star Lake montraient la trace d'une fracture, et, d'après l'examen de sa clavicule, on pouvait conclure qu'elle avait eu le bras disloqué. A priori, les enquêteurs se dirent qu'elle avait dû tomber en se débattant contre son agresseur. Mais la belle-sœur de Gail Mathews blêmit en lisant le rapport du légiste : Gail s'était fracturé le bassin dans un accident de canot à moteur en 1980. Bill Haglund se procura les radios effectuées à l'époque auprès de l'hôpital de Seattle et, en effet, elles correspondaient au bassin exhumé. Un lambeau de peau portant une empreinte partielle de la victime permit de confirmer qu'il s'agissait bien de la dépouille de Gail, cette jeune femme brune à la beauté exotique qui aurait pu devenir une bonne artiste si la vie ne lui avait pas joué un sale tour.

Le mari de Gail, qui avait la garde de leur petite fille, déclara que lors de la dernière visite de Gail, en mars 1983, ils avaient décidé de divorcer à l'amiable. « Elle ne savait plus très bien où elle en était. Elle n'avait plus de foyer et très peu de copines. Je pense qu'elle était très solitaire. »

Gail n'avait jamais été interpellée pour racolage, même si elle habitait au bord de la Pacific Highway. Sa famille avait attendu longtemps – un an – pour la déclarer disparue, pensant qu'elle avait seulement perdu tout contact avec eux et ayant vaguement cru aux rumeurs qui la disaient ici ou là.

Un mois plus tard, le 10 mars, un motard qui faisait du cross à travers champs à l'est de Star Lake arrêta sa moto et gagna les bois à pied afin de vérifier si le terrain était carrossable. Au fond d'une vallée étroite à versant raide coulait un ruisseau. Dans la glaise, tout en bas du talus, il aperçut un objet qui éveilla chez lui une curiosité mêlée de répugnance. Rond, recouvert de mousse. Un casque de footballeur ?

Préférant ne pas s'aventurer tout seul dans le sol bourbeux, il appela un de ses copains, qui tournait un peu plus loin sur sa propre moto. Les deux hommes, en glissant à moitié et en se cramponnant aux branches des arbres, réussirent à récupérer l'étrange objet. C'était bien ce qu'ils craignaient : un crâne humain.

Le lendemain, dès l'aube, la brigade était à l'ouvrage sous le regard d'une kyrielle de caméras de télévision. Pour les enquêteurs, tous les indices désignaient le tueur de la Green River.

La pluie avait transformé le fond de la petite vallée en un bourbier malodorant. Ils exhumèrent plusieurs os humains, sans doute éparpillés par des animaux : vingt-trois côtes, un os de bras, un fémur, deux clavicules. Ils fouillèrent les terriers et en retirèrent des os plus petits. Le crâne avait six dents manquantes sur la mâchoire supérieure, et huit sur la mandibule. Ils finirent par récupérer chaque dent.

Randy Mullinax aida Bill Haglund à emballer chaque pièce. Huit heures plus tard, de la salle même du labo, Haglund leur annonça qu'il avait identifié les restes. Carrie Rois, la jeune fille de seize ans qui avait un petit air à la Brooke Shields, était morte depuis très longtemps déjà.

Rien ne devait filtrer vers la presse, mais il fallait mettre sa mère au courant. Les enquêteurs Randy Mullinax et Mike Hatch se rendirent au bureau de Judy DeLeone. Ce n'était pas facile de lui annoncer la nouvelle, elle relevait à peine d'une grave dépression nerveuse, mais ils avaient décidé qu'elle ne devait surtout pas apprendre la mort de sa fille par la radio ou la télévision.

Lorsque Judy vit les deux enquêteurs entrer dans son bureau, elle sut qu'elle ne reverrait jamais Carrie.

Mullinax se chargea d'avertir Steve Rois, le père de Carrie. Lui non plus ne devait pas être informé par les médias.

Lorsque Mertie Winston, la mère de Tracy, qui avait soutenu le moral de Judy pendant des mois, apprit qu'on avait retrouvé les restes de Carrie, elle sentit ses jambes se dérober sous elle : si Carrie était morte, elle n'avait aucune chance de revoir Tracy en vie.

35

S'il fréquentait moins le Sea-Tac Strip, c'était pour de bonnes raisons. Pour commencer, en grandissant, son fils Chad devenait plus attentif à ce qui se passait autour de lui. Ensuite, il avait lui-même une vie sociale qui lui prenait de plus en plus de temps. Et enfin, il avait l'impression de ne plus avoir grand-chose à prouver : il était invincible, c'était un fait sur lequel il n'y avait plus à revenir.

L'association Parent sans partenaire, la PSP, qui lui fournissait une suite sans fin de partenaires sexuelles, organisait des réunions presque chaque soir de la semaine. En revanche, les femmes qu'il rencontrait sur son lieu de travail ne le trouvaient guère à leur goût. L'une de ces dernières, lors de l'entretien que j'eus avec elle, se souvenait parfaitement de lui.

– Je venais de prendre mon emploi, je ne sais plus, vers le milieu des années quatre-vingt, et il s'est approché de moi par-derrière et s'est mis à me masser les épaules. Ça m'a paru horriblement désagréable. À partir de ce moment-là, j'ai évité de me trouver seule avec lui. Je ne sais pas pourquoi il me faisait cet effet, mais c'était plus fort que moi.

Un peu plus tard au cours de la conversation, elle revint sur cette période :

– On bossait ensemble à l'atelier. Il me parlait jardinage et brocante. Il me racontait qu'il avait été marié, trois fois. Mais il était tout le temps à peloter les filles au boulot. Un jour, il a même reçu un blâme pour harcèlement. Il s'est montré outré. Il m'a même demandé si j'arrivais à croire une chose pareille ! Elle jugea bon de se taire.

Il adressait toujours la parole aux femmes qu'il croisait dans la rue près de chez lui. Il avait l'air plutôt gentil. La plupart de ses voisines étant des femmes mariées, elles le connaissaient à peine. L'une d'elles, cependant, Nancy, étant serveuse dans un bar sur la Pacific Highway, le voyait de temps à autre dans cet établissement. D'après elle, il buvait peu, en général une Budweiser ou une bière à la pression.

– C'était un type sans histoire, tranquille, plutôt sympa. Plusieurs fois, il m'a ramenée en voiture à la maison. Comme il ne buvait jamais beaucoup, je n'hésitais pas à monter avec lui... jusqu'au soir où...

Au lieu de la ramener chez elle, il lui demanda si cela ne la dérangerait pas trop qu'ils s'arrêtent une minute à son propre domicile. Nancy n'y vit pas d'objection. Il lui servit un verre de bière dans son salon. Après avoir bavardé de choses et d'autres, il mit sur le tapis l'affaire des meurtres de la Green River.

– Tout le monde en parlait à l'époque. Mais il était tellement sérieux, et bizarrement tendu... Il voulait savoir ce que je pensais du tueur. Je lui ai répondu qu'à la place de ces prostituées, j'essayerais de trouver un autre moyen de gagner ma vie. Il voulait aussi connaître mon opinion sur ces femmes et il m'a dit : « Vous ne trouvez pas que le monde va mieux sans elles ? »... C'est là que je me suis dit : oh, la, la, qu'est-ce que je fais ici ? J'ai répondu diplomatiquement qu'au moins ça nettoyait un peu les rues de la ville.

Il se lamenta alors sur l'incompétence de la police, d'une voix où perçait une sourde menace. Elle se rappelait l'avoir entendu prononcer cette phrase : « On se porte bien mieux sans ces filles qui salissent les trottoirs. »

Comme il savait que Nancy allait parfois consulter des voyantes, il lui demanda si l'une d'elles savait qui était le tueur de la Green River.

– J'ai rétorqué qu'elles y pensaient toutes beaucoup, mais que jusqu'ici aucune n'avait prononcé de nom.

Comme il insistait pour savoir pourquoi, elle précisa : « D'abord, la police ne les croirait pas. Ensuite, elles n'ont pas envie de mourir. »

Quand il la pria d'éclaircir ce dernier point, elle articula en pesant bien ses mots : « Les voyantes ont peur que la police ne soit pas capable de les protéger. » Après quoi elle dit qu'elle était fatiguée : pouvait-il la ramener chez elle maintenant ? Il eut l'air de se détendre un peu, mais ne fit pas mine de se lever. Il continua son interrogatoire. « Est-ce que vous pourriez vous prostituer ? » s'enquit-il en plongeant son regard dans le sien. Comme elle protestait d'un air scandalisé, il approuva avec un sourire un peu crispé, tout en ajoutant : « Est-ce que vous vous êtes jamais prostituée ? » Ce à quoi elle répondit du tac au tac : « Bien sûr que non, et vous ? ». « Quelle question idiote ! » soupira-t-il. Et elle : « Aussi idiote que la vôtre ».

Après cet échange, il se leva pour la ramener chez elle. Mais pendant le trajet, il évoqua de nouveau l'affaire de la Green River en déclarant que celui qui tuait ces filles rendait un fier service à la ville.

– Je lui ai rappelé qu'elles avaient des familles, parfois même de jeunes enfants. Il a répondu qu'elles n'avaient qu'à y penser avant de faire le trottoir et m'a demandé si je prenais leur parti. Selon lui, c'était un bon débarras aussi bien pour les parents que pour les enfants de ces traînées.

Quand Nancy s'exclama : « Vous pensez vraiment cela ? », il fit machine arrière en disant « Mais non, bien sûr, personne ne mérite de mourir. »

Au moment de se séparer, alors qu'elle avait la main sur la poignée de la portière, il lui confia qu'il avait été arrêté par le FBI et interrogé pendant huit heures à propos justement de l'affaire. Elle fut sidérée, car il semblait s'en enorgueillir. Il lui expliqua que la police avait trouvé le numéro de téléphone d'une des disparues dans son carnet d'adresses. C'était seulement celui d'une copine de sa sœur. Il paraissait calme tout d'un coup, comme s'il trouvait amusant d'avoir pu être soupçonné.

Rassurée, Nancy n'avait dormi ni mieux ni moins bien que toutes les nuits.

– Il se montrait toujours très prévenant, me tenait la porte, toujours poli... Quand, des années plus tard, j'ai vu sa photo dans le journal, je suis tombée des nues.

Mais en son for intérieur, elle fut rétrospectivement soulagée de lui avoir fourni, lors de cette lointaine soirée, les réponses qu'il attendait d'elle.

Deuxième partie

36

Après avoir quitté le domicile de Darla, en décembre 1981, il ne garda pas longtemps son statut de célibataire en mal d'amour. À l'arbre de Noël de Parent sans partenaire, il courtisa une certaine Sally. Lors de l'entretien que j'eus bien plus tard avec cette dernière, elle se souvenait de l'avoir senti troublé. Il marmonnait à mi-voix qu'il avait « presque tué une femme ». Elle pensa sur le moment qu'il avait failli renverser une passante avec sa voiture.

Sally ne s'inquiéta pas : en dehors de cette curieuse remarque, sa conduite lui parut normale. Elle sortit avec lui jusqu'en mai ou juin 1982, jusqu'au jour où une autre adhérente de la PSP lui confia qu'il lui avait « refilé un herpès génital » et qu'il fréquentait des prostituées. Sally ne fit ni une ni deux : elle annonça à son compagnon qu'elle rompait.

Cela ne le découragea pas, au contraire ; il continua à exploiter l'inépuisable mine de partenaires que représentait pour lui la PSP. Il finit même par se fiancer, fixant la date du mariage à juin 1984. Mais une fois de plus, il fut « largué ». En vérité, ses petites amies ne tardaient pas à s'apercevoir qu'il « voyait » d'autres femmes.

Son insatiabilité sexuelle était notoire. Toutes ses partenaires témoignèrent qu'il voulait avoir des rapports plusieurs fois par jour, de préférence en plein air, dans des situations toujours à la limite de l'exhibitionnisme. Leur fréquence les induisait souvent en erreur, et elles se croyaient ses seules dulcinées. Il leur fallait un certain temps pour s'apercevoir qu'il vivait dans une excitation sexuelle permanente. Et comme il n'avait pas l'air de tenir spécialement à elles, elles étaient promptes à le lâcher.

Début 1985, il rencontra une dénommée Judith. Comme lui, elle avait été déçue par l'amour. Après dix-neuf ans de mariage, elle avait quitté son mari parce qu'il était homosexuel et qu'il insistait pour ramener ses partenaires dans la chambre conjugale.

À quarante ans, elle était maladivement peu sûre d'elle. Sa famille souffrait de graves dysfonctionnements. Sa fille aînée, par exemple, gagnait sa vie « de façon illicite », mais elle n'osait même pas lui demander comment.

Judith partageait un appartement non loin de la Pacific Highway avec sa fille cadette, alors âgée de dix-huit ans, et une copine. Sa seule ambition dans l'existence, c'était d'être une bonne épouse, une bonne mère et une excellente femme d'intérieur. Avec l'espoir de se remarier un jour, elle adhéra à un club appelé Les Célibataires de Seattle, mais fut dépitée de n'y rencontrer personne d'intéressant. De toutes les manières, il y avait beaucoup trop de femmes dans ces clubs. Et le peu d'hommes qu'ils comptaient gravitaient plutôt autour de femmes plus jeunes et surtout plus minces qu'elle.

La colocataire de Judith la persuada de l'accompagner à une soirée de musique country donnée par une association de parents divorcés, la PSP. On était en février 1985. Un mois qu'elle n'oublierait jamais, car il bouleversa sa vie. L'homme lui déclara que l'entreprise pour laquelle il travaillait lui avait accordé quelques jours de congé pour son anniversaire.

Quand il ajouta qu'il travaillait pour le même employeur depuis quinze ans, elle resta coite ; personne de nos jours ne gardait un travail aussi longtemps.

Il prit soin de lui préciser qu'il était célibataire, propriétaire de sa maison, et que, même si son pick-up avait vu des jours meilleurs, il roulait et était aménagé en camping-car. Comme elle, il était amateur de musique country. Pour tout dire, il lui parut très sympathique... et il faisait attention à elle !

Il avait quatre ou cinq ans de moins qu'elle, mais cela ne semblait pas le déranger. Judith, qui avait rencontré son ex-femme, Dana, avant même de le connaître, avait la sensation qu'ils s'étaient séparés en bons termes. C'était bon signe, pensait-elle. Il la convainquit d'adhérer à Parent sans partenaire. Et bientôt, Judith fut elle aussi de toutes les fêtes de l'association.

Comme elle n'avait pas de qualification professionnelle, pour arriver à joindre les deux bouts, elle faisait des ménages. Mais au fond d'elle-même, elle rêvait de retrouver un foyer douillet. Sa fille aînée ne serait sans doute pas en train de mal tourner, se disait-elle, si elle avait les moyens de lui offrir une vraie vie de famille.

La générosité et la virilité de l'« ex » de Dana séduisirent Judith. Elle le trouvait charmant, même si nul ne se serait avisé de le qualifier de beau garçon. Elle aimait aussi son calme. Au début, elle ne le voyait qu'une fois par semaine aux réunions de la PSP. Puis il se mit à lui téléphoner. Il l'invita à dîner.

– On allait au McDonald sur la Pacific Highway, se rappellera Judith quand elle sera interrogée des années plus tard par les enquêteurs Sue Peters et Matt Haney. Je rentrais du boulot, et lui y partait, parce qu'il était de service de nuit. On mangeait notre hamburger en se tenant la main. Ensuite on allait chez lui ou chez moi. Mais ça, ce ne fut pas tout de suite. Non, pas tout de suite.

Judith n'était pas le style de femme à se glisser entre les draps du premier venu. Aussi attendirent-ils deux ou trois mois avant de coucher ensemble. Elle était encore traumatisée par le souvenir des hommes que son mari ramenait chez eux.

– Il était si doux, si attentionné... Un jour, on campait dans la montagne ou dans un parc avec des arbres, je ne sais plus. Ça s'appelait Greenwater, je crois. On dormait à la belle étoile et tout. Bon, on était assis à l'arrière de son camion et on bavardait. Je lui ai avoué que je n'avais pas l'habitude d'être désirée. Des trucs intimes, quoi. Et lui il était si gentil. Il ne m'a jamais brusquée.

Greenwater est, le long de la Highway 410 à l'est d'Enumclaw, une superbe région forestière traversée par la White River.

À mesure que le temps passait, Judith se sentait de plus en plus en sécurité avec lui. Elle était certaine qu'elle était pour lui la seule femme. Et, surtout, il n'était pas homosexuel ! Par ailleurs, sauf pour une petite bière par-ci par-là, il ne buvait pas ; elle ne l'avait jamais vu ivre.

Et puis ils avaient tant de choses en commun : ils aimaient assister à des concerts de musique country, chiner dans les brocantes. Et de son côté, elle le suivait volontiers dans les bois où il l'emmenait camper.

Chad, son fils, avait sa chambre attitrée quand il venait passer le week-end. Contrairement à Darla, elle n'appréhendait pas de devoir s'occuper de cet enfant plutôt turbulent. Pour sa part, il ne voyait rien à redire à son amour des chats. Sa propre mère, disait-il, en avait toujours eu. Judith avait l'impression qu'ils étaient faits l'un pour l'autre.

Il la présenta à ses parents, à ses frères. Les uns et les autres lui réservèrent le meilleur des accueils. À l'entendre, c'était une famille « bien sous tous rapports ».

Aucun hobby, aucun sport ne paraissait l'intéresser, hormis une petite partie de pêche de temps à autre. Il pêchait toujours quand ils partaient camper. Mais toujours avec elle. Il n'avait pas de copain avec qui il aurait entretenu une relation dont elle se serait sentie exclue. Ils faisaient tout ensemble. Les seules personnes dont il parlait, c'étaient ses collègues. Il était très fier de son métier de peintre en carrosserie.

Ce qu'il avait pris soin de lui cacher, c'était qu'il avait été appréhendé à plusieurs reprises par la police. Mais c'était avant de la connaître, dans une autre vie, en quelque sorte.

Des agents de police du port de Seattle l'interrogèrent le 29 août 1982. Garé au fond d'une voie sans issue, il se trouvait « en promiscuité sexuelle avec une prostituée » à une trentaine de mètres d'un site où l'on avait retrouvé les restes de plusieurs victimes. En 1983, Randy Mullinax l'interrogea après un nouvel incident du même type, puis, en avril 1984, Jim

Doyon, devant le Kentucky Fried Chicken de la Pacific Highway, après qu'il eut cherché à ramasser une fille. Il admit volontiers être un bon client de ces « dames », et alla même jusqu'à reconnaître qu'il avait un jour « pris en stop » Tina Tomson. Ces filles avaient de nombreux clients, il était l'un d'eux, et après ?

Mais lorsque l'enquêteur Ralf McAllister, de la brigade spéciale, l'appréhenda en février 1985, il n'aurait pas pu raconter à Judith qu'il n'était qu'un pauvre célibataire contraint et forcé d'assouvir ses besoins sexuels. Trois ans après les faits, Penny Bristow venait de rassembler assez de courage pour porter plainte pour agression sexuelle. Il n'était guère en bonne posture, mais il réussit quand même à s'en tirer. Matt Haney, qui se chargea de son interrogatoire, se vit répliquer, quand il l'accusa d'avoir tenté d'étrangler la jeune femme, qu'elle avait essayé de le mordre pendant une fellation et qu'il avait réagi comme n'importe quel homme : simple réflexe naturel !

Comme Penny ne voulait pas le traduire en justice, à défaut d'autre témoignage, ils durent le relâcher. Mais ce troisième incident le fit grimper au sommet de la liste des suspects.

Voici ce que Frank Adamson se rappelle de cette période : « On l'a pris en filature, on l'a surveillé, on l'a regardé en train de parler à des filles. On l'a observé en train de les reluquer. On a parlé aux filles, mais elles disaient toutes qu'il ne leur avait jamais fait de mal. Pourtant, il avait l'air sacrément intéressé. Mais nous ne pensions pas qu'il était le tueur. »

Lors de cet épisode, le nouvel amant de Judith accepta de passer un test au détecteur de mensonges. Norm Matzke, l'expert du bureau du shérif, estima qu'il n'était pas responsable des meurtres de la Green River. Son pouls ne s'accéléra pas, il ne transpira pas une goutte et sa tension artérielle ne bougea pas.

Quant à l'intéressé, il n'avait aucun doute sur son aptitude à tromper leur machine, mais il se jura néanmoins que la prochaine fois il refuserait de passer au détecteur de mensonge... Courageux mais pas téméraire !

En mai ou juin 1985, Judith accepta d'emménager chez lui. La maison avait beau être petite et remplie jour et nuit du vrombissement ininterrompu de la circulation sur la I-5, juste de l'autre côté du talus au fond du jardin, elle retrouvait un foyer, un intérieur à nettoyer, épousseter, briquer... Et lui se révéla un compagnon parfait ; il rentrait toujours tout droit de l'usine, et quand il faisait des heures supplémentaires, il ne manquait jamais de lui téléphoner.

Pendant des années, il ne serait en retard que très rarement, et seulement de trois ou quatre minutes.

Il était tellement prévenant qu'au lieu de demander à Judith de se lever pour lui préparer son petit déjeuner quand il partait de bonne heure, il se contentait de s'arrêter en chemin dans un snack. Il la laissait gérer la maison, n'oubliant jamais de lui confier son chèque en fin de mois.

Lorsque la fille cadette de Judith, son compagnon et leurs enfants en bas âge eurent besoin d'un toit le temps de se retourner, il proposa gentiment de les héberger. Elle connaissait peu d'hommes capables d'une pareille générosité. Elle pouvait compter sur lui. Même s'il ne manifestait pas le désir de lui passer la bague au doigt, cela arriverait forcément un jour.

En attendant, ils entretenaient une relation stable et heureuse. Ensemble ils campaient, regardaient la télévision et s'adonnaient à leur passion commune : la restauration de vieilleries qu'ils récupéraient ou achetaient pour une bouchée de pain dans les brocantes puis revendaient avec un profit minuscule. Judith était enchantée, son ex-mari ne lui ayant jamais permis de satisfaire son goût de la chine.

Judith et lui étaient fascinés par la quantité d'objets dont se débarrassaient les gens. Avec son fils Chad, « ils cherchaient quelque chose qu'ils pouvaient réparer ; un vélo, par exemple. On a eu plein de vélos. C'était génial, récupérer un vélo gratis, le retaper et le revendre à un môme qui en rêvait pour 5 ou 10 dollars. Et les jouets ! Combien il en a réparé pour les offrir à mes petits-enfants... ».

Ils arrondissaient les fins de mois en organisant des ventes dans leur jardin. Le week-end, leurs voisins finirent par s'habituer à voir, dès que la météo s'annonçait clémente, le panneau *Brocante* se dresser à côté de leur boîte aux lettres.

Pat Lindsay, un employé de la poste qui en 1981 lui avait vendu la petite maison au bord de l'autoroute et habitait encore le quartier, l'avait toujours jugé bizarre, mais il trouvait Judith sympathique. Il s'arrêtait pour bavarder avec elle quand elle présidait à ses ventes. « Ils avaient toujours des trucs en train, ou une nouvelle portée de chatons ; Judith adorait ses chats. Le plus curieux, c'est que ce type ne semblait jamais me reconnaître. Pourtant, je lui avais vendu sa maison, mais on aurait dit qu'il ne m'avait jamais vu. »

Un jour, avant l'emménagement de Judith, Pat avait parlé avec deux autres voisins à qui ce « drôle de type » avait demandé de l'aider à décoller la moquette de sa chambre. « Il leur a dit avoir renversé dessus un pot de peinture, il fallait qu'il la remplace. Ils lui ont prêté main-forte pour la charger sur le pick-up, mais il ne leur a pas expliqué comment il s'y était pris pour renverser autant de peinture dessus. »

Une fois la moquette dans le pick-up, rien n'était plus simple que d'aller la jeter à la décharge sur Orilla Road. Les voisins avaient remarqué un treuil amovible à l'arrière du pick-up, avec son rouleau de câble.

Bien entendu, Judith ne sut rien de tout cela. Ce qu'elle savait cependant, mais dont elle ne s'offusquait pas, c'est qu'il ne lui offrait jamais de cadeau. Il ne lui acheta même pas de bague. Elle dut confier au joaillier ses anciens bijoux en or pour qu'il lui en fabrique une nouvelle symbolisant sa nouvelle union.

À l'écouter, il semblerait que l'absence de ces petites preuves d'amour ne lui ait pas pesé : « On faisait tellement de choses ensemble en plus des brocantes... »

Grâce à lui, elle prit pour la première fois l'avion, pour se rendre à Reno. Elle découvrit les joies du camping dans les paysages d'une beauté féerique du Parc national de la forêt d'Okanogan. « Il a profité d'une semaine de congé. C'était génial. Il était la douceur même. »

Lorsqu'ils descendirent du vaste comté d'Okanogan par la spectaculaire North Cascades Highway, elle fut éblouie par le site grandiose du barrage de Ross, qui fournit le tiers de son électricité à Seattle.

En voyage à bord du pick-up, ils se parquaient en général dans des campings organisés, où ils avaient à disposition l'eau courante et l'électricité pour faire marcher leur barbecue.

Mais les agréments de la vie à deux ne suffisaient pas tout à fait à Judith. Après un ultimatum – « Je lui ai dit : après trois ans, tu ne vas pas te débarrasser comme ça de moi ! Épouse-moi ! » – ils finirent par se marier, le 12 juin 1988, dans le jardin d'une voisine. Judith étant très appréciée par les gens du quartier, les invités vinrent nombreux à la noce.

Ils ne tardèrent pas à acheter une maison plus grande à Des Moines. Comme ils avaient pris un crédit et qu'un seul salaire ne suffisait plus, Judith trouva un emploi d'opératrice de machine à coudre dans une usine qui fabriquait des tenues de plongeurs, puis de puéricultrice dans un jardin d'enfants. Quant à lui, il resta peintre en carrosserie. C'était un ouvrier méticuleux ; quand il rentrait à la maison, ses vêtements ne présentaient jamais une seule tache.

Les choses allaient bien pour eux. Judith était heureuse, et elle s'entendait à merveille avec sa belle-famille. Ce qui la souciait le plus, c'étaient ses filles, surtout l'aînée, qui avait immigré sur la côte est. Mais en toutes circonstances, elle savait qu'elle pouvait compter sur son mari.

37

Au cours des deux premiers trimestres de l'année 1985, rien ne bougea du côté de l'affaire de la Green River, ni en positif, puisque le coupable courait toujours, ni en négatif, puisque le flot des disparitions de jeunes filles semblait s'être tari. Tout le monde avait l'air de penser que le tueur avait quitté l'État et transféré ses sanguinaires activités ailleurs, ou bien, et c'était la version optimiste, qu'il était mort.

Dans tous les cas de figure, le tueur avait réussi à dérouter la brigade spéciale. Le 13 juin 1985, dans l'Oregon, non loin de Tigard, à quelque douze kilomètres au sud de Portland par la I-5, un terrassier chargé de dessoucher un terrain destiné à être replanté trouva ce qui lui parut être des ossements humains.

Appelés sur les lieux, les policiers du comté recueillirent un crâne, deux os de bassin, des côtes. Le crâne était troué. D'après l'institut médico-légal du comté de Multnomah, le trou avait été causé par une intervention chirurgicale remontant à plusieurs années.

Il s'agissait d'une femme d'une vingtaine d'années, noire, de taille moyenne, en tout cas pas plus grande qu'un mètre soixante. Selon le médecin légiste, cela faisait plus d'un an qu'elle avait été enterrée là. Le lendemain, grâce à sa denture et en collaboration avec le Dr Don Reay, à Seattle, elle fut identifiée comme étant Denise Bush, la fille qui faisait le trottoir à Seattle parce qu'on y « travaillait » mieux qu'à Portland.

Étrangement, on avait seulement récupéré le haut de son crâne, sa mandibule restant introuvable en dépit des recherches les plus minutieuses. Autre mystère : Denise ayant disparu en octobre 1982, si elle n'avait été enterrée là que depuis un an, où avait-elle été entre 1982 et 1984 ? La suite révélera que sa mandibule, ainsi qu'une partie de son crâne, étaient restées non loin de Tukwila et du Sea-Tac Strip. Pour quelle raison le tueur aurait-il coupé en deux sa tête pour enterrer les deux moitiés à trois cents kilomètres l'une de l'autre ? Pour brouiller les pistes ?

Le tueur affectionnait ces petits jeux macabres qui lui permettaient de défier les inspecteurs de la brigade. De nouveaux ossements furent mis au jour une semaine plus tard. Quatre enquêteurs montèrent jusqu'au site de Tigard : le chef, Frank Adamson, accompagné de Dave Reichert, Frank Atchley et Ed Streidinger.

Adamson avait accepté d'y rencontrer un adjoint du shérif du comté. « Alors qu'il était du pays, il a eu du mal à repérer le site, mais moi j'ai tout de suite su où il était : exactement comme les autres, ceux du Washington. Une aire de pique-nique au bord de la grande route. Hélas, une configuration trop familière. Je n'ai pas eu besoin de voir les véhicules de la police, je savais que c'était là. »

Le deuxième corps avait été enfoui deux ou trois années plus tôt. Il fallut une semaine pour l'identifier. Cette fois, le crâne était complet, mais ils ne trouvèrent qu'une côte, un morceau de bassin, un bras, une dent et un fragment de vertèbre. Lorsque son nom fut prononcé, un frisson d'horreur parcourut le petit groupe d'hommes et de femmes courbés sur le sol où avait été découverte la dépouille.

Sherley Sherrill.

Disparue non pas de Portland, mais de Seattle ; son assassin l'avait conduite – vivante ou, plus probablement, morte – jusque-là pour se débarrasser de son corps.

Deux jours plus tard, d'autres restes firent surface tandis qu'ils retournaient la terre sur toute la zone environnante. Deux squelettes. Ils étaient tombés sur un autre « dépotoir ». Ces squelettes, impossibles à identifier, furent respectivement classés *Bones 7* et *Bones 8*.

À l'orée du terrain, dès la nuit tombée, une enseigne au néon se mit à clignoter : JIGGLES – un bar topless. En juin 1985, le sens de ce panneau singulier paraissait encore obscur.

Officiellement, le nombre des victimes de la Green River se montait à présent à vingt-six. Dix-huit avaient été identifiées. Comme les dernières avaient été transportées au-delà de la frontière de l'État du Washington, dans l'Oregon, le 28 juin 1985, le FBI fut mêlé à l'enquête.

Après un été sans autre événement marquant, début septembre, il se passa quelque chose qui poussa les enquêteurs à se demander si le tueur n'avait pas déplacé son centre d'opération. Sans doute trouvait-il que cela sentait trop fort le brûlé à Seattle.

Toujours est-il que, le 4 septembre, deux adolescentes grimpèrent à bord d'un car Greyhound à destination de Portland. Moïra et Kitty (par discrétion, je ne citerai pas leurs patronymes) ; quinze et seize ans. Fraîchement sorties toutes deux de cure de désintoxication, elles avaient décidé de faire route vers le sud. En dépit de leurs joues rondes et de leur peau de pêche, elles connaissaient les côtés noirs de la vie.

À peine débarquées à Portland, elles furent repérées par la police, qui les emmena au poste pour vérifier si elles étaient recherchées. Kitty resta derrière les barreaux, mais, le nom de Moïra étant inconnu au bataillon des fugueuses, elle fut reconduite à la gare routière. Fatiguée, fauchée, elle passa plusieurs appels en PCV à des michetons à Seattle. Voyant que personne n'était disposé à lui venir en aide, elle engagea la conversation avec un type qui disait s'appeler BB. Ils se partagèrent une ligne de coke, puis Moïra fit le trottoir pendant trois heures, le temps de ramasser de quoi se payer une chambre de motel. Moïra dormit toute la nuit et une partie de la journée du lendemain.

Le 5 septembre, elle déambulait sur la chaussée d'Union Street vers 22 heures en compagnie d'une autre fille. Les affaires ne marchaient pas très fort. Vers minuit, un type lui colla un couteau sous la gorge, mais elle réussit à lui échapper ; à 3 heures du matin, elle se disputa avec le fameux BB. Elle n'avait toujours pas assez d'argent pour le motel. Une heure plus tard, elle était toujours dans la rue.

Un taxi bleu avec une enseigne lumineuse sur le toit et la portière ornée du logo d'une compagnie connue se gara le long du trottoir devant Moïra. Le chauffeur lui lança : « Tu suces ? »

Ils se mirent d'accord sur le prix d'une fellation : 20 dollars. En roulant, comme elle était de nature observatrice, elle détailla l'intérieur du taxi : un tableau de bord bleu marine, des banquettes en Moleskine bleues avec appuie-tête, une boîte automatique, un compteur à l'ancienne avec petit drapeau blanc, et un paquet de Benson & Hedges posé sur la boîte à gants. Elle n'avait pas peur.

Après avoir garé son taxi sous un pont, l'homme tendit un billet de vingt à Moïra, qu'elle glissa dans sa botte droite. Elle ne prenait pas la pilule, mais elle avait toujours sur elle des préservatifs. Comme elle se courbait vers lui, il la saisit par les cheveux de la main droite et la menaça d'un couteau de la gauche. « Obéis, ou je te bute », souffla-t-il. Elle n'opposa pas de résistance ; il lui attacha les mains dans le dos avec du ruban-cache. Puis il scotcha ses bras à son torse au niveau des coudes. Après quoi il l'obligea à s'agenouiller dans le taxi et prit l'autoroute vers le nord, puis vers l'ouest.

Quand elle lui demanda ce qu'il comptait faire d'elle, il répondit : « Ce que je veux. Obéis, et tu auras la vie sauve. »

Ils roulèrent jusqu'à l'aube. À un moment donné, elle entendit des graviers crisser sous les pneus du véhicule qui ralentissait : ils se garaient sur une aire de repos. L'homme se pencha pour plonger sa main dans la botte droite de la jeune fille : il voulait récupérer son fric.

Il descendit de voiture, ouvrit la portière côté passager, la fit sortir de force dans le froid, agrippa le devant de sa robe en laine et la souleva jusqu'à sa taille. À force de tirer sur le tissu, il détacha le ruban qui lui collait les coudes au corps. Mais elle avait toujours les poignets attachés. Il lui arracha sa petite culotte, ses collants, son soutien-gorge. Elle était nue hormis la robe roulée sur ses reins.

Il la poussa contre le coffre de la voiture et la viola. Puis il la souleva, lui donna deux coups de poing dans la figure et, voyant qu'elle s'évanouissait à moitié, de rage, il cogna de nouveau, cette fois sur sa colonne vertébrale.

Elle saignait. Le violeur était furieux de s'être sali les mains avec son sang. Il monta dans son taxi, prit un chiffon et l'essuya. Elle resta très tranquille, allongée par terre, dans l'espoir qu'il s'en irait en la laissant là. Mais il resta assis à son volant pendant ce qui lui sembla une éternité.

Quand il revint vers elle, il s'était changé : il portait à présent une salopette en Nylon bleue avec une poche zippée en travers. Méthodique, il la libéra des rubans adhésifs qui lui immobilisaient les poignets et termina de déchirer sa robe. Il voulut l'étrangler avec son collant, mais, ces derniers se déchirant aussi, il jura et sortit de sa poche arrière un bandana bleu, qu'il plaça autour de son cou. Le bandana craqua à son tour.

Moïra confiera à l'agent du FBI qu'elle avait « fait la morte ».

– Il est allé se rasseoir dans la voiture. Au bout d'un moment, il est revenu prendre mon pouls. Puis il m'a dit : Je vais devoir te tuer. Sinon tu vas cafter.

Elle continua à lui opposer une force passive. Il traîna par les pieds son corps nu sur plus de vingt mètres de cailloux et d'herbes piquantes, jusqu'au bord d'un ravin.

– Un trou d'au moins dix mètres de profondeur, et il m'a poussée là-dedans. Mais je n'ai pas bronché, je suis restée toute molle, comme si j'étais morte. J'ai roulé jusqu'à mi-pente, puis quelque chose a arrêté ma chute. Un arbre, je crois.

Le violeur attendit quelque temps en fumant une cigarette, puis il descendit jusqu'à elle. Il tâta de nouveau son pouls. Sans doute dut-il percevoir les battements de son cœur, car il la poussa encore une fois violemment. Elle atterrit au fond du ravin dans la position du fœtus. Elle ne bougeait toujours pas. Du coin de l'œil, elle voyait le rougeoiement de la cigarette qu'il venait d'allumer. Mais il n'en avait pas fini avec elle.

– Il m'a enfoncé son couteau dans la poitrine, d'un grand coup. Des deux mains, j'ai réussi à sortir la lame, mais là, j'étais vraiment dans les choux. Quand j'ai senti qu'il prenait mon pouls, j'ai retenu ma respiration.

Il remonta la pente et grilla encore une cigarette. Puis il redescendit une dernière fois en faisant gicler des cailloux sur le corps nu adhérant à la boue. Elle se demandait si elle n'était pas en train de mourir. Comme il ne décela pas de signe de vie, il fit rouler un gros bidon d'huile devant son corps, sans doute pour la dissimuler de la route. Mais il changea d'avis, et se contenta d'arracher une brassée de hautes herbes pour l'en recouvrir.

Elle n'entendit pas le moteur de sa voiture quand il démarra, ni le crissement des pneus sur les gravillons. Elle s'imaginait qu'il était toujours là, au-dessus d'elle, l'observant dans le noir, prêt à fondre sur elle. Le ciel s'éclaircit peu à peu, elle entendit des trains siffler. Trois, tous les trois se dirigeant vers l'ouest. C'est ce qui lui permit de se repérer : elle se trouvait dans la Columbia Gorge, quelque part près des chutes de Horsetail.

Quand le soleil commença à être haut dans le ciel, Moïra entreprit de sortir en rampant du ravin. Il y avait une voiture garée sur l'aire de repos, mais ce n'était pas un taxi bleu. Ses premiers mots furent : « On m'a poignardée et on m'a violée, et c'est un chauffeur de taxi le coupable ! »

Après plusieurs jours d'hospitalisation à Portland, Moïra travailla avec la police pour élaborer un portrait-robot de son agresseur. Il ressemblait de façon frappante à un dessin que tenait déjà la brigade à Seattle.

L'ennui, c'était que les quatre autres portraits-robots ne se ressemblaient pas entre eux. Le premier représentait une figure longue qu'allongeaient encore des cheveux longs style hippie. Sur le deuxième, on voyait un visage large aux courts cheveux frisés. Un troisième le montrait avec les cheveux raides coiffés en avant et la peau acnéique. Sur le dernier, il avait un long cou et louchait.

D'après Moïra, il avait entre vingt-cinq et trente ans, environ un mètre quatre-vingts, mince, cheveux mi-longs châtain clair, yeux bleus, et des boutons sur la figure. Plus une fine moustache.

À voir ces différentes esquisses, on pouvait se demander si le tueur de la Green River n'était pas un maître du déguisement.

Pour ma part, ce qui était arrivé à Moïra me rappelait une histoire racontée par une des nombreuses femmes m'ayant appelée au téléphone ces dernières années. Cela s'était passé dix ans plus tôt, comme pour Moïra, dans un ravin.

Voilà comment mon interlocutrice, dénommée Cheryl, me présenta son affaire :

– J'avais dix-neuf ans. On était en 1975. Après mon divorce, j'avais eu l'impression que je ne pouvais rien faire d'autre pour gagner ma vie. Je travaillais dans un endroit au centre de Seattle qui s'appelait Artistes et Modèles. Mais je n'avais pas de proxénète. Je ne connaissais pas très bien la ville... Et ce garçon, car il avait à peu près mon âge, m'a abordée en voiture. Avant de monter, j'ai vérifié la poignée pour m'assurer qu'elle n'était pas verrouillée de l'intérieur. Un réflexe. Tout allait bien. Mais au bout de vingt minutes, il me vint des doutes. Il ne m'adressait pas la parole, il n'allumait pas la radio. C'est alors que je me suis dit que j'avais commis une grave erreur...

« On était sortis de l'autoroute et on roulait dans la campagne. À un moment donné, il a tourné sur un chemin de pierre, une espèce de sentier qui n'avait pas l'air très fréquenté. Dès qu'il s'est arrêté, j'ai ouvert la portière et je me suis sauvée. En courant, j'ai glissé dans un ravin. Je me suis cramponnée aux herbes et aux plantes avec le vide sous mes pieds...

« Lui, il est resté là-haut à me chercher du regard dans le noir. Je voyais sa silhouette se découper sur le clair de lune. Il avait le pied posé sur son pare-chocs arrière et fumait une cigarette. Tranquillement, c'était incroyable, il n'était pas nerveux du tout. Puis il a dit : "Viens, remonte, je ne te ferai aucun mal." J'avais une peur bleue mais quelque chose dans sa voix m'a rassurée. Je lui ai obéi et je suis remontée dans sa voiture. Et il m'a reconduite jusqu'au coin de ma rue.

Plusieurs années après cette conversation téléphonique, quand on lui présenta la photographie du tueur, elle le reconnut sans hésitation, surtout de profil, ce profil qu'il lui avait présenté au volant de sa voiture pendant cette terrifiante expédition.

Ce qui l'étonnait le plus, c'était qu'il ne l'ait pas tuée !

L'expérience avait en tout cas été assez traumatisante pour l'inciter à changer de vie. Elle quitta les trottoirs de Seattle pour reprendre ses études secondaires à Portland, et s'inscrivit par la suite dans une école professionnelle, tournant définitivement le dos à la prostitution.

Deux jours après l'échappée belle de Moïra, le 8 septembre, on retrouva dans la banlieue de Seattle la dépouille d'une jeune fille qui n'avait pas eu sa chance.

Lors d'une sortie de classe à Seward Park, un terrain boisé qui s'avance comme un gigantesque pouce au milieu du Lake Washington, le professeur qui accompagnait ses élèves s'empressa de leur cacher ce qu'il avait aperçu par terre : un crâne humain, aussi lisse qu'un galet.

Seward Park était jusqu'ici le site le plus urbain choisi par le tueur pour enterrer ses victimes. L'équipe de recherche de la brigade passa le parc au peigne fin et trouva un squelette entier sous les branches basses d'un sapin. En revanche, il n'y avait nulle part la moindre trace de vêtement.

Il s'agissait des restes de Mary West, cette adolescente de dix-sept ans qui avait caché une grossesse déjà avancée. Elle avait disparu le 6 février 1984. Sans doute attendait-elle d'être retrouvée depuis dix-huit mois dans ce paysage ravissant.

38

La cote de popularité de la brigade spéciale de la Green River continua à accuser une nette instabilité. Après la subvention fédérale de 1 million de dollars allouée en novembre 1985, tout le monde s'attendait à une arrestation imminente. Quand l'affaire tarda à être bouclée, dans les milieux politiques, on se mit à bougonner. En outre, l'officiel du comté de King qui les avait soutenus, Randy Revelle, fut remplacé par Tim Hill, lequel, pour sa part, n'avait pas l'air disposé à porter à bout de bras une investigation n'ayant abouti à rien.

Quant au FBI, il s'employa à dresser un nouvel organigramme où Amina Agisheff venait toujours en tête de liste des victimes, disparue le 7 juillet 1982, et, en dernier, Cindy Smith, aperçue pour la dernière fois le 21 mars 1984. On comptait parmi les mortes vingt-six Blanches, dix Afro-Américaines, une Hispanique et une Asiatique.

Le rapport du FBI stipule que « toutes les victimes ont été tuées par strangulation manuelle ou au lien ». « Une des victimes probables, qui a survécu à son agression, Moïra Bell, a été poignardée à l'abdomen en plus d'avoir été étranglée. »

Cette fin d'année 1985 fut une ère de bilans. On passa aussi les sites en revue. On avait par exemple trouvé autant de victimes au cimetière de Mountain View qu'à Star Lake. On avait découvert un autre morceau de crâne le 15 décembre, et des ossements le 30 décembre, et encore des ossements les 3 et 4 janvier 1986. D'après le Dr Don Reay et Bill Haglund, ces corps étaient respectivement ceux d'une jeune femme noire d'une trentaine d'années, et d'une adolescente blanche de dix-sept ans.

Y aurait-il jamais une fin à ces horreurs ?

La brigade reprit le chemin du cimetière de Mountain View, dans la banlieue d'Auburn, parce qu'un fossoyeur avait remarqué une vieille Lincoln Continental dans un ravin au milieu des bois en contrebas du cimetière. Après enquête, il fut établi que c'était une voiture volée. Hélas, il aurait été top beau qu'elle ait appartenu au tueur. Elle avait été volée devant un bar de Tacoma, au propriétaire dudit bar, lequel n'avait manifestement rien à voir avec la série de meurtres. Quant au voleur, il court toujours.

Alors que les enquêteurs parmi les plus talentueux du Nord-Est des États-Unis consacraient depuis trois ans et demi tous leurs efforts à la résolution de ces meurtres, que 8 millions de dollars avaient été investis dans l'enquête, on ne tenait même pas un début de piste, rien !

Dix agents du FBI furent assignés à l'affaire. Ces brusques renforts vinrent galvaniser les énergies. Frank Adamson, dans un regain d'espoir, déclara que 1986 serait l'année où le tueur de la Green River serait arrêté et traduit en justice.

Moi-même, devant pareil déploiement de forces et de compétences, j'étais persuadée que l'issue était proche. J'allai jusqu'à déclarer au début de l'année 1986 : « Je suis convaincue qu'on l'attrapera avant Thanksgiving, même peut-être avant Pâques. » J'aurais dû surveiller davantage mes paroles.

À peine remis d'une méningite qui avait failli avoir raison de lui, le profileur du FBI, John Douglas, refit un séjour à Seattle en janvier et février 1986. Sa deuxième analyse, au vu des nouveaux faits, n'était pas tellement différente de la première. Un homme en bonne forme physique, qui aimait la vie au grand air, qui buvait et fumait. « Il n'est pas très ordonné », disait-il. Sans doute un type qui rôdait la nuit dans des véhicules tout ce qu'il y a de plus ordinaire. Il gardait des souvenirs et des trophées de ses crimes, et découpait les articles les concernant dans le journal. Grâce à ces supports, il revivait les émotions attachées à ces moments-là.

Quel âge pouvait-il avoir ? D'après Douglas, entre vingt et trente ans. « Mais ce genre de meurtrier ne se lasse pas. Il y a trop de colère dans sa façon de procéder... Il ne cessera pas de tuer avant d'être arrêté. »

À la brigade, chaque enquêteur avait son suspect préféré. Frank Adamson s'obstinait à surveiller de près trois hommes qui lui paraissaient de bons candidats. Chaque fois ou presque qu'il se déplaçait en voiture pendant la journée, il se débrouillait pour passer devant chez eux. Ils habitaient tous trois non loin de la Green River ou de la Pacific Highway. Le premier était ce fermier pervers qui avait retenu captive une jeune prostituée et collectionnait les photos dites de charme. Le deuxième était un familier du Strip qui avait été interrogé à de nombreuses reprises. Le troisième était un trappeur, un homme des bois, qui vivait lui aussi non loin de la grande route.

Adamson ne vit jamais rien de louche en passant devant chez eux en voiture. N'empêche, il les tenait à l'œil, au cas où ils essaieraient de quitter l'État. Début 1986, il confronta ce qu'il savait d'eux au profil établi par John Douglas.

Voici ce qu'un deuxième profileur, cette fois privé, John Kelly, finit par conclure au sujet du plus vieux des trois hommes, le fermier Ingmar Rasmussen : « C'est un vieux loup solitaire, il aimerait avoir la compagnie d'une femme, qu'on soit aux petits soins pour lui ; il a même passé une annonce. En même temps, il a un tempérament casanier, il se sent en sécurité derrière les murs de sa ferme. Je pense qu'il est mieux là que dans les bois... Il est bien trop conservateur et matérialiste pour s'aventurer dans la nature avec un cadavre sur les bras. Si c'était un tueur, les filles ne seraient jamais sorties de chez lui. »

Le deuxième suspect d'Adamson, l'individu libidineux qui passait ses soirées à loucher sur les filles sur la Pacific Highway, avait certes admis qu'il avait à moitié étranglé celle qui l'avait « mordu ». Mais d'après Kelly, ce n'était pas lui non plus. « Il a un emploi à temps plein, aux horaires trop réguliers. À mon avis, le tueur a forcément un travail qui l'amène à côtoyer tout le temps les sites qu'il a choisis pour se débarrasser des corps. L'énergie qu'il lui faut pour repérer, enlever, tuer, transporter et *jeter* ses victimes est incompatible avec ce genre d'emploi du temps. »

Le préféré de John Kelly se révéla être le trappeur. Non seulement ce dernier, parce qu'il chassait et pêchait, était chez lui dans les bois et au bord de la Green River, mais aussi les épreuves qu'il avait traversées enfant pouvaient avoir suscité chez lui une colère inapaisable. Sa mère avait apparemment aimé plus la bouteille que son fils. Elle l'avait abandonné à certains moments pour le reprendre à d'autres en le laissant, par exemple, dormir dans son lit et assister à ses ébats avec ses amants.

A priori, on se disait que ce type, que j'appellerai Barney Tikkenborg, était dangereux. D'autres trappeurs, qui n'étaient pourtant pas des agneaux, s'étaient même plaints de lui, en disant qu'il tuait des chiens et prenait plaisir à tester de nouvelles méthodes de mise à mort : piège, fusil, garrot, couteau... pic à glace.

En vérifiant dans la banque de données à présent disponible sur l'ordinateur de la brigade, Adamson fut étonné de constater que deux autres personnes avaient appelé le standard pour faire part de leur inquiétude au sujet de ce Tikkenborg. L'un de ces informateurs, qui avait travaillé pendant huit ans en qualité de maçon – le deuxième métier de Tikkenborg –, avait raconté qu'il passait beaucoup de temps à courir les bois. « Il est d'une force exceptionnelle. Il est capable de courir aussi vite à reculons qu'en avant. Et rien ne lui plaît plus que de tuer des animaux. Un jour, il a ouvert devant moi une trousse de chirurgien avec toutes sortes de scalpels. Il découpe les fœtus dans le ventre de ses proies. »

Tikkenborg lui avait aussi montré des livres et des revues d'anatomie humaine, dont certains exposaient différentes méthodes de mise à mort. Cela rendait d'autant plus inquiétant le fait qu'il ramassait des prostituées dans les rues, d'autant qu'il avait l'air de considérer toutes les femmes comme des objets.

La nuit, il tournait sur le Strip au volant d'une camionnette à bord de laquelle il transportait une lumière clignotante rouge, ainsi qu'une paire de menottes et un insigne de shérif. Lors de son arrestation, il déclara les avoir volés dans une voiture de patrouille d'Auburn.

D'après ses collègues de travail, il arrivait souvent le matin après une nuit de trappe en sentant très mauvais. Un jour, il revint avec un mannequin de vitrine qu'il avait soi-disant trouvé dans les bois. Il le rangea dans sa camionnette, sous une bâche, et de temps en temps, lui donnait quelques coups de scalpel.

Interrogé par la brigade, le garde-chasse du département de l'environnement affirma qu'il connaissait fort bien Barney Tikkenborg. De 1976 à 1981, il avait déposé cent vingt-cinq demandes d'exploitation de pistes de trappeur. Il avait été l'un des quatre trappeurs à fréquenter les abords de la Green River à cette époque.

Le garde-chasse précisa que les autres terrains de trappe de Tikkenborg se situaient non loin d'Enumclaw, de North Bend et de l'aéroport de Seattle-Tacoma. La loi l'obligeait à tenir un compte détaillé de ses prises. « Tikkenborg dresse des listes de façon obsessionnelle. De 1979 à 1980, par exemple, il a tué cent trois chats et soixante-dix chiens. »

En 1978, le trappeur avait été appréhendé sur Mercer Island, où le piégeage est interdit. Il avait collé des décalcomanies sur les portières de son pick-up vert afin de se faire passer pour un garde-chasse. On le menaça de saisir toutes les peaux obtenues en dehors de la saison du piégeage. Et, à la stupéfaction générale, Tikkenborg fondit en larmes.

Une enquête sur ses antécédents familiaux n'arrangea pas son cas. Il avait été élevé par sa mère, divorcée quatre fois, qui sous prétexte qu'il était un enfant hyperactif et qu'il avait failli se noyer en courant sans surveillance dans le quartier, avait trouvé un moyen de l'obliger à rester à la maison : elle l'habillait en fille. Le gamin était tellement gêné qu'il n'osait plus mettre le nez dehors.

À force d'interroger tous ceux qui connaissaient de près ou de loin Tikkenborg, les enquêteurs finirent par soutirer à l'un des trappeurs un détail intéressant : il leur indiqua les lieux exacts où le suspect posait ses pièges. Ils s'aidèrent aussi des carnets de Tikkenborg, où celui-ci notait avec un soin maniaque les coordonnées de chaque piège par rapport au bornage des routes.

Les enquêteurs traversèrent ainsi des terrains qui leur étaient, hélas, trop familiers. La périphérie d'Enumclaw, à quelques kilomètres seulement de l'endroit où l'on avait retrouvé les corps de Debora Abernathy, Mary Bello et Martina Authorlee. Ils arpentèrent ensuite les bords de la Green River, à quatre cents mètres de là où l'on avait découvert le cadavre de Wendy Coffield. Ensuite vint le tour du cimetière de Mountain View et de Star Lake Road, où Tikkenborg avait, selon le témoin, posé ses pièges dans le ravin.

Les indices s'accumulaient, le profil se confirmait. Pour la première fois, Frank Adamson se dit qu'ils touchaient au but. Cet espoir se mua en conviction lorsqu'un agent du FBI qui venait d'une famille de trappeurs lui décrivit la technique de conservation provisoire qui consistait à lester de cailloux une proie pour la maintenir immergée dans l'eau froide. « Il leur arrive d'insérer des cailloux plus petits à l'intérieur d'une dépouille pour s'assurer que le courant ne l'emportera pas. »

Comme il fallait s'y attendre, la presse eut vent de l'affaire. Un reporter d'une radio de Seattle, ayant remarqué que la brigade avait mis Barney Tikkenborg sous haute surveillance, vint trouver Frank Adamson pour lui demander des explications. Le chef de la brigade le supplia de ne pas parler sur les ondes des soupçons qui pesaient sur le trappeur – cela pourrait donner le temps à ce dernier de se débarrasser de pièces à conviction. Car ils n'avaient pas encore obtenu de mandat de perquisition.

Le journaliste promit de se taire, à la condition qu'Adamson lui réserve l'exclusivité de l'arrestation de Tikkenborg. Dans le seul but de maintenir à distance la tornade médiatique, le policier acquiesça.

– J'avais parlé d'arrestation, se rappellera Adamson, et il a cru que j'allais le prévenir dès que j'aurais le mandat. Je n'étais même pas sûr de l'obtenir. Ce fut un malentendu.

Le 6 février, les agents du FBI Duke Dietrich et Paul Lindsay, et les inspecteurs Matt Haney et Kevin O'Keefe s'en furent de bon matin interroger la mère et le beau-père de Barney Tikkenborg, pendant qu'au QG de la brigade Frank Adamson faisait une demande écrite de mandats de perquisition au domicile de la mère du trappeur, des deux pick-up et d'un troisième camion garé chez la belle-mère du trappeur, que celui-ci avait découpé au chalumeau et brûlé.

Ce que recherchaient les enquêteurs ? Des vêtements féminins, des papiers, des armes, des coupures de journaux, des photos des victimes de la Green River ; cheveux, fibres textiles, particules de sang, empreintes, toutes traces ou indices pouvant prouver la culpabilité du suspect. Adamson avait ajouté à cette longue liste toute une série de prélèvements de particules de peinture et de bois afin de les comparer avec celles que l'on avait retrouvées sur les sites.

En l'occurrence, la mère et le beau-père de Tikkenborg n'exigèrent pas de mandat. Ils signèrent sans difficulté une autorisation de perquisitionner. Ils répondirent aux questions des inspecteurs avec la meilleure volonté du monde.

L'entretien que les inspecteurs Dietrich et Haney eurent avec le beau-père jeta une tout autre lumière sur le personnage du trappeur. Certes, c'était quelqu'un de plutôt renfermé et il n'avait pas toujours eu de la chance avec les femmes. Son premier mariage n'avait duré qu'un an : son épouse était partie avec un autre. Après cette déconvenue, il avait passé une année entière à chasser et pêcher en Alaska. À son retour, il s'était remarié, avec une Canadienne, la fille de l'épouse de son père à l'époque. Mais comme il fut arrêté pour cambriolage, elle le plaqua à son tour. Il se maria une troisième fois, et cette fois eut un enfant, une fille. Tous trois vivaient dans la banlieue de Seattle, où il était maçon. De temps en temps, on l'arrêtait pour cambriolage, il faisait un peu de taule et revenait reprendre le fil de sa vie. Sa troisième épouse le quitta pendant qu'il était derrière les barreaux.

Il s'était marié une quatrième fois et n'avait toujours pas divorcé. Le couple habitait la périphérie de Kent. Ils semblaient s'entendre plutôt bien. « Elle ne se laisse pas faire », déclara le beau-père de Tikkenborg, qui ne se rappelait pas l'avoir connu fréquentant des prostituées. Il avait à une ou deux reprises fait allusion à l'affaire de la Green River, mais comme ça, en passant, comme tout le monde. « Un jour, il a dit qu'il y avait un cinglé en liberté. On en a parlé cinq minutes. »

Cet homme considérait en outre d'un œil indulgent les activités de trappeur de son beau-fils. Il gagnait de jolies sommes grâce à ses lignes de trappe, posant parfois jusqu'à trois cents pièges à la fois. « À l'en croire, si personne ne les attrapait, ces bestioles proliféreraient au point de devenir de véritables fléaux. » Il précisa à ses interlocuteurs qu'il piégeait des rats musqués, des blaireaux et des chats sauvages dans les bois, des ratons laveurs autour de l'aéroport et des coyotes près d'Enumclaw.

Lorsque Dietrich lui demanda comment il les tuait, il répondit : « En leur plantant un pic à glace dans la nuque ou en leur écrasant la poitrine. » Il ajouta qu'il avait une fois essayé avec un pistolet, mais qu'il avait jugé cette arme trop bruyante. Le beau-père savait qu'il avait abattu des chiens dans les bois pour qu'ils ne viennent pas se prendre dans ses pièges et *gâcher le travail*. Mais chez lui, il avait des chiens et des chats qu'il traitait bien. « Il m'a dit que tuer des chiens dans les bois, c'était du business. »

Quant à ce qui touchait à son enfance, il affirma que sa femme n'avait mis une robe de robe à Barney qu'une seule fois, pour lui apprendre à ne pas descendre tout seul au ruisseau, où il venait presque de se noyer.

Dans l'ensemble, il estimait que son beau-fils était un brave gars. « S'il était le tueur de la Green River, ce qui m'étonnerait beaucoup, il le dirait ! »

Frank Adamson obtint son mandat de perquisition pour la maison et les véhicules de Tikkenborg. Quelques heures seulement après les entretiens avec la mère et le beau-père, la maison du fils grouillait de flics et d'agents du FBI.

Au même moment, Barney Tikkenborg fut appréhendé alors qu'il rentrait d'un chantier. Coincé entre deux voitures banalisées qui roulaient toutes sirènes hurlantes, il se rangea sur le bas-côté. Pistolet au poing, les policiers lui ordonnèrent de sortir de son véhicule. Sa femme fut arrêtée de même à la sortie de son travail. Tous deux furent acheminés jusqu'aux bureaux du FBI à Seattle.

Pendant ce temps, les médias investissaient le quartier tranquille au bord de la Pacific Highway, sous l'œil outré des voisins qui ne trouvaient rien de mieux que de proclamer dans les micros et devant les caméras : « Ce sont des gens vraiment très bien, je ne comprends pas comment des choses pareilles peuvent arriver si près de chez nous. »

Fae Brooks, chargée des relations avec la presse, avait beau répéter qu'ils n'avaient encore procédé à aucune arrestation, qu'il s'agissait d'une série de simples interrogatoires, les médias semblaient déterminés à se mettre dans les pattes de la police : les gens ont le droit d'être tenus au courant, cette affaire les concerne dans leur quotidien...

L'opération se solda par une catastrophe du point de vue des relations publiques de la brigade. Sans les feux des projecteurs et l'intrusion des microphones, la perquisition se serait passée discrètement, sans attirer l'attention.

Tikkenborg fut interrogé par l'inspecteur Jim Doyon et un agent de FBI. Il nia avoir quoi que ce soit à voir avec les meurtres dits de la Green River, ce qui n'avait rien de surprenant : quel assassin avoue d'entrée de jeu ses crimes ? Mais Tikkenborg, furieux, proposa de passer au détecteur de mensonge.

Et il réussit le test ! Le coup fut rude pour la brigade, et pour Frank Adamson. Il avait été sûr de tenir leur homme. Tout concordait tellement bien ! Même les profileurs l'avaient assuré de leur appui. Eh bien, ils s'étaient tous trompés. Et maintenant, ils n'avaient pas le choix : il fallait relâcher Tikkenborg.

On ne trouvait rien non plus susceptible de l'incriminer, ni à son domicile, ni dans ses différents véhicules. Tikkenborg fut rayé de la liste des suspects.

Pourtant, à voir les gros titres des journaux et la une des actualités télévisées, le tueur était enfin sous les verrous et la ville allait pouvoir respirer de nouveau normalement. La photo de Tikkenborg, de sa maison, son nom, son adresse, tout y était.

Pour couronner le tout, Frank Adamson dut affronter la fureur du journaliste à qui il avait promis un scoop. Il avait beau lui expliquer qu'il n'avait pas cherché tout ce battage médiatique et qu'il avait eu tout du long la ferme intention de lui réserver l'exclusivité de l'arrestation, son interlocuteur refusa d'entendre raison.

Ce n'était que le début des ennuis pour Frank Adamson. Les politiciens s'en mêlèrent, le désastre était achevé. Voici ce qu'il en dira lui-même : « On a perquisitionné, on a récolté la tempête, et les politiciens en ont profité pour se débarrasser de moi. »

Officiellement, Adamson resta en poste jusqu'en janvier 1987, mais il sentit le vent tourner bien avant cette date. On commença par accuser l'enquête de saigner les caisses de l'État.

Deux mois après la publicité autour de Barney Tikkenborg, le *Los Angeles Times* publia un énorme article en première page de son édition du dimanche désapprouvant la « vague d'hystérie » déclenchée par l'irresponsabilité combinée des télévisions et des autorités policières. Le grand journal de la côte ouest imprimait aussi noir sur blanc le vrai nom du trappeur.

Le couple Tikkenborg, qui n'avait pas eu maille à partir avec la loi depuis 1967, traduisit en justice les différents médias pour diffamation, et au bout du compte récolta 30 000 dollars de dédommagement.

Comme il devait sourire, le tueur de la Green River, en contemplant sur le petit écran la déconfiture de ceux qui le cherchaient désespérément...

39

Cottonwood Park, à quelques centaines de mètres des bords de la Green River où l'on avait découvert les cadavres de Wendy, Debra, Opal et Marcia, n'était qu'une pelouse mal peignée agrémentée de quelques tables à pique-nique hérissées d'échardes que personne n'utilisait jamais. D'ailleurs, depuis les meurtres, aucun habitant des environs n'aurait eu l'idée d'aller s'y promener, sinon pour faire courir son chien.
En mars 1986, deux ouvriers de la municipalité de Kent remarquèrent au pied d'un grand arbre de Cottonwood Park ce qui ressemblait à des ossements humains.
Il restait tout juste assez d'os pour permettre à l'institut médico-légal de conclure qu'il s'agissait de la dépouille d'une jeune femme. L'identification se révéla en revanche problématique. Ils n'avaient trouvé ni crâne, ni mandibule, ni dents, seulement un torse et une colonne vertébrale. Treize ans s'écoulèrent avant que les progrès de la science – la comparaison de l'ADN mitochondrial prélevé dans les ossements et celui de la mère de la victime – permettent d'établir que c'était là tout ce qui restait de Tracy Winston, la grande jeune fille aux joues rondes qui s'était juré de changer de vie quelques heures avant sa mort tragique.
Mertie se doutait déjà depuis des années que sa fille était partie pour toujours, mais d'en avoir soudain la certitude, de savoir que sa dépouille avait reposé si près de chez eux, c'était trop dur. Lors de mon entretien avec elle, elle me confia :

« Cela ne sert à rien de chercher à comprendre pourquoi ce grand malheur nous est tombé dessus. Dieu a voulu que nous l'ayons pour peu de temps : dix-neuf ans, onze mois et deux semaines. »

Le printemps 1986 continua à mettre au jour ce que le tueur de la Green River avait cru enterrer pour toujours. Le 2 mai, un employé de la maison de redressement d'Echo Glen, à la poursuite d'une jeune fugueuse au bord de la Highway 18, au sud de l'endroit où celle-ci croise la I-90, se pencha au-dessus d'un talus et aperçut tout en bas un petit tas d'ossements.

Ces restes se révélèrent être ceux de Maureen Feeney, disparue depuis le 28 septembre 1983.

En juin, le crâne et quelques os ayant appartenu à Kim Nelson, alias Tina Tomson, furent découverts au fond d'un bois au bord de la I-90, à la hauteur de la bretelle 38. Le tueur s'était débarrassé du corps encombrant de Kim-Tina à quelques kilomètres du lieu où il avait déposé ceux de Denise Plager et Lisa Yates, retrouvés début 1984. Le père de la jeune fille était mort quelques mois avant son identification, et sa sœur, en apprenant que son décès était désormais officiel, eut une dépression nerveuse. Les proches des victimes se cramponnent jusqu'au bout au plus faible espoir, et s'effondrent souvent une fois confrontés à la réalité.

Comme aucune nouvelle disparition n'était signalée depuis déjà un certain temps dans la région de Seattle, l'opinion publique commençait à manifester quelque lassitude vis-à-vis d'une enquête qui n'aboutissait pas. Pour ma part, en novembre 1986, j'étais toujours persuadée que je ne tarderais pas à écrire l'histoire des meurtres de la Green River. Étant donné que j'ai conservé tous mes agendas depuis 1972, il ne m'est pas difficile de retrouver ce que je faisais il y a trente ans. Quelques mots gribouillés suffisent à évoquer une tranche de vie, à la façon d'une séquence au cinéma.

Ce mois de novembre-là, j'acceptai l'invitation d'un adjoint du shérif du comté de King, que je n'avais jamais vu, et qui se proposait de me faire visiter les sites dans les montagnes du nord de l'État où l'on avait retrouvé les corps. Je me disais que c'était là une bonne occasion d'approfondir mes connaissances de la topographie des lieux. Je m'étais souvent arrêtée pour avaler un sandwich au Ken's Truck Stop, et mes enfants avaient fait de multiples séjours en colonie de vacances non loin de Snoqualmie Pass, mais je ne m'étais jamais aventurée sur des chemins si étroits qu'on aurait dit des pistes dans la jungle.

Le ciel, bas et lourd, laissait filtrer un jour gris. Et, dès 16 heures, la nuit tomba. Je dois avouer que je n'étais pas tellement tranquille quand nous débouchâmes dans le paysage lunaire d'une clairière. L'adjoint du shérif, au volant à mes côtés, me parut soudain menaçant ; après tout, je venais tout juste de le rencontrer. Et si ce n'était pas un policier ? S'il était déguisé ? Beaucoup de gens étaient persuadés que le tueur de la Green River était un flic... J'avais été vraiment trop bête de suivre cet type que je n'avais jamais vu... Pour finir, je décrétai que j'avais visité assez de sites pour la journée.

Naturellement, il me ramena chez moi, et, en mon for intérieur, je fis amende honorable. Mais ma frayeur reflétait bien le climat d'inquiétude qui régnait alors dans tout le comté.

Il y avait de bonnes raisons d'avoir peur. Une femme, que j'appellerai Hope, n'était ni une auto-stoppeuse ni une travailleuse des rues. Son mode de vie était aux antipodes de celui de la plupart des victimes du tueur. Elle avait une carrière, elle était mariée, et, en plus, très méfiante depuis qu'elle avait subi une agression sexuelle. Une chose était sûre : pour rien au monde elle ne serait montée dans la voiture d'un inconnu.

En 1986, Hope rentrait chez elle en voiture sous la pluie au long d'une route obscure de Maple Valley. À un moment donné, elle dut se ranger sur le bas-côté parce que son moteur hoquetait. Alors qu'elle essayait de redémarrer, un pick-up ralentit et se rangea derrière elle. En voyant le conducteur approcher, elle vérifia si ses portières étaient bien verrouillées. Tout allait bien. Comme elle voyait qu'il voulait lui dire quelque chose, elle abaissa sa vitre de deux centimètres. Il lui dit : « Ouvrez votre capot. Je suis plutôt bon mécanicien. » La proposition lui sembla honnête. Après tout, quelle autre solution avait-elle ? Marcher jusqu'à la prochaine cabine téléphonique ? Passer la nuit dans cet habitacle glacé ? Elle obtempéra. Le capot s'ouvrit. L'homme se pencha sur le moteur.

Il n'était pas très grand, peut-être pas tellement plus grand qu'elle, et ne paraissait pas très musclé. Au bout d'une vingtaine de minutes, il se redressa et ferma le capot d'un coup sec. « Je ne peux rien faire pour vous, déclara-t-il à travers l'ouverture de la vitre. Je n'ai pas les pièces qu'il faut. Mais je peux vous déposer où vous voulez. »

Embarrassée d'avoir déjà retenu si longtemps dans le noir, sous la pluie, cet homme si serviable, elle prit son sac à main et le suivit jusqu'à son pick-up.

Au volant, il ne desserra pas les dents, ne jeta même pas un regard dans sa direction tandis que se profilait devant eux l'enseigne d'un 7-Eleven. Songeant qu'il serait peut-être content de toucher quelques dollars pour service rendu, elle plongea la main dans son sac, en quête de son porte-monnaie. Il eut alors une réaction étrange, un mouvement de recul, comme s'il croyait qu'elle allait en sortir un revolver. Elle ferma précipitamment son sac.

Hope n'était plus aussi tranquille. Les yeux sur l'enseigne lumineuse, elle retint son souffle en priant le ciel qu'il s'arrête. Mais il ne ralentit même pas. Elle ne vit plus que le ruban noir de la route se dérouler devant eux. Elle lui demanda où ils allaient. Il se contenta de pousser un grognement.

C'est alors que Hope se mit à l'insulter. Elle hurla, lui ordonna de la déposer immédiatement. Elle lui enfonça son coude dans les côtes. Mais il se tourna vers elle d'un air si résolu qu'elle comprit que c'était perdu d'avance. Il prit plusieurs virages sur les chapeaux de roue, si bien qu'elle ne savait plus du tout où elle était. Finalement, ils aboutirent dans une espèce de terrain vague. Elle continua à le frapper et à se débattre. Il ouvrit la portière. Ils roulèrent tous les deux à terre. Hope me confiera lors de notre entretien : « Je n'avais jamais été aussi en forme de ma vie. Je suivais un cours d'aérobic trois fois par semaine. Je me suis défendue comme une tigresse. Il me traitait de pute. Il était hors de lui. »

Alors qu'ils se battaient dans la boue, elle vit du coin de l'œil qu'il cherchait à ramasser une pierre, sans doute pour l'assommer. De son autre bras, il essayait de l'étrangler. « Je me suis dit alors que je n'avais pas le choix. J'ai ouvert la bouche et j'ai enfoncé mes dents de toutes mes forces dans son bras. Il m'a lâchée. »

Elle se jeta à toutes jambes dans les ténèbres et trouva à se cacher. Elle l'entendit tâtonner non loin d'elle. Enfin, il se fit une raison, remonta dans son camion et s'en alla. Elle parvint, en suivant le chemin, à retrouver une route... et un téléphone.

Des années, et des centaines de cauchemars, plus tard, en reconnaissant la photo de l'homme qui aurait pu la tuer, Hope téléphona à la brigade spéciale de la Green River.

40

À la fin de l'année 1986, une coupe budgétaire priva la brigade d'un quart de ses effectifs. Frank Adamson, déjà déçu par les résultats désastreux de la perquisition chez le trappeur, son suspect numéro un, se trouva dans l'obligation d'annoncer leur mutation à un certain nombre de ses hommes.

Le shérif Vern Thomas lui téléphona pour faire le point sur sa situation personnelle. Il lui proposa de prendre la tête du commissariat de Maple Valley. Ce qui signifiait quitter lui aussi la brigade spéciale. De toute façon, le mandat de Vern Thomas se terminant, un nouveau shérif n'allait pas tarder à être élu, et Adamson serait de toute façon remercié de ses fonctions à la brigade.

Dès janvier 1987, Frank Adamson, après plus de trois ans sur l'affaire des meurtres de la Green River, céda la place au capitaine Jim Pompey, le plus haut gradé des policiers afro-américains du département. Il dirigeait le commando SWAT de Seattle, appelé à intervenir lors de situations présentant des risques trop élevés pour des agents de police normaux. Il avait fait preuve d'un haut niveau de compétence qu'il mettait à présent au service d'une brigade qui, au dire de certains, ne tarderait pas à être absorbée par l'Unité des crimes majeurs.

Tandis que l'investigation prenait des allures de peau de chagrin, le comté de King puisa dans ses caisses, officiellement pour « réhabiliter » la Green River, mais en fait pour tenter d'effacer les stigmates des trente-six crimes non résolus et des dizaines de disparitions de jeunes filles. Le service de l'environnement engagea un artiste, Michael McCafferty, afin de changer l'« image » de la rivière. McCafferty proposa des aménagements éducatifs tout au long des cinquante kilomètres de rives, des sculptures en bronze, le replantage d'herbes aquatiques pour favoriser la reproduction des poissons, et l'édification d'un modeste monument commémoratif, des fleurs noires et violettes en mémoire des victimes. Cette dernière suggestion provoqua une levée de boucliers de la part de la commission : « Ce tueur n'a pas encore été arrêté. Il va penser qu'on lui élève un monument. S'il était en prison, ce serait plus approprié. »

Les politiciens espéraient secrètement qu'avec le temps on finirait par oublier cette série de crimes abominables et que la rivière ne serait plus connue que pour ses eaux pétillantes, sa remontée de saumons, ses grands hérons bleus et sa sérénité. Rendre hommage aux victimes ne ferait que perpétuer le souvenir des horreurs passées.

Pourtant, par leur porte-parole, les parents des jeunes filles assassinées firent savoir qu'un monument permettrait de « rappeler à la population que ces jeunes filles étaient des êtres de valeur et que leur mort est une tragédie ».

Pour finir, les 10 millions de dollars du projet furent investis dans un sentier pour joggers et un terrain de golf non loin du Meeker Street Bridge... mais personne ne parla plus d'un mémorial des victimes.

Jim Pompey, le nouveau commandant de la brigade spéciale de la Green River, était un amateur de football américain. Il levait des haltères plusieurs fois par semaine. Ce n'était pas pour rien que cet athlète avait dirigé le commando de plongeurs de la SWAT, très actif dans la région côtière de Seattle, où l'eau est omniprésente.

Sa nomination à la tête de la brigade spéciale constituait pour lui un nouveau défi qu'il n'hésita pas à relever, galvanisant l'énergie des troupes. Même Dave Reichert, qui avait participé à l'enquête depuis le premier jour, fut gagné par son enthousiasme.

Coïncidant avec l'arrivée de Jim Pompey, la dernière touche fut mise au programme informatique parrainé par Frank Adamson, Bob Keppel et le shérif Vern Thomas. Un temps fou avait été nécessaire pour entrer dans l'ordinateur les milliers d'informations recueillies au cours des diverses enquêtes. Mais, une fois au point, le logiciel fit merveille.

Un nom s'afficha : celui de l'homme tranquille que l'on avait souvent vu au volant d'un pick-up aller et venir sur le Sea-Tac Strip en lorgnant les filles. L'ordinateur le liait à plusieurs phases de l'investigation :

- En 1982, la police de l'administration portuaire de Seattle, qui patrouille dans le secteur de l'aéroport, note le nom d'une jolie fille qui se trouve dans sa voiture. Keli McGinness, la blonde pulpeuse disparue après avoir quitté le Three Bears Motel.
- Il est, bien entendu, l'individu qui essaye d'étrangler Penny Bristow en l'accusant de l'avoir mordu pendant une fellation. Il a avoué l'incident.
- Jim Doyon lui a parlé devant le Kentucky Fried Chicken sur le Sea-Tac Strip non loin du croisement où la plupart des filles ont disparu.
- Le même individu habite au sud de la 216e, dans une rue donnant sur Military Road. Dans cette même maison où le père et le petit ami de Marie Malvar ont observé l'inspecteur Bob Fox, de Des Moines, en train d'interroger le propriétaire. Fox est reparti convaincu que Marie n'avait jamais été dans cette maison.
- Il conduit des vieux pick-up, les uns et les autres correspondant à la description donnée par les témoins ou les femmes qui ont échappé à un agresseur qui est sans doute l'assassin.

Malgré cette récurrence signalée par le traitement informatique, le suspect ne correspondait pas au profil du tueur en série. Il était marié et heureux en ménage, il était propriétaire de sa maison, il avait un fils dont il s'occupait. En 1984, il avait passé haut la main un test au détecteur de mensonges. Enfin, il était depuis plus de vingt ans employé par la même entreprise – la compagnie Kenworth –, où il était peintre en carrosserie.

A priori, il semblait tout le contraire du tueur en série solitaire, sans relation stable, incapable de garder un emploi. Il avait en outre eu une enfance sans histoire.

Depuis qu'il était au lycée, il allait régulièrement s'asseoir dans le fauteuil du coiffeur du Sea-Tac Strip. Adolescent, il avait eu quelques jobs çà et là dans les hôtels et les magasins du Strip. Il venait y faire ses courses.

Son nom ? Gary Ridgway.

Trente-sept ans.

Rien ne prouvait qu'il était autre chose qu'un type libidineux qui se trouvait avoir été célibataire pendant les années critiques où le tueur avait sévi : de 1982 à 1984. Mais on pouvait les ramasser à la pelle, les pervers, mariés ou seuls, qui prenaient leur pied à reluquer les prostituées et n'hésitaient pas à s'offrir leurs services pour quelques dollars.

Lorsque je rouvris mes archives sur l'affaire vingt ans après la découverte du premier corps dans la Green River, quelle ne fut pas ma stupéfaction de tomber sur ces mots dactylographiés sur ma propre machine à écrire :

Gary Ridgway – Des preuves matérielles ? Pourrait avoir des liens avec une victime de la GR.
Vit non loin de la 220e.
Tél. : 21 859 32.

Toutes ces informations – que je fis passer à la brigade – se révélèrent approximatives, sinon fausses. Elles m'avaient été transmises en 1987, par des voisins de cet homme.

Je me rappelle, c'était il y a dix-sept ans. Affublée de lunettes noires et d'un fichu, j'avais roulé jusqu'à la maison de Gary Ridgway dans une voiture empruntée à des amis. Ce n'était pas trop loin de chez moi. La maison me parut banale. Le jardin était désert. Les fenêtres obstruées par des rideaux.

À l'époque, j'ignorais que la brigade m'avait devancée. Ils surveillaient Ridgway depuis plusieurs mois déjà.

Ridgway devint vite le suspect numéro un d'un des enquêteurs, Matt Haney, à la brigade depuis mai 1985. Plus il travaillait la question, plus il trouvait que sa thèse était plausible. Il consulta le capitaine Pompey, et les substituts du procureur, leur demandant un mandat de perquisition.

41

Le 8 avril 1987, Gary Ridgway comprit qu'il n'était pas invulnérable, après tout. Ainsi, il avait été surveillé à son insu ? Un mandat autorisait la police à fouiller son domicile, son casier à la compagnie Kenworth et ses trois véhicules – son vieux pick-up Ford, le pick-up Dogde de son père et la Dodge Dart que conduisait son épouse. Le mandat spécifiait en outre que les enquêteurs étaient en droit d'exiger des échantillons de ses cheveux.

La perquisition, efficace et discrète, se passa sans anicroche. Haney et Doyon emmenèrent Gary Ridgway au poste de Kent, où ils le photographièrent et prélevèrent sur lui cheveux et poils pubiens. Perfectionniste, Matt Haney exigea aussi que le technicien du labo lui prenne un peu de salive sur un cotontige. Ce dernier fut ensuite scellé dans un sac en plastique, étiqueté et congelé... au cas où dans un avenir lointain cet échantillon se révélerait important.

Le casier de Ridgway se révéla décevant. Sue Peters emballa les salopettes blanches éclaboussées de taches de peinture.

Dans les véhicules, d'autres enquêteurs emportaient des cordages, des bâches, des pots de peinture, des fibres de tapis...

Gary Ridgway était fier de son travail chez Kenworth et de l'image qu'il pensait y avoir. D'une ponctualité sans faille, malgré toute la bonne volonté du monde, il n'était pourtant pas un employé modèle. Sa dyslexie lui jouait des tours. Parfois, il inversait les chiffres sur le clavier de l'ordinateur à l'aide duquel on colorait la peinture. Le gâchis était d'autant plus énorme qu'il ne se rendait pas compte de son erreur et se mettait en devoir de peindre les camions... dans des teintes qui n'existaient pas au catalogue. Un jour, il ajouta une substance chimique indésirable. Quand il se trompait, ses patrons lui ordonnaient de tout recommencer de zéro. Et il obtempérait sans protester. Un de ses surnoms à l'usine était « À l'envers ». Il détestait ce sobriquet. Mais il avait trop peur d'être renvoyé pour montrer sa colère. Ses collègues le trouvaient aussi d'une bigoterie excessive. Dans la salle de détente, il leur lisait à haute voix des versets de la Bible. C'était un curieux mélange : il lui arrivait d'avoir la main baladeuse avec les femmes et de s'approcher d'elles par-derrière de manière si subreptice qu'elles sursautaient. À d'autres moments, il se transformait en une espèce de prédicateur fou, honnissant les femmes de mauvaise vie.

La perquisition de son casier lui valut un autre sobriquet. Car malgré la discrétion des hommes de Jim Pompey, et l'absence d'écho médiatique, la nouvelle eut tôt fait de se répandre à l'usine. Personne ne pensait qu'il était capable de tuer des douzaines de prostituées, mais ses initiales – G.R. pour Gary Ridgway – étant les mêmes que celle de la Green River, la tentation était trop forte.

On l'appela « Green River Gary ». C'était une plaisanterie. Il n'eut pas l'air d'apprécier.

Il fallut plusieurs semaines pour obtenir les résultats définitifs de la perquisition. Ils étaient négatifs : rien ne permettait d'incriminer Ridgway. Ce dernier reprit sa routine, sans protester, sans menacer d'intenter un procès à qui que ce soit. L'incident passa inaperçu dans la presse.

Le procureur, Al Matthews, qui collaborait avec la brigade depuis quatre ans, ne cacha pas sa déception en annonçant aux enquêteurs Haney et Peters qu'ils n'avaient pas assez d'éléments pour lancer un mandat d'arrêt. Ils n'avaient pas le choix, ils devaient classer le dossier.

Matt Haney, toutefois, était persuadé qu'un jour ou l'autre un nouvel élément établirait un lien entre Gary Ridgway et la Green River.

La brigade subit bientôt un autre revers. Le capitaine Jim Pompey, qui était pourtant un plongeur très expérimenté, eut un accident à Richmond Beach, au nord de Seattle : en panne de bouteille d'oxygène alors qu'il se trouvait à des dizaines de mètres sous la surface de la mer, pris de panique, il remonta beaucoup trop vite.

Les garde-côtes le transportèrent à l'hôpital par hélicoptère. Mais il mourut d'une embolie pulmonaire. Il n'avait pas encore quarante ans, et il était en meilleure forme physique que n'importe qui à la brigade.

Jim Pompey fut remplacé par le lieutenant Greg Boyle, puis, en décembre 1987, par Bob Evans, celui-là même qui avait réussi à se glisser chez le suspect Rasmussen en prétextant une panne de voiture.

42

La zone de nuisance du tueur parut s'étendre au-delà des frontières de Seattle. Le corps de la jeune Trina Hunter, disparue en 1982, fut retrouvé dans un marécage non loin de Vancouver. Deux squelettes incomplets, non identifiés, furent découverts dans la banlieue de Portland.

Des prostituées disparaissaient des rues de Vancouver, en Colombie britannique, au Canada donc, à quatre heures de route de Seattle. Elles se volatilisaient aussi du quartier chaud de Portland.

À la mi-été 1987, une jeune femme fut ramassée en stop sur la route alors qu'elle se rendait à pied à une supérette pour s'acheter un paquet de cigarettes. Le conducteur lui inspira confiance. Mais il dépassa sa rue et fila vers la campagne, en roulant de plus en plus vite, en lui disant qu'il voulait la baiser dans les bois ; elle tenta le tout pour le tout. Elle actionna la poignée de la portière avec son coude, donna un coup d'épaule et tomba sur le bas-côté. Le routier qui la découvrit, atrocement blessée, appela les pompiers. Elle survécut à ses blessures.

Un mois plus tard, le 7 août 1987, un cri de femme résonna dans Union Street, à Portland : « Au viol ! À l'aide !... Au viol ! ». Les voisins se ruèrent à leur fenêtre. Dans le parking en contrebas, un homme se déchaînait sur une femme nue. Quand les secours arrivèrent, c'était trop tard : elle avait déjà succombé à de multiples coups de couteau.

Le tueur de la Green River avait-il changé d'État ?

À la même époque, des policiers de Portland, dans l'Oregon, mirent la main, grâce à un numéro de plaque minéralogique, sur un suspect. Un homme de trente-trois ans, du nom de Dayton Rogers, de son métier homme à tout faire dans les hameaux de Woodburn et Canby. Marié, un fils en bas âge. Il détenait aussi un casier pour agression sexuelle. Dans le milieu des prostituées, il avait la réputation d'être un fétichiste du pied et un masochiste.

Lorsque, le 31 août, l'on exhuma un cadavre en putréfaction, le corps d'une femme, dans la forêt de Molalla, dans l'Oregon, les enquêteurs pensèrent tout de suite aux goûts sexuels de Rogers, qui, en outre, ne vivait qu'à une vingtaine de kilomètres de là. Grâce aux chiens, ils retrouvèrent sur le même site six dépouilles de femmes. Quatre d'entre elles gisaient à cinquante mètres les unes des autres sur la pente d'un talus abrupt. Elles étaient recouvertes d'herbe et de débris végétaux.

Le médecin légiste de Portland, le Dr Larry Lewman, consulta les deux cents dossiers dentaires rassemblés par la brigade spéciale de la Green River. En vain. Aucune des dentures ne correspondait à ces dossiers. En outre, seule une des sept victimes de l'Oregon était une prostituée. Comble d'horreur, le tueur avait coupé les pieds de celles qu'il avait torturées.

La brigade de Seattle envoya plusieurs inspecteurs prêter main-forte aux enquêteurs de Portland sur le site de Molalla, au cas où le tueur qui avait cessé ses ravages sur le Sea-Tac Strip aurait migré vers l'Oregon.

Dayton Rogers n'avait pas le profil du tueur de la Green River. En premier lieu, rien n'indiquait qu'il se soit rendu dans l'État de Washington. Ensuite, les victimes du Washington ne montraient aucun signe d'avoir été poignardées. Enfin, elles étaient beaucoup plus jeunes, et n'avaient pas eu les chevilles sectionnées.

Dayton Rogers fut arrêté pour le meurtre de sept femmes, et condamné à la prison à vie. Mais il n'était pas le tueur de la Green River.

43

Tous ceux qui enquêtent sur des crimes de sang ou suivent le déroulement d'une investigation sont toujours frappés par des événements qui sont plus que de simples concours de circonstances. Sans croire aux revenants, on peut dire que des forces d'un ordre supérieur semblent parfois à l'œuvre pour résoudre un meurtre qui, sinon, serait impuni. Voici le récit d'un de ces « miracles ».

En mai 1988, Debra Estes, quinze ans, avait disparu depuis près de six ans. Au cours de cette période, une de ses tantes, qui habitait la Virginie et qui se piquait d'être voyante, reçut, en 1985 et 1986, deux appels de l'« au-delà » : une voix de jeune fille se prétendant sa nièce et appelant au secours. C'était un « au-delà » très terre à terre, puisque la tante de Debra entendit distinctement la monnaie qui tombait dans le téléphone à pièces.

Son interlocutrice lui dit qu'elle se prénommait Debra, et lui récita les prénoms de tous ses cousins. À chaque appel, elle raccrocha brutalement. La deuxième fois, elle poussa un grand cri avant que la communication se coupe.

Était-ce Debra ? Était-elle retenue prisonnière et avait-elle réussi à s'échapper à deux reprises pour téléphoner ? Mais alors, pourquoi appeler une tante qu'elle connaissait à peine plutôt que ses parents ?

Il s'agissait sans doute d'une farce de mauvais goût.

Mais la mère de Carol se cramponnait à l'espoir que sa fille était bien en vie quelque part. Et, si par malheur, elle n'était plus de ce monde, elle avait la conviction que ce serait elle, Debra, qui révélerait l'identité du coupable.

Le 20 janvier 1988, les parents de Debra furent interviewés par Oprah Winfrey dans le célèbre talk-show de cette dernière. Ils demandèrent à toute personne susceptible d'avoir aperçu Debra de téléphoner. Le standard ne reçut que quatre appels. On avait vu une fille danser sur un quai qui ressemblait à Debra. Une passante dans la rue qui correspondait à son signalement. Le seul tuyau intéressant concernait une pensionnaire d'un internat pour adolescentes en difficulté. Mais, vérification faite, ce n'était pas Debra.

L'histoire de Debra n'était pas finie.

Comme toute ville en expansion, Seattle avec sa banlieue du comté de King attirait les promoteurs. Ils projetaient d'édifier des lotissements et des immeubles sur des terrains pour l'heure occupés par la forêt. Federal Way, à mi-chemin entre Seattle et Tacoma, paraissait un lieu rêvé pour se lancer dans une opération d'urbanisation.

En 1981, une compagnie du nom de Western Hill inaugura un chantier à Federal Way, au croisement de la 348e Rue et de First Avenue South. Pour commencer, il fallait déboiser le terrain où poussait un bois touffu. Les travaux démarrèrent en 1982, mais furent interrompus début 1983, pour la bonne raison que la compagnie avait fait faillite.

Pour Bruce McCrory, architecte paysagiste, ce projet restera mémorable à plusieurs titres. C'était d'abord la première fois qu'il avait une aussi lourde responsabilité. Pendant plus d'un an, il fut sur le chantier tous les jours. Plus de vingt ans après, il lui serait difficile de spécifier le jour exact où il avait observé un inconnu dans le coin sud-est du terrain. L'école élémentaire se trouvant à une cinquantaine de mètres de là, cette partie du site, déjà nettoyée, devait accueillir un petit parc avec des balançoires et des jeux. McCrory remarqua que l'inconnu frappait le sol avec un bâton. Il avait l'air furieux, il agitait les bras, donnait des coups de pied dans la terre. Mais, dès qu'il s'aperçut qu'il n'était pas seul, il se calma.

Sur le moment, Bruce McCrory se dit que ce devait être l'ingénieur géologue. Comme le véhicule de ce dernier était garé tout près, le type était obligé de passer devant lui. Il lui demanda s'il était le géologue. Et ce dernier répondit : « Vous pouvez m'appeler comme ça. »

L'homme gagna immédiatement son véhicule, peut-être un pick-up, McCrory n'en était pas certain. Il jeta son bâton et son sac à dos à l'arrière et s'en fut.

McCrory aurait sans doute oublié ce curieux incident si des circonstances ultérieures ne le lui avaient pas remis en mémoire. C'était en 1981 ou 1982. Son équipe de soft-ball s'entraînait sur le terrain de sport de l'école élémentaire. Une écœurante odeur de charogne les dérangea au point que McCrory se mit en quête de sa source, supposant tomber sur le cadavre d'un animal. Il ne trouva rien, mais ne put s'empêcher de songer aux meurtres de Ted Bundy et du tueur de la Green River qui sévissait sur le Sea-Tac Strip.

Les travaux ne reprirent qu'en 1987. Il fallut défricher les terrains. Les immeubles s'élevèrent, peints d'un jaune lumineux contre le vert émeraude des sapins. Le 30 mai 1988, des ouvriers, qui creusaient des trous pour planter les piquets d'une palissade destinée à empêcher les enfants de sortir sur le parking, voulurent installer une balançoire près d'un rocher.

En enfonçant un des piquets de la balançoire, ils heurtèrent quelque chose de dur. Un caillou ? C'étaient des ossements. Impossible de dire s'ils étaient humains ou animaux. Le chantier au complet cessa toute activité, et on appela la police du comté de King.

Avec mille précautions, Bill Haglund, de l'institut médico-légal, dégagea le squelette des quarante-cinq centimètres de terre qui le recouvraient. Il exhuma une hanche gauche, des genoux, des chevilles, une omoplate, des vertèbres cervicales et un crâne. Les dents étaient intactes. S'il s'agissait d'une des jeunes disparues, Haglund ne tarderait pas à le savoir. Il avait si souvent étudié les radios des dentures des unes et des autres qu'il les connaissait presque par cœur. Et il lui semblait repérer une couronne qui lui disait quelque chose. Debra Estes... Mais il se tut et emporta au labo les restes de la victime – les os, l'étoffe délavée, des ongles, des cheveux, des fibres. On trouva en outre d'autres indices : un pull à col V noir, pourri, décoré de fils argentés, et un soutien-gorge foncé. Sur ces deux pièces, on recueillit des éclats de peinture. Des éclats de peinture blanche.

Haglund avait eu du flair : c'était bien le corps de Debra Estes qu'ils avaient exhumé. Les ouvriers auraient-ils creusé cinquante centimètres plus loin, elle serait restée enterrée là pour toujours.

Fae Brooks et Dave Reichert se chargèrent de prévenir les parents. Lorsque la mère de Debra leur ouvrit la porte, à 8 heures du matin, elle esquissa un sourire, puis son visage se figea. Aucune explication n'était nécessaire.

Peu importe depuis combien de temps un être cher vous a quitté. Quand la dernière lueur d'espoir s'éteint, la douleur est atroce. La mère de Debra insista pour visiter le site où l'on avait retrouvé les restes de sa fille.

Par ailleurs, l'enquête promettait d'être longue. Combien de centaines d'ouvriers, de chauffeurs routiers, d'électriciens, de plombiers, de charpentiers avaient travaillé sur ce chantier au cours des six dernières années ! Il fallut obtenir les listes des différentes entreprises, puis entrer toutes les données dans l'ordinateur pour les comparer à celles des fichiers existants. Ils cherchèrent d'abord à voir si certains noms figuraient déjà dans les listes des proches des victimes ou des clients interrogés dans la rue.

Cette fois, cependant, une autre piste s'ouvrait. Les minuscules billes de peinture incrustées sur les vêtements de Debra furent envoyées au laboratoire Microtrace d'Elgin, dans l'Illinois, où elles furent examinées par le microscopiste Skip Palenik. Après avoir été enterrées pendant tant d'années, ces particules allaient-elles pouvoir être identifiées et comparées à des échantillons connus ? Palenik, qui est un des plus brillants spécialistes américains en ce domaine, conclut qu'il s'agissait d'une marque de peinture – Imron, fabriquée par DuPont – dont on se servait surtout pour les véhicules utilitaires. Il fit le tour des entreprises où l'on peignait des carrosseries de camions, et ses soupçons se portèrent tout de suite sur la compagnie Kenworth.

Un autre spécialiste fut appelé à la rescousse, pour savoir depuis combien de temps la dépouille de Debra Estes reposait sous cette couche de terre. Il était en effet important de savoir si elle avait été enterrée par son assassin, ou accidentellement, par les engins de terrassement. On s'adressa donc au professeur Ugolini, un géologue italien qui enseignait à Florence et était venu donner une série de cours à l'université de l'État de Washington. Il accepta d'accompagner l'inspecteur Cecil Ray sur le site pour prélever des échantillons. Le géologue put ensuite leur assurer qu'aucune couche de terre n'avait été ajoutée après coup à la triste sépulture de Debra. « Elle est là depuis 1982 », affirma-t-il.

Debra était donc sortie du Stevenson Motel le 20 septembre 1982, pour rencontrer celui qui allait la tuer et déposer son corps sur un chantier abandonné.

44

Vers la fin des années quatre-vingt, des tueurs en série sévissaient dans plusieurs régions des États-Unis et du Canada. À Honolulu, par exemple, la police enquêtait sur le meurtre de quatre adolescentes, toutes les quatre de race blanche, assassinées entre les printemps 1985 et 1986. Aucune n'avait de lien avec la prostitution. Impossible par conséquent d'établir un rapport avec les meurtres de la Green River.

Le tueur en série de San Diego, ou plutôt les tueurs commencèrent leur marathon meurtrier fin juillet 1985 sur Cajun Boulevard, le quartier chaud de la ville. Quarante-quatre travailleuses des rues trouvèrent la mort. D'après la rumeur publique, le criminel était un flic en uniforme.

Cette thèse se trouva étayée par les déclarations à la presse de Donna Gentile, une femme généreuse qui se battait pour les droits des prostituées. Elle disait ouvertement connaître des flics pourris. Puis elle se rétracta, mais c'était trop tard. Peu après, Donna Gentile disparut. Son corps fut retrouvé dans les collines à l'est de San Diego. Étranglée. Violée. Son assassin l'avait gavée de gravier... pour lui faire ravaler ses paroles ? Ce geste sonnait comme un avertissement destiné aux prostituées trop bavardes.

Une enquête menée au sein du département de la police de San Diego ne donna aucun résultat. Des enquêteurs se rendirent à Seattle pour consulter la brigade spéciale de la Green

River, bien plus expérimentée qu'eux dans ce domaine. Ils se demandaient aussi s'il ne s'agissait pas du même tueur.

On finit par arrêter l'assassin de Donna Gentile. Un ancien marine, mécanicien de son métier. Grâce à des prélèvements d'échantillons de fibres, l'institut médico-légal parvint à fournir assez de preuves pour l'incriminer dans deux douzaines de meurtres. Il purge actuellement une condamnation à vie dans une prison de Californie.

Mais la brigade ne trouva rien qui relie cette affaire à celle de la Green River.

Sous la direction de Bob Evans, la brigade spéciale, quoique découragée par une longue série d'échecs et de faux espoirs, s'acharnait. Le 7 décembre, elle bénéficia de la collaboration active des journalistes.

Ce jour-là, une chaîne de télévision diffusa une émission appelée : *Chasse à l'homme... Va-t-on enfin mettre un terme au cauchemar ?* On présenta des interviews des familles des jeunes filles assassinées et des informations sur d'autres affaires non résolues du même type dans d'autres juridictions américaines. Le standard téléphonique était tenu par un bataillon d'enquêteurs de la brigade. L'émission était animée par Patrick Duffy, l'acteur qui jouait Bobby dans *Dallas*. La sœur de Duffy appartenait au département de la police de Seattle. Leurs parents étaient morts assassinés en 1986, par deux adolescents, lors d'un braquage dans le bar dont ils étaient les propriétaires dans le Montana. En 1987, ces cambrioleurs meurtriers furent condamnés à perpétuité.

Pas étonnant que Patrick Duffy eût à cœur d'arrêter des tueurs. L'émission, diffusée partout aux États-Unis, battit des records d'audimat.

L'agent du FBI John Douglas expliqua face aux caméras la technique du profiling et donna une description du type d'homme qu'ils recherchaient. Dave Reichert, assis à côté du lui, avertit le tueur qu'il allait devoir payer pour ses crimes et lui demanda de se rendre.

Le standard, qui resta ouvert après pendant plusieurs semaines avant l'émission, reçut en tout seize mille appels. La police tenait le nom de deux mille suspects ! Inutile de dire que la plupart furent écartés d'emblée. Rares étaient les tuyaux prometteurs.

Plusieurs personnes affirmaient qu'un certain William Stevens était « assez bizarre » pour être le tueur de la Green River. Une enquête fut ouverte. À trente-huit ans, Stevens était encore étudiant – à la fac de droit de Gonzaga, à Spokane, dans le Washington. A priori, il n'avait rien de suspect. Dans sa dernière année, il avait été élu à deux reprises président d'une association prestigieuse de futurs avocats. Il avait des amis et plutôt le profil d'un gagnant.

Après l'émission *Chasse à l'homme*, la police de Spokane arrêta Stevens au domicile de ses parents et, munie d'un mandat, saisit dans sa chambre vingt-six plaques minéralogiques différentes et vingt-neuf armes à feu. Un bon nombre de numéros d'immatriculation des plaques correspondaient à ceux de la police de la ville. Il possédait un véhicule banalisé de la police, acheté à une vente aux enchères, et une moto qui ressemblait à celles dont se servent les motards de la gendarmerie.

Stevens était l'aîné de trois enfants adoptés par un pharmacien et son épouse. Ils l'avaient eu à l'âge d'une semaine. Il était devenu un colosse bedonnant et barbu. Il portait des lunettes cerclées de noir et avait des cheveux frisés. En fait, son physique correspondait à l'un des quatre portraits-robots du tueur de la Green River.

Un inspecteur de la brigade, Tom Jensen, se rappela avoir arrêté Stevens en 1981 pour vol avec effraction. Il se souvenait parfaitement de lui. Un grand type, gros, hâbleur. Détenu dans une prison du comté de King, Stevens avait profité d'un moment d'inattention de la part des gardiens pour se faire la belle.

Mais le plus intéressant, c'était la nature du vol commis dans le magasin de la Pacific Highway : un uniforme d'officier de police, des bombes de défense professionnelles, des gilets pare-balles, etc.

Comme on avait souvent entendu dire que le tueur était peut-être un flic, ou quelqu'un déguisé en policier, tout cela fit grimper le nom de William Stevens au sommet de la liste des suspects.

Stevens avait beau être étudiant en droit, vu ses antécédents, il ne pouvait envisager d'être reçu à l'examen du barreau. Rien que ce fait prouvait qu'il vivait dans le mensonge. Il prétendait en outre être docteur en psychologie et en pharmacie, avoir appartenu aux services de police des armées, avoir présenté sa candidature au département de la police de Seattle...

Pourtant il avait eu une enfance protégée. Son père adoptif, propriétaire de la pharmacie de l'université, avait longtemps espéré qu'il prendrait sa succession. Mais, dès son plus jeune âge, William se montra passionné par tout ce qui concernait la police. Cette « marotte » l'obsédait au point de le couper de ses frères et sœurs.

Or jamais il ne put réaliser son rêve de petit garçon : les mauvais points qu'il accumulait sur son permis de conduire lui interdirent de passer le concours de la police.

Sa photo parut pour la première fois dans les journaux en janvier 1989, quand il fut mené au palais de justice, les mains menottées devant lui, afin d'être jugé pour délit d'évasion. Ses avocats demandèrent sa libération sous caution pour qu'il puisse s'occuper de ses parents malades. Citant ses bons résultats aux examens de droit, ils déclarèrent : « Bill est un bon exemple d'une réhabilitation réussie. »

Le juge répliqua par une question : pourquoi Stevens ne s'était-il pas rendu à la justice après les deux mandats lancés contre lui en 1981 ? Stevens expliqua que lors de son séjour en prison, il avait donné des informations à la police sur deux codétenus et avait peur des représailles.

C'était faux : il n'avait jamais été un indicateur.

Où était passé Stevens entre 1981 et 1985, quand il s'inscrivit à la fac de droit ? Sa vie avait été si itinérante qu'il fut difficile de retracer son périple.

En attendant des réponses à toutes ces questions, Stevens était derrière les barreaux, et personne ne le laisserait plus s'échapper.

La brigade finit par établir que Stevens avait franchi la frontière canadienne juste après son évasion. À Vancouver, il occupa pendant quatre mois une chambre d'hôte chez un couple. Ils le connaissaient sous le nom de « John Trumbull ». Il prétendait qu'il était en train de monter une société d'import. Il n'avait jamais un sou, mais il attendait que « des fonds se débloquent ». Il ne leur versait pas de loyer, mais faisait quelquefois les courses, la vaisselle et le ménage. Ils n'eurent pas à se plaindre de lui.

– Il était très propre, très ordonné, et il avait de la conversation, se rappellera le mari. Il s'habillait bien, on avait l'impression qu'il avait été dans l'armée. Il dormait dans la petite pièce du fond et passait sa vie devant la télé et à lire.

À la fin de l'été 1981, après quelques absences – il disait se rendre à Seattle –, il quitta ses hôtes sans laisser d'adresse.

La police retrouva sa trace à Portland, où il acheta au nom de ses parents une maison en brique avec deux garages et un sous-sol à soupirail. Pour rembourser les traites de son crédit, il prenait de temps à autre des locataires qu'il logeait dans un studio au sous-sol.

En consultant une carte du pays, on remarquait tout de suite que cette maison était située à moins de dix kilomètres du site de Tigard où l'on retrouva les restes de quatre victimes.

Comment gagnait-il sa vie ? Mystère.

Pour ma part, en fouillant dans les notes prises à l'époque après les multiples entretiens téléphoniques que j'eus avec des femmes qui m'appelaient spontanément, j'ai retrouvé un témoignage qui me semble correspondre au signalement de Stevens.

Mon interlocutrice m'ayant fait jurer de ne pas révéler son identité, je tairai son nom.

– Je suis mariée maintenant, me dit-elle. Je ne vis plus du tout comme avant. Mais à l'époque je ramassais des types dans les bars, et je buvais beaucoup. J'ai rencontré ce mec dans un bar de Beaverton (à quelques kilomètres du site de Tigard). Très grand. Il avait une boucle de ceinture style cowboy. Il m'a conduite dans un champ très loin. Et... eh bien, on a baisé dehors. Ensuite, j'ai voulu retourner au pick-up. Il m'a prise brutalement par le coude. J'avais failli tomber dans un trou dans la terre, comme une tombe ouverte. Le pire, c'est qu'il y avait une femme dedans, et je crois qu'elle était morte. Quand je suis remontée dans ma propre voiture, j'étais tellement contente d'être encore en vie que j'ai essayé d'effacer ce mauvais souvenir. Mais je sais que c'était une tombe, et je sais qu'il y avait quelqu'un dedans.

Le « champ » que se rappelait cette femme était d'après elle proche de Bull Moutain Road.

Je transmis cette information à la brigade de la Green River, sans livrer l'identité de celle qui s'était confiée à moi. S'ils voulaient des renseignements supplémentaires, ils pouvaient toujours passer par mon intermédiaire. J'ignore si elle les a appelés directement. En tout cas, je n'ai plus entendu parler d'elle.

Lorsque l'on commença à citer Stevens comme le suspect numéro un, d'autres souvenirs me revinrent à la mémoire. Une femme qui vivait dans l'Oregon m'avait écrit une lettre signée Marisa. Elle disait être une ancienne prostituée.

En 1983, à trente ans, elle en paraissait vingt. « Je me trouvais au coin de Third Avenue et de Taylor Street vers 11 heures du soir à Portland. Et ce type m'a fait signe de monter dans sa voiture. » En général, elle travaillait plutôt dans les hôtels de luxe, mais comme, le dimanche, surtout quand il pleuvait, les affaires tournaient au ralenti, elle s'était résignée à arpenter le trottoir. Ce devait être début novembre, parce qu'il y avait encore les décorations d'Halloween. Contente d'avoir trouvé aussi vite un client, elle grimpa dans le pick-up Ford rouge vif flambant neuf. « On racontait partout que le tueur de la Green River roulait dans un vieux pick-up pourri, alors je me suis dit que je n'avais rien à craindre. Et puis le tueur se cantonnait en principe à Seattle... »

Sans desserrer les dents, il mit le cap sur la I-5. Un peu inquiète de voir qu'ils quittaient le centre de Portland, elle lui déclara qu'elle préférait qu'ils restent en ville. Il répliqua qu'il n'était pas tranquille à cause des flics et l'emmenait chez lui.

À la perspective de se rendre au domicile du client, le cœur de la jeune femme battit un peu plus vite : c'était la chose à ne pas faire quand on était une prostituée, la règle numéro un. Puis elle se dit : « Après tout, qu'est-ce que ça bien peut faire ? Pour une fois ! »

Le type ne jeta pas une fois les yeux vers elle tandis qu'il filait sur l'autoroute, puis prenait la bretelle de sortie de Tigard. « On est rentrés dans son garage, la porte automatique s'est refermée derrière nous. » Il habitait une toute petite maison.

Supposant qu'il allait réclamer une fellation, comme la grande majorité des clients, elle prit le chèque de 80 dollars qu'il venait de lui signer et lut son nom : Robert Thomas. En fait, c'était un mandat bancaire. Elle en déduisit qu'il était sans doute routier, car les routiers se servaient souvent de ce mode de paiement. Mais ce qui l'intriguait le plus, c'était qu'il restait distant, comme indifférent. « Il ne pouvait pas la lever. Je me suis dit : Il ne m'a quand même pas amenée jusqu'ici pour rien ? »

Tout à coup, le type a bondi du lit et décroché un fusil derrière une porte pour l'en menacer. « J'ai cru ma dernière heure arrivée », se rappellera Marisa. Supposant qu'il était furieux de ne pas obtenir d'érection, elle lui hurla qu'elle allait lui rendre son chèque et courut – elle était nue, encore une infraction à la règle – se rhabiller dans la salle de bains, où elle s'enferma.

Une fois vêtue, elle poussa le battant de la porte pour se trouver nez à nez avec le canon de son fusil. Elle lui lança son chèque en criant : « Tiens ! Le voilà ! Laisse-moi partir maintenant ! »

Il ne manifestait aucune intention de la laisser s'en aller. Elle se rua sur la porte d'entrée. Elle était verrouillée. Marisa compta trois verrous. Pourquoi sentait-il le besoin de se barricader au fond d'une impasse tranquille ? Alors qu'elle essayait de s'échapper, il lui donna des coups sur la tête avec la crosse de son fusil.

Elle se tourna vers lui. Il éclata de rire. « On aurait dit un petit garçon à Disneyland, il avait l'air joyeux. Plus il me frappait, plus il riait fort. Ce type était raide fou... Il prenait son pied ! C'est ce qu'il le faisait bander ! Je me rappelle qu'il portait de grosses lunettes, comme sur les photos que j'ai vues de lui l'autre jour... et la même coiffure... Il n'était ni grand ni petit... Avec ce même regard fourbe. Et une petite lueur méchante dans les yeux. »

Pour Marisa, il ne faisait aucun doute qu'il l'avait ramenée chez lui pour la tuer, et qu'il prenait son temps. « Il ne tapait pas de toutes ses forces, juste pour s'amuser, comme un chat joue avec une souris. »

Marisa avait toujours dans sa poche un spray de défense au poivre. Elle réussit à le surprendre. Mais ses lunettes protégèrent ses yeux. « Il a continué à me frapper un peu partout, surtout sur les bras. Il m'a arraché le spray des mains et s'en est servi contre moi. Alors je me suis mise à prier. Mes yeux étaient en feu, c'était atroce, je ne voyais plus rien. »

Elle s'empara d'un coussin sur le canapé pour se protéger le visage et continua à essayer de déverrouiller la porte. En vain. Ses forces l'abandonnaient. Quant à son agresseur, il jubilait.

Puis, tout à coup, il sembla en avoir assez et cessa de la frapper. La porte s'ouvrit. Marisa se mit à courir à toutes jambes et frappa aux portes des maisons voisines en criant : « Au secours ! Au secours ! ». Il était minuit et demi. Une femme lui ouvrit enfin et mit à sa disposition sa salle de bains pour qu'elle puisse se rincer les yeux.

La police débarqua peu après. Marisa mentit, elle leur dit qu'un fou avait pris une de ses amies en otage. Ne voulant pas avouer qu'elle se prostituait, elle raconta qu'il les avait prises en stop à Portland. Comme elle avait été aveuglée par le poivre en sortant de chez lui et que toutes les maisons se ressemblaient dans la rue, elle fut incapable de leur indiquer celle du forcené. En scrutant l'obscurité depuis le porche de celle qui lui avait porté secours, elle remarqua une énorme enseigne à la hauteur de la bretelle de sortie. Une enseigne clignotante où l'on lisait : JIGGLES. Elle avait entendu parler de cet endroit. C'était un bar topless.

La police, sans autre précision de sa part, abandonna vite les recherches.

« Comprenez-moi, me dit-elle dans sa lettre. Quand on est une travailleuse des rues, on a l'impression qu'on a renoncé à ses droits de citoyen. Je n'étais pas digne de bénéficier de la protection des autorités. J'étais une hors-la-loi. »

Les flics reconduisirent Marisa à Portland, où elle retrouva sa voiture.

Longtemps après, en regardant le journal télévisé, elle reconnut l'homme que les caméras avaient filmé menottes aux poings. Elle eut un haut-le-cœur. Elle s'était toujours dit qu'elle avait échappé au tueur de la Green River. Son pressentiment s'était trouvé confirmé. « Nous connaissions plusieurs des filles qui s'étaient fait assassiner. Des droguées, aux amphés ou au cannabis. Elles n'ont pas eu la chance, comme moi, de changer de vie. Elles sont mortes trop jeunes. »

45

De septembre 1984 à janvier 1985, Sarina Caruso loua le studio au sous-sol de Crestline Drive. À l'âge de quarante-quatre ans, elle venait de divorcer et tirait de maigres revenus d'un emploi d'aide-soignante. Elle connaissait Stevens sous le nom de John Trumbull. Elle le trouvait un peu bizarre, un point c'est tout.

Sarina ne vit jamais son propriétaire en compagnie d'une femme, même si de temps à autre une voix féminine résonnait à l'étage supérieur, en général au milieu de la nuit. D'ailleurs, il vivait la nuit. Elle l'entendait souvent allumer son barbecue dans le jardin à 2 ou 3 heures du matin. Il n'avait pas d'amis. Elle pensait qu'il appartenait peut-être à la CIA. Elle l'avait vu une ou deux fois vêtu d'un uniforme d'ouvrier du gaz. Il possédait une collection d'armes à feu et semblait fasciné par les crimes de sang. Les murs de sa maison étaient tapissés d'affiches « Wanted ». Il portait des chaussures à semelles de crêpe. Elle ne l'entendait jamais arriver derrière elle. Il avait aussi un nombre impressionnant de téléphones, un photocopieur et un attirail qui lui permettait d'analyser les empreintes digitales. Il ne permettait à personne de le prendre en photo.

Quand il lui vola sa scie électrique et son certificat de mariage, Sarina ne se formalisa pas. Mais quand il découpa en morceaux des mannequins habillés avec des vêtements qu'elle avait jetés, elle prit peur.

Et quand elle vit les traces de balles dans la chambre à coucher de Stevens/Trumbull, Sarina lui donna son congé. Il lui proposa de mettre son mari sur écoute. Elle se demanda s'il l'espionnait dans son studio depuis son arrivée.

Quelques jours après son départ, en revenant à la maison prendre les quelques affaires qui lui restaient, il lui dit : « Pas trop nerveuse ? » et se mit en devoir de verrouiller toutes les portes. Il lui montra ensuite une pièce secrète au sous-sol, dissimulée par une bibliothèque coulissante que l'on ne pouvait pas manœuvrer de l'intérieur du studio. Elle prit ses affaires en toute hâte. Comme cadeau d'adieu, il insista pour qu'elle accepte un tas de vidéos pornographiques.

Il transpirait abondamment et avait pris une voix haut perchée. « Certaines choses que je savais de lui me faisaient flipper, confiera-t-elle par la suite aux journalistes, mais j'étais à cent lieues de penser qu'il était un tueur en série ! »

William Stevens avait la manie du secret. Par exemple, aucun de ses camarades de faculté ne savait où le joindre. Toute sa vie était un mensonge organisé. Pour donner le change, il avait acheté des plaques minéralogiques à Spangle, une minuscule ville à une vingtaine de kilomètres de Spokane, au nom de SOS Spangle. Il se faisait ainsi passer pour le directeur de cette société fictive, quand ce n'était pas pour le chef de la police !

À un de ses camarades, il avait confié qu'après la fac il deviendrait motard de la Washington State Patrol. « Ça m'a paru curieux, commentera ce jeune homme. Pourquoi faire des études supérieures, si on veut être agent de la circulation ? »

Un autre de ses anciens camarades de fac, Dale Wells, devenu substitut du procureur de Spokane, se présenta spontanément à la police. À l'entendre, Stevens discutait souvent avec lui d'affaires criminelles, surtout de Ted Bundy. Il s'intéressait aussi de près à la prostitution, et déclarait que c'était à cause de ces filles que l'épidémie de sida se répandait. « Il parlait beaucoup d'elles, dit Dale Wells, et en règle générale tenait des propos très violents sur les gens qu'il prenait pour ses ennemis, disant qu'ils méritaient la mort. » Wells se sentait en outre coupable d'avoir offert à Stevens deux armes à feu, dont un pistolet calibre 45.

La détention illégale d'une arme d'un aussi gros calibre aggravait le cas de Stevens. Cette information permit à la police d'avancer son enquête d'un cran.

Le 12 juillet 1989, elle obtint un mandat de perquisition pour ses deux domiciles de Spokane. Le premier était la maison de son enfance, où il avait gardé une chambre au sous-sol. Le deuxième appartenait à ses parents. Les mandats spécifiaient les dates et l'heure de disparition des victimes, à côté des allées et venues de Stevens montrant qu'il se trouvait presque à chaque fois non loin des endroits où elles avaient été enlevées. Ils précisaient par ailleurs ce qu'il fallait saisir : le matériel de sécurité, les disques, les tickets de caisse, les livres et les photos, les vidéos ainsi que tout autre objet suspect.

Les enquêteurs rentrèrent au QG de la brigade avec plus de quarante cartons et sacs contenant quantité d'images pornographiques, dont des photos où figurait Stevens en personne, et mille huit cents vidéos pornos. Ils espéraient reconnaître parmi ces visages ceux des victimes du tueur de la Green River. La tâche n'était pas simple, car les filles étaient maquillées, portaient parfois perruque ou avaient les cheveux teints. Les photos et les images vidéo étaient de très mauvaise qualité.

Du fond des geôles du comté de King, jour pour jour sept ans après la découverte du corps de Wendy Coffield dans la Green River, Stevens, qui purgeait la fin de sa peine pour vol avec effraction, fit une déclaration par l'intermédiaire de son avocat. S'il se rappelait cette date, il n'en dit rien.

– Je ne suis pas le tueur de la Green River, affirma-t-il. La brigade commet une erreur. Je ne suis pas celui qu'ils m'accusent d'être. Je n'ai jamais fait de mal à personne. Il fallait bien qu'ils trouvent un coupable pour justifier les sommes extravagantes qu'ils dépensent.

En juillet 1989, j'étais, comme beaucoup d'autres, convaincue que William Stevens était le monstre que la police traquait depuis sept ans. Tout concordait : il avait la quarantaine, il était de race blanche, très intelligent, asocial mais charismatique, il se déguisait en flic, il se déplaçait constamment et se plaisait à narguer la police.

J'avais en outre signé un contrat avec mon éditeur pour écrire un livre sur l'affaire des meurtres de la Green River.

Le 21 septembre 1989, je parcourus les cinq cents kilomètres qui séparent Seattle de Spokane, où je devais donner une conférence à un congrès sur la prévention des crimes de sang devant un parterre de policiers, d'avocats et de fonctionnaires. À mon arrivée, j'appris avec consternation que, le public étant fort nombreux, je devais faire quatre conférences le samedi, et deux le dimanche matin. C'était beaucoup !

Comme d'habitude, je démarrai avec des diapos remontant à l'enfance des tueurs en série sur lesquels j'avais écrit, Bundy entre autres. Puis, peu à peu j'abordai la question de leur voyeurisme, de leur cruauté... À la fin de chaque intervention, je répondis aux questions de la salle. Je rentrai chez moi le dimanche après-midi.

Le mercredi suivant, je reçus un coup de téléphone de l'inspecteur Jim Hansen, du bureau du shérif de Spokane. Il voulait m'interroger sur Dale Wells. Stupéfaite, je lui dis que j'ignorais tout de cet homme. Il répliqua que Wells avait laissé une lettre pour moi. Je lui demandai des explications. Il me fit un bref résumé de l'affaire, ajoutant que la veille, sur l'insistance de sa petite amie, affolée d'être sans nouvelles de lui, l'appartement de Wells avait été ouvert. Il était bien là, étalé sur son matelas à eau sans drap, une balle dans la tête : il s'était suicidé... sans crier gare. Il n'était pas spécialement déprimé. Que s'était-il passé ?

Hansen me lut la lettre au téléphone. Apparemment, il était très angoissé qu'on puisse l'accuser d'avoir fourni une arme à un assassin. Hansen m'envoya ensuite une copie de la lettre. Elle n'était pas datée et on aurait dit un brouillon, plein de biffures et de rajouts. Elle aurait pu être écrite bien avant son suicide.

> *Chère madame Rule,*
> *Il paraît que vous êtes en train d'écrire un ouvrage sur le tueur de la Green River à paraître l'été prochain. Si j'ai bien compris ce que j'ai lu dans la presse, vous ne pensez pas que le tueur est actuellement sous les verrous. Je pense tout le contraire.*
> *Mes soupçons sont de même nature que les vôtres pour Ted Bundy. Il n'y aura pas d'aveu, mais un faisceau de circonstances suspectes susceptible d'emporter la conviction d'un observateur perspicace.*
> *Comme je n'ai pas suivi l'enquête pas à pas dans les journaux, je vous serais reconnaissant de bien vouloir m'envoyer une copie de votre livre avant publication afin que je puisse me faire une meilleure idée de l'histoire du tueur et de ses victimes.*
> *Merci d'avance, etc.*

À cette époque, je n'avais pas encore écrit grand-chose sur la Green River, juste griffonné quelques notes. Personne, en effet, n'avait encore été accusé des meurtres des jeunes prostituées du Sea-Tac Strip. Et aucun livre n'était programmé pour l'été suivant.

Pourquoi ce Wells ne m'avait-il pas contactée directement ? J'aurais pu le déculpabiliser pour ce qui concernait Stevens. Il paraissait convaincu de s'être lié d'amitié avec un assassin sans s'en rendre compte, comme moi avec Bundy.

Quant au chef de la brigade, Bob Evans, il déclara au sujet de cette lettre : « Encore un élément étrange qui s'ajoute à une histoire déjà très alambiquée ».

Les enquêteurs de la police de Spokane emportèrent les dossiers et papiers de Wells. Mais ils ne trouvèrent rien qui ait un rapport même lointain avec les crimes de la Green River.

Alors qu'il ne restait à William Stevens qu'un seul mois de prison à purger, son frère Robert, un ancien de l'US Navy, déposa à la police des photos de William en vacances sur la côte est avec leurs parents ainsi que des tickets de caisse. En juillet 1982, aucun membre de la famille ne se trouvait à Seattle !

Après un examen minutieux des objets confisqués chez Stevens, la brigade confessa à regret que rien ne permettait de l'incriminer, et qu'il n'était sans doute pas le tueur.

Le frère de William Stevens tint une conférence de presse en se déclarant furieux que l'on ait fouillé le domicile de ses parents et dénonçant la police pour abus de pouvoir.

Evans riposta : « Ce n'est pas ma faute si Stevens est un fugitif et s'il a raconté à ses amis qu'il voulait faire du mal aux prostituées, s'il collectionne les insignes et le matériel de la police. Si je n'avais pas enquêté sur lui, j'aurais mérité d'être viré ! »

Stevens, atteint d'un cancer du pancréas, mourut en septembre 1991 à l'âge de quarante et un ans, sans que l'on sache s'il était responsable de certains des meurtres sauvages dont avaient été victimes tant de jeunes filles.

Était-il le tueur de la Green River ?

Non.

Stevens aimait en revanche effrayer les femmes. Je ne serais pas étonnée si c'était lui qui avait dragué cette jeune femme dans un bar de Beaverton. Le « cadavre » dans la tombe aurait pu être un de ses fameux mannequins.

46

En 1990, la brigade spéciale fut dissoute sans tambour ni trompette et ses dix-sept enquêteurs (au temps de Frank Adamson, ils avaient été soixante-dix) réintégrèrent l'Unité des crimes majeurs.

On avait dépensé 15 millions de dollars pour une enquête qui n'avait pas mené à l'arrestation du tueur de la Green River. Dave Reichert, qui avait blanchi sous le harnais, promit toutefois à la mère de Tracy, Mertie Winston, qu'il n'abandonnerait jamais les recherches.

On continua à exhumer de nouvelles dépouilles. En octobre 1989, un employé d'Alaska Airlines qui labourait un terrain en friche non loin de la piste de Sea-Tac Airport tomba sur un tas d'ossements, à une cinquantaine de mètres de l'endroit où l'on avait trouvé trois autres victimes : Mary Bridget Meehan, Connie Naon et Kelly Ware. Pourtant les chiens de la brigade cynophile et les techniciens de l'institut médico-légal avaient passé la zone au peigne fin. Combien d'autres cadavres gisaient sous la terre ?

Bill Haglund, toujours grâce à la denture, ne tarda pas à établir leur identification. Il s'agissait d'Andrea Childers, ajoutée à la liste des victimes en avril 1983, puis effacée lorsque, un an après sa disparition, une homonyme fut signalée comme ayant franchi la frontière canadienne. Elle était la quarante et unième victime.

 Après une enfance en Californie du Sud, Andrea monta à Seattle à l'âge de seize ans pour vivre avec son père et sa belle-mère. Elle fut très proche de sa grand-mère. « Elle voulait être danseuse, dira cette dernière en apprenant la mort de sa petite-fille bien-aimée. Elle donnait des cours de danse rythmique, elle était très douée... Je l'ai vue pour la dernière fois le jour de son anniversaire [en 1983]. Elle avait une très jolie robe et un long manteau gris. Je lui avais préparé un gâteau au chocolat. Elle m'a embrassée en partant, comme toujours... »

D'autres médecins légistes auraient sans doute jeté à la poubelle un certain nombre de dossiers dentaires a priori inutilisables, mais pas Bill Haglund et Don Reay. « Cette affaire est tellement compliquée, on est paranos. On garde tout. »

Grâce au traitement informatique, la police avait accès à neuf mille pièces à conviction, des photos, des documents, jusqu'à des mots gribouillés sur des bouts de papier déchirés ou des pochettes d'allumettes.

C'était un peu comme si quelqu'un avait archivé tous ses vêtements, ses lettres, ses bijoux en toc, des échantillons de la terre de son jardin, les dents de lait de ses enfants, des mèches de ses propres cheveux, et ainsi de suite. À chaque victime correspondait un dossier de deux mille pages minimum.

La dissolution de la brigade ne signifiait pas que l'on avait cessé d'enregistrer les informations concernant les meurtres. Personnellement, jusqu'à la fin des années quatre-vingt-dix, je continuai à recevoir des appels téléphoniques de femmes convaincues que leur ex-compagnon, leur ex-mari, leur mari actuel, était un tueur en série. Les fichiers grossissaient tous les jours.

Ce que l'analyse de cette énorme masse donnait à l'époque ?

Les victimes furent découvertes dehors, nues, dépouillées de tout ce qui pouvait permettre leur identification.

La rescapée Moïra Bell décrivit un de ces rubans adhésifs de peintre en bâtiment – le ruban-cache – comme ayant servi à la ligoter lors de son agression. Elle se rappelait aussi un couteau de boucher à manche en bois.

Les victimes furent souvent retrouvées couvertes de fibres microscopiques – n'oublions pas que ce sont cinq fibres recueillies dans sa camionnette qui associèrent Ted Bundy au meurtre de la petite Kimberly Leach. Dans l'affaire de la Green River, on retrouva des fibres acryliques bleues, des vertes, des rouges, des fibres noires de polyester, des fibres de tapis vertes.

On recueillit par ailleurs des particules de peinture sur huit victimes : du rouge, du marron, du bleu, toutes d'origine indéterminée. On préleva sur dix-huit cadavres des cheveux qui n'étaient pas les leurs.

Huit véhicules furent signalés, tous ayant déjà fait bon usage : cinq pick-up différents, un break vert et deux bleus. À quoi on pouvait ajouter un vieux camion de couleur claire des années soixante, peut-être un Ford. Certains témoins précisaient qu'une portière portait des traces de couche d'apprêt, comme si son propriétaire s'apprêtait à repeindre.

Quant à la description du tueur (ou des tueurs ?) elle était bien floue ! De race blanche, de blond à châtain clair, de taille moyenne. Entre trente et quarante ans. Vêtu d'une chemise de bûcheron à carreaux et parfois d'une casquette de base-ball. Parfois aussi, le témoin l'affublait d'une petite moustache en brosse. Bref, il ressemblait à des milliers d'hommes qui sillonnaient les routes du Washington à bord d'un vieux pick-up.

Comme tout le monde, j'étais convaincue que le tueur de la Green River était soit mort, soit en prison. Pourtant, à chaque fois que la police mettait la main sur un tueur en série dans un autre État, je me disais que c'était peut-être lui.

Troisième partie

47

2001. Un nouveau millénaire commençait. Mais il habitait toujours le comté de King, et n'avait aucune intention de déménager. Il y trouvait sa vie plaisante ; il tenait trop à ses points d'ancienneté à l'usine pour changer d'emploi. Il s'entendait bien avec son épouse, qui s'occupait de gérer leur quotidien – elle réglait les factures, tenait son ménage et avait en lui une confiance aveugle.

Peu lui importait désormais que l'on se moque de sa bêtise, qu'on le traite comme un être d'une intelligence limitée. Il avait réussi à damer le pion aux plus fins limiers de la police ! Les journaux ne parlaient que de l'habileté diabolique avec laquelle il continuait à leur échapper, des sommes astronomiques dépensées pour l'attraper... À présent, les fins limiers étaient mis au rancard, alors que lui venait d'acheter une grande maison avec un vrai jardin. Il avait même tendu des perches à ces flics qui se croyaient si malins en leur écrivant des lettres. Certes, ils étaient venus fouiller son casier chez Kenworth et son domicile, mais c'était seulement parce qu'il avait été arrêté trop souvent sur le Strip. Une simple question de statistiques. D'ailleurs, qu'avaient-ils trouvé ? Comble d'ironie, le détecteur de mensonges l'avait innocenté !

Il avait eu chaud, mais ils étaient repartis bredouilles. À malin, malin et demi. Il pouvait encore sans crainte passer en voiture devant les sites où il avait laissé ces « dames » et se délecter au souvenir de ce qu'il leur avait fait. Même si chez Kenworth, on l'appelait quelquefois Green River Gary, cela ne le dérangeait pas. C'était une blague. Personne ne se doutait de qui il était en réalité.

L'histoire de Ted Bundy le fascinait depuis toujours, Bundy était un génie. Mais il s'était fait prendre, et il ne détenait pas le tableau de chasse de Green River Gary.

Les Ridgway étaient ravis de leur nouvelle demeure, leurs parents n'en avaient jamais possédé d'aussi belle. Gary laissait à Judith carte blanche pour la décoration. Elle affectionnait les fanfreluches, poupées, fleurs artificielles, couvre-lits au crochet, dentelles sur les dossiers et les bras des fauteuils et du canapé. Comme ils adoraient tous les deux chiner, ils avaient tout en double ou triple exemplaire. Judith stockait ce qui ne lui servait à rien dans des cartons qui s'entassaient dans les chambres d'amis.

Leur jardin était tape-à-l'œil avec ses conifères, ses massifs de rhododendrons, ses fougères, ses fleurs. Judith bêchait, semait, sarclait, taillait, et tondait régulièrement sa pelouse. Et sa maison était pleine de plantes vertes.

Les filles de Judith étaient à présent indépendantes, et le fils de Gary, Chad, s'était engagé dans les marines. Le couple s'était acheté un mobile-home, et un pick-up presque neuf. Judith conduisait une voiture classique. Dans dix ans, il prendrait sa retraite et ils seraient vraiment tranquilles. Ils avaient mis de l'argent de côté. Tout en envisageant l'avenir avec sérénité, Judith gardait des bas de laine ici et là dans la maison et le mobile-home... des petits magots en billets de dix et de cinq. Au cas où ils seraient à court pour le supermarché.

Elle ne connaissait rien de lui, bien entendu, ou si peu de choses. Mais elle considérait qu'il avait droit à sa vie personnelle, à ses petits plaisirs. Elle n'était pas jalouse. Tous les hommes à ses yeux étaient infidèles par nature. Du moment qu'elle n'était pas au courant...

Gary Ridgway se trompait en pensant que la police avait classé le dossier de la Green River. Certes, la brigade spéciale n'existait plus nominalement, mais ses locaux au dernier étage du palais de justice étaient toujours là, pleins à craquer de pièces à conviction soigneusement rangées dans des placards. L'enquête était seulement en suspens.

Frank Adamson, à présent à la retraite, soutint la candidature de Dave Reichert pour le poste de shérif du comté. Pour ma part, me rappelant avec quelle ténacité il avait traqué le tueur de la Green River, je me démenai pour collecter des fonds pour sa campagne. À notre grande joie à tous, Reichert emporta l'élection haut la main. On allait enfin pouvoir reprendre le fil de l'investigation.

Contrairement à ses prédécesseurs, Reichert portait l'uniforme plutôt que des vêtements civils. Il tenait à garder son identité de flic. En outre, à cinquante ans, il gardait une forme physique d'athlète. Pendant les journées d'émeutes à l'occasion du sommet de l'OMC fin novembre 1999 à Seattle, les caméras de télévision l'avaient filmé en train de courir après des casseurs. Il était rassurant de constater qu'on avait un shérif qui non seulement prenait au sérieux le maintien de l'ordre, mais encore n'hésitait pas à mettre la main à la pâte.

Si Gary Ridgway était obsédé par le meurtre de jeunes prostituées sans défense, Dave Reichert ne pensait qu'à le traquer et à lui passer les menottes pour le traduire en justice. Il se confia un jour à moi : « Ann, me dit-il, on va le coincer... et tu pourras écrire ton bouquin. » Je lui répondis : « Je te fais confiance. »

Le vendredi 30 novembre 2001 fut un jour d'orage. Une pluie torrentielle provoqua sur les autoroutes de Seattle un embouteillage monstre. La mer déchaînée lança une armée de lames écumantes à l'assaut des rivages du Puget Sound. Mais à travers le vacarme de la tempête, on entendit l'écho d'une autre rumeur : l'affaire de la Green River connaissait un rebondissement.

Cet après-midi-là, mon téléphone sonna à plusieurs reprises ; des journalistes ou des flics voulaient savoir si j'étais au courant de quelque chose. « Tu sais s'ils l'ont eu ? » me demandaient-ils.

Non, je ne savais rien.

Les journalistes suivirent les enquêteurs jusqu'à la compagnie Kenworth et au domicile de Gary et Judith Ridgway, non loin d'Auburn.

En début de soirée, je trouvai un message sur mon répondeur téléphonique. C'était la voix de Dave Reichert, tremblante d'émotion, tout à la fois triomphante et incrédule. « On l'a eu, Ann ! *On a arrêté le tueur de la Green River !* »

Ce moment s'est gravé dans ma mémoire avec la même force que l'assassinat de Kennedy, l'arrestation de Ted Bundy et l'explosion de la navette spatiale *Challenger*. Après dix-neuf ans d'efforts, cette seule phrase : *On a arrêté le tueur de la Green River !*

J'ai gardé la cassette où Reichert m'annonce cette nouvelle que je n'osais plus attendre.

J'avais écrit dix-neuf livres pendant cette interminable enquête, me disant à chaque fois que celle de l'affaire de la Green River serait le sujet du prochain.

Ce dont je ne me doutais pas encore, c'est que l'arrestation de Gary Ridgway n'était que le début d'un nouveau cauchemar.

48

Le 16 novembre 2001, Gary Ridgway déclara à sa femme qu'il devait faire le plein d'essence de son pick-up. Elle lui donna 30 dollars, somme supérieure à ce qu'elle lui allouait d'habitude pour son petit déjeuner à la buvette. De voir ainsi son portefeuille bien rembourré titilla des désirs enfouis.

Il ralentit en voyant une jolie jeune femme marchant dans une tenue provocante derrière la ligne blanche de la Pacific Highway. Il tira les billets de son portefeuille et les brandit en direction de la fille. Elle lui demanda ce qui lui ferait plaisir. Il l'en informa. Alors, elle lui passa des menottes, avant d'appeler pour que la fourrière vienne s'occuper de son véhicule.

Gary Ridgway avait été pris au piège : il avait abordé un officier de police déguisé en travailleuse des rues ! Sa garde à vue dura peu de temps. Après l'avoir verbalisé pour « racolage actif », on le relâcha.

Il ne s'inquiéta pas. La mésaventure ne lui coûtait que le prix de la fourrière. Il s'arrangerait pour raconter un bobard à Judith. Que les flics s'étaient trompés de personne, par exemple. Judith avalait n'importe quoi.

Ce qu'il ignorait, c'était que son nom trônait au sommet de la liste noire. Il était bel et bien le suspect numéro un.

Grâce au shérif, Dave Reichert, une deuxième brigade spéciale de la Green River s'était reconstituée dans le plus grand secret avec la complicité d'anciens combattants comme Randy Mullinax, Matt Haney, l'instigateur de la perquisition de 1987, et Sue Peters.

À la mi-octobre 2001, Haney reçut un coup de fil urgent de Sue Peters pendant ses heures de service. Elle voulait le voir le soir même.

– Quand je suis arrivé chez Sue, se rappellera Matt Haney, j'ai été étonné d'y trouver aussi Randy au coin du feu. Sue m'a dit : Matt, tu avais raison de soupçonner Ridgway. Les tests ADN prouvent que c'est bien lui.

Elle lui expliqua que sur la demande de Reichert, les échantillons biologiques conservés par l'institut médico-légal avaient été soumis à l'analyse de leur matériel génétique. Le sperme et les cheveux trouvés sur les cadavres d'Opal Mills et de Carol Christensen furent comparés à l'échantillon de salive conservé à très basse température sur le coton-tige que, sur l'insistance de Matt Haney, on avait frotté à l'intérieur de la bouche de Ridgway lors de la perquisition de 1987. D'autres spécimens biologiques, prélevés sur les restes de Marcia Chapman, menaient tous à la même conclusion : ces échantillons appartenaient bien à Gary Ridgway, à moins qu'il n'ait eu un vrai jumeau !

Sur Peters exposa le projet de Dave Reichert : il voulait constituer une brigade spéciale secrète pour arrêter le tueur en série, constituée d'anciens de la brigade comme de jeunes recrues.

Le Sea-Tac Strip avait changé lui aussi. Les motels sordides avaient disparu, souvent remplacés par de grands hôtels modernes accueillant l'afflux croissant des visiteurs. Une énorme église évangéliste avait surgi de terre au sud du Strip sous la houlette du prédicateur Casey Treat, une vedette de la télévision. Des commerces donnaient à tout ce coin de la Pacific Highway un air de respectabilité.

Malgré ce cadre beaucoup moins propice à la prostitution, quelques très jeunes filles y faisaient manifestement le trottoir – certaines dont les mères étaient déjà des prostituées. L'une de celles-ci était la fille de Keli McGinness, adoptée après la disparition de Keli. Elle était encore plus belle que sa mère. Sue Peters, à qui on avait confié le dossier de Keli, essaya de persuader la jeune fille de reprendre contact avec la famille maternelle.

Ces circonstances ressemblaient à une farce cruelle. Mais il était indispensable de lier le présent au passé si on voulait réussir à rassembler assez de preuves pour mettre Ridgway sous les verrous.

La brigade se replongea dans les archives de l'affaire de la Green River, dans l'espoir de trouver d'autres éléments incriminant le suspect. Quatorze ans plus tôt, les enquêteurs avaient interrogé ses ex-femmes et leur famille.

Dans un de ces entretiens, la mère de la première, Heather, s'étonnait encore que cette dernière ait pu épouser un garçon aussi bête. « Un jour, il est resté assis sur une chaise huit heures d'affilée, sans ouvrir une fois la bouche. Il ne s'est même pas levé pour aller aux toilettes. Mais on s'est dit, son père et moi, qu'elle devait lui trouver des qualités. Et puis, aussi curieux que cela puisse paraître maintenant, on était persuadés qu'avec lui, au moins, elle ne risquait rien ! »

Heather fut sidérée de voir combien Gary trouvait San Diego hors de prix. « Il n'avait encore jamais rien payé de sa poche. Sa mère achetait tout ce dont il avait besoin. Il avait peur qu'on le vole. La nuit, il ne se contentait pas de fermer la voiture à clé, il emportait la radio et des morceaux du moteur qui, disait-il, coûtaient très cher. »

L'opinion de Heather sur la mère de Gary changea peu à peu. « À Seattle, se rappela la mère de Heather, la mère de Gary voulut qu'ils habitent une caravane dans son jardin. Finalement, ils ont emménagé chez elle. Mary – c'était son nom – régentait son fils et son mari. Elle exigeait qu'ils lui versent leur paye et leur fournissait de l'argent de poche au compte-gouttes. »

Le jour où elle interdit à sa belle-fille de se faire percer les oreilles, « Heather plia bagage et rentra à San Diego. Gary n'a partagé avec elle aucune de leurs affaires. On leur avait offert toutes sortes d'appareils ménagers. Il a tout gardé. Heather tenait seulement à son lit à baldaquin. J'ai téléphoné à Mary pour le récupérer. Elle m'a hurlé dans les oreilles. Quelle furie » !

Gary exigea que Heather lui rende sa bague de fiançailles – un diamant si petit qu'il jetait à peine une étincelle.

La deuxième femme de Ridgway, Dana, interviewée par trois inspecteurs, dont Matt Haney, en septembre 1986, était restée sept ans avec Gary, sept fois plus longtemps que la première. Elle n'aimait guère qu'il l'oblige à pratiquer des fellations et qu'il la ligote avec la ceinture de sa robe de chambre, mais, comme il ne lui faisait jamais mal, elle le supportait.

Un jour, il l'étrangla à moitié. Ils rentraient d'une soirée bien arrosée. « J'étais un peu soûle, avoua Dana. Je titubais en descendant du pick-up. Je me suis approchée de la porte d'entrée et j'ai senti ses mains autour de mon cou, par-derrière. »

Dana hurla. « Je me suis débattue comme une folle. Finalement, il m'a lâchée et m'a poussée en avant. Puis il a couru vers le pick-up comme s'il poursuivait quelqu'un. Mais je n'étais pas dupe... Il avait d'ailleurs l'habitude d'arriver derrière moi à pas de loup pour me surprendre. Il me prenait souvent par le cou avec son bras replié, comme un flic pour immobiliser un malfaiteur. Juste pour m'attraper. Quand il marchait, on n'entendait pas un bruit, je vous jure ! »

Comme par la suite avec Darla, sa compagne de Parent sans partenaire, il aimait qu'elle le prenne dans sa bouche alors qu'ils se trouvaient dans son pick-up, ou la posséder en plein air. Dana se rappelait qu'ils avaient étalé des couvertures dans un terrain boisé non loin de la Pacific Highway. Il y avait d'autres coins qu'il affectionnait : les bois à l'est d'Enumclaw et à proximité de la Green River.

– L'avez-vous fait au bord de la Green River ?

– Je... Oh, il y avait tellement d'endroits différents, répliqua Dana, gênée.

— Où ça ?
— Tout au bord, sur la rive, dans les hautes herbes.

En relisant ces entretiens à la lumière des nouveaux éléments que les progrès scientifiques avaient permis d'ajouter au dossier, les enquêteurs se demandèrent pourquoi Gary Ridgway n'était pas déjà dans le couloir de la mort. Faute de preuves...

En ce lointain jour de septembre 1986, Haney et Doyon prièrent Dana de les conduire sur les lieux de ses ébats avec Gary.

Ils frémirent en voyant qu'elle leur faisait faire le tour de presque tous les sites où tant de dépouilles de jeunes disparues avaient été mises au jour. Elle les conduisit d'abord le long de la Highway 18 jusqu'au croisement avec l'autoroute 90, puis ils bifurquèrent vers North Bend et la route près de Ken's Truck Stop. Plus au sud, elle les arrêta à l'est d'Enumclaw, le long de la Highway 410.

Dana leur indiqua même le cimetière de Mountain View, ou plutôt la route qui le longeait : un des raccourcis préférés de Gary. En revanche le site de Star Lake ne lui dit rien – il faut préciser qu'il avait été défiguré par la promotion immobilière. Dana leur montra du doigt les endroits précis où Gary et elle avaient fait l'amour. Un grand arbre près de Meeker Street Bridge, un autre dans Cottonwood Park.

Lorsque Haney l'interrogea sur la zone en friche autour de l'aéroport, elle opina : « On allait ramasser des mûres et des pommes du côté des maisons abandonnées... presque au bord de la piste. »

Sur le chapitre de la mère de Gary, les propos de Dana s'accordaient avec ceux de Heather : Mary Ridgway était une maîtresse femme. Elle menait son petit monde à la baguette. Avant d'acheter une voiture avec son propre argent, par exemple, Gary devait obtenir l'autorisation de sa mère. Elle s'emportait souvent contre son mari ; Dana l'avait vue de ses yeux lui casser une assiette sur la tête. Son beau-père lui faisait pitié.

Mary critiquait sans cesse Dana, mais cette dernière le supportait, parce que Gary était totalement dévoué à sa mère.

Au début de leur mariage, Mary Ridgway informa son fils qu'un homme lui tenait propos obscènes au téléphone. Dès lors, Gary l'amena tous les jours chez Penney, où elle travaillait, puis allait la rechercher le soir. Il déclara un jour à Dana qu'un exhibitionniste s'était découvert devant sa mère.

Ils ne surent jamais d'où provenaient ces menaces, mais cela alla si loin que Mary finit par garder un revolver dans son sac à main.

Par ailleurs, Dana ne fit aucune allusion à la jalousie de Gary les nuits où elle allait danser en boîte avec ses amis. À l'entendre, leurs relations s'étaient étiolées d'elles-mêmes. « On ne se parlait pas. On ne communiquait pas. J'avais l'impression qu'il voulait juste une femme pour tenir sa maison. Il était toujours au garage en train de bricoler ses voitures. La cuisine et le sexe, c'est tout ce qui l'intéressait chez moi. Chaque fois qu'on essayait de discuter, ça tournait à la dispute. »

Aux questions : « Votre mari vous insultait-il, vous traitait-il de pute quand vous étiez au lit ? Vous giflait-il ? Vous maltraitait-il d'une façon ou d'une autre ? Vous humiliait-il ? », Dana répondit par la négative. « Non, non. Il aimait jouer à des petits jeux. Il me courait après dans la maison, il m'attrapait dans le couloir et me déshabillait. Des trucs dans ce genre. »

Mary Ridgway mourut d'un cancer du côlon pendant l'été 2001.

49

Le flagrant délit de racolage de Gary Ridgway avait de quoi inquiéter les inspecteurs de la brigade. Cela signifiait peut-être que le tueur allait de nouveau frapper. Le compte à rebours avait commencé.

L'arrestation de Ridgway fut organisée avec minutie, et dans le plus grand secret afin d'éviter que la presse ne s'en mêle trop tôt.

Ridgway était à mille lieues de se douter que le piège allait se refermer sur lui et qu'il allait devoir rendre compte de ses crimes. Le vendredi 30 septembre, il se rendit à son travail, comme d'habitude. Matt Haney et Sue Peters avaient déjà contacté la direction de la compagnie Kenworth pour les avertir qu'ils débarqueraient l'après-midi même, mais que, pour des raisons de sécurité, les employés ne devaient pas être mis au courant.

Sue Peters et John Mattsen se présentèrent à l'heure dite. Le supérieur hiérarchique de Gary Ridgway annonça à ce dernier qu'un client avait besoin de ses conseils pour repeindre son camion. Ridgway se dirigea sans se douter de rien vers les policiers en civil. Il fut sidéré d'apprendre qu'ils appartenaient au bureau du shérif.

Ils l'interrogèrent sur Carol Christensen en lui disant qu'ils menaient une enquête à la demande de sa fille. Ridgway, tout à fait décontracté, les regarda droit dans les yeux et leur répondit que oui, il avait autrefois rencontré Carol au Barn Door Tavern.

À la question de Sue Peters : « Est-ce que vous êtes sorti avec elle ? », il se gratta la tête. C'était si loin, tout ça...

Il n'avait pas du tout l'air d'un homme qui se croit soupçonné d'un meurtre, mais plutôt de quelqu'un qui pourrait être amené un jour, révéler un détail utile. Au cours des deux heures que dura l'entretien, pas une goutte de sueur ne perla à son front.

Mais comme il était désormais prouvé, grâce au test ADN, que le sperme trouvé dans le cadavre de Carol était bien celui de Ridgway, les inspecteurs finirent par poser la question piège :

– Avez-vous jamais couché avec Carol Christensen ?

– Non, répondit-il. Jamais.

Ils avaient gagné ! C'était la réponse (le mensonge) qu'ils attendaient. Ils allaient pouvoir lui passer les menottes et l'accuser des meurtres de la Green River. Mais pas tout de suite.

Gary Ridgway les regarda s'éloigner avec un petit sourire. Dans son esprit, tout ce qu'ils avaient contre lui, c'était d'avoir adressé des propos racoleurs à une fausse prostituée.

Après leur départ, il se rendit à la cafétéria. Ses collègues le taquinèrent sur la visite des flics, lui demandant s'il s'agissait de nouveau de l'affaire de la Green River. Il répondit par la négative.

À 15 heures, à la fin de ses huit heures, il traversa en courant le parking de l'usine sous une pluie battante, en direction de son pick-up, sans entendre les déclics de l'appareil-photo dont l'objectif était braqué sur lui. Randy Mullinax et Jim Doyon notèrent qu'il regardait autour de lui et jetait des coups d'œil par-dessus son épaule, comme s'il attendait quelqu'un. Il sursauta néanmoins lorsque les deux flics sortirent de l'ombre et l'arrêtèrent pour meurtre, sans oublier de lui lire ses droits.

Les menottes qu'ils lui passèrent aux poignets étaient celles de Paul Smith, un des plus ardents limiers de la première brigade spéciale, mort d'une leucémie. Après ce geste symbolique, ils remirent les menottes à la veuve de Smith.

Mullinax et Doyon conduisirent Gary Ridgway au centre de détention de Kent, où il fut photographié en jean et chemise à carreaux – la tenue décrite par presque tous les témoins. Sur les clichés, son visage est impassible. Il est de taille moyenne, de corpulence moyenne, il ressemble à monsieur tout le monde. Et pourtant, la police est persuadée qu'elle tient le tueur le plus violent que l'Amérique ait jamais connu.

À l'instant même de l'arrestation de Gary Ridgway, Sue Peters et Matt Haney frappèrent à la porte de son domicile. Judith leur ouvrit et les fit entrer dans son salon encombré, entre autres par la bicyclette de son mari. Judith paraissait seulement un peu étonnée de recevoir la visite de la police. Elle supposait qu'ils voulaient lui parler de l'arrestation récente de Gary sur la Pacific Highway.

Les enquêteurs tenaient à lui annoncer avant les journalistes que Gary était accusé de certains des meurtres de la Green River.

Judith accepta que ses réponses soient enregistrées. Sue Peters commença par lui demander si elle savait que la police avait interrogé son mari dans la matinée. Oui, répliqua Judith, mais elle ignorait pourquoi.

– Nous voudrions seulement vérifier certains faits avec vous, continua Sue Peters, et en savoir un peu plus sur votre couple. D'accord ?

– D'accord, acquiesça cette petite femme discrète, ni grosse ni maigre, les cheveux châtain clair, à peine maquillée.

Matt Haney trouva qu'elle ressemblait aux deux premières femmes de Gary, c'est-à-dire qu'elle était le contraire de Mary, sa mère.

Gary et elle étaient ensemble depuis 1985.

– Quel genre d'homme était-il quand vous l'avez rencontré ?

– Oh, il était merveilleux. Si gentil, si doux...

Elle leur expliqua que Gary n'avait pas d'amis, seulement

des collègues de travail, et ne les voyait jamais en dehors de l'usine. Il aimait mieux passer son temps avec elle.
— Et ses amies femmes ?
— Il n'a pas d'amies femmes non plus.
— Vous êtes tous les deux, alors ?
— Je me débrouille toujours pour être là quand il rentre à la maison.

Ils orientèrent ensuite la conversation sur le mariage précédent de Gary, avec Dana.
— Savez-vous pourquoi ils se sont séparés ?
— Dana chantait dans un orchestre de musique country, elle n'était jamais à la maison. Il était obligé de garder leur bébé tout le temps.
— Il nous a dit qu'elle le trompait. Vous le saviez ?
— Peut-être avec des musiciens, je ne sais pas.

Quant à la première épouse de Gary, Judith ignorait tout d'elle. Elle avait juste entendu parler d'un différend à propos du partage des meubles.
— Y a-t-il quelque chose concernant ses ex-femmes qui éveille en lui de la colère ?
— De la colère ? Non, je ne l'ai jamais vu en colère.
— Jamais vous ne l'avez vu hors de lui... violent ?
— Violent ? Jamais ! Il m'a crié dessus une fois. Pour une bêtise. Je ne me rappelle même plus ce que c'était.
— Vous a-t-il jamais frappée... ou attrapée brutalement ?
— Oh, non ! Mais, non ! Quelle idée ! Gary est le meilleur des hommes.

Ses réponses témoignaient d'une candeur désarmante ; elle ne se doutait pas de l'accusation prononcée contre son mari.
— Comment Gary s'entend-il avec son fils Chad ?
— Oh, ils s'adorent. On a oublié son anniversaire cette année, parce qu'on était tellement occupés par la maman de Gary, qui était malade. Chad est le portrait craché de son papa. Il est dans les marines, depuis huit ans, à Pendleton, en Californie.

Judith poursuivit en disant que l'année 2001 les avait éprouvés. La mère de Gary était morte. Gary et elle l'avaient soignée jusqu'au bout chez elle, pour lui éviter de passer ses derniers jours à l'hôpital. Son père était mort en 1998.

– À l'époque, on aidait sa maman à le soigner. Il avait la maladie d'Alzheimer. Gary passait le voir tous les jours après le travail. Après sa mort, il a continué à aller chez elle tous les jours pour vérifier si tout allait bien et pour qu'elle se sente moins seule...

Judith parlait tout d'une traite, comme si elle avait peur qu'ils l'interrompent pour lui communiquer une information qu'elle préférait ne pas entendre.

Sue Peters passa ensuite à leur passe-temps favori : les foires à la brocante, la récupération d'objets mis au rebut.

– Avez-vous des endroits où vous allez souvent, des décharges, par exemple ? Il en existe une sur la Highway 18 au croisement de la I-90.

Judith parut perplexe.

– Quand on va par là, c'est pour aller camper sur le terrain des Leisure Time Resorts.

Ils aimaient tous les deux partir dans le mobile-home que Sue Peters et Haney avaient pu admirer devant le garage. Il leur avait coûté 22 000 dollars, et comprenait une vraie salle de bains. Ils passaient des week-ends prolongés et leurs vacances à parcourir les routes superbes du Washington et des côtes de l'Oregon.

Sue Peters changea brutalement de sujet :

– Vous avez eu l'air troublée tout à l'heure en nous apercevant sur le pas de votre porte. Vous avez parlé de quelque chose qui s'était passé sur la Pacific Highway... Que savez-vous à ce sujet, Judith ?

– Il m'a dit qu'il s'était arrêté pour fermer le hayon de son camion, et qu'on l'avait arrêté. Il n'a pas expliqué pourquoi. Quelqu'un de la police m'a téléphoné après. Il a prononcé le mot de « racolage ». Mais ce n'est sûrement pas vrai, ça ne lui ressemble pas du tout.

– Cela vous a choquée ?

– Un peu secouée, oui. Il ne ferait jamais une chose pareille.

Il est tellement gentil. Il a peut-être regardé une passante avec un sourire.

– À votre avis, la police l'aurait arrêté pour avoir souri à une passante ?

– Il est toujours très aimable. Il dit toujours bonjour aux gens dans les magasins.

Judith était allée le chercher à la sortie de sa garde à vue et l'avait conduit à la fourrière pour qu'il récupère son pick-up.

– Avez-vous discuté avec lui de ce qui s'était passé ?

– Non, répondit Judith avec une apathie stupéfiante.

– Cela vous aurait étonnée qu'il aborde une fille, une prostituée ?

– Oui, et cela m'aurait beaucoup ennuyée. Je me serais demandé ce que j'avais fait de travers...

– Ou ce qu'il avait fait de travers. Ce n'est pas forcément votre faute.

Judith paraissait tout à coup nerveuse. Sue Peters la poussait doucement dans ses retranchements. Avait-elle entendu dire qu'il avait été arrêté pour racolage à l'époque où elle ne le connaissait pas encore ?

– Oui, comme la police le voyait passer tous les jours sur la route pour aller à son travail, ils l'ont arrêté pour l'interroger.

Matt Haney intervint alors pour rappeler à Judith que, en avril 1987, un mandat de perquisition avait permis à la police de fouiller le casier de Gary à l'usine Kenworth, son domicile et celui de ses parents.

Judith hocha plusieurs fois la tête. La mémoire lui revenait. Elle travaillait dans un jardin d'enfants à Des Moines, à l'époque. Elle se rappelait la perquisition ; la police était venue la prendre à la garderie. Mais elle n'avait jamais cru Gary coupable de quoi que ce soit.

– Vous a-t-il dit qu'il avait déjà été arrêté avant cette perquisition ? En 1982.

– Non, mais on ne se connaissait pas en ce temps-là.

– Donc vous venez de l'apprendre, est-ce que je me trompe ?

– Non.

– L'avez-vous jamais entendu insulter les prostituées, les traiter de sales putes, par exemple ? Ou bien les considère-t-il comme des personnes normales ? Quel est votre sentiment à ce sujet ?
– On n'en a jamais parlé ensemble.
– A-t-il des préjugés raciaux ? Traite-t-il les Blancs et les Noirs de la même façon ? Que pense-t-il des gens qui viennent des Philippines ?
– Qu'est-ce que ça peut bien faire, la couleur des gens ?
– Ça, c'est votre opinion, mais celle de votre mari ?
– Il y a de tout parmi ses collègues, il parle à tout le monde.
Pressée par Sue Peters, elle lui assura :
– Il est compréhensif. Il est doux. Il n'élève jamais la voix, et il a toujours le sourire aux lèvres.
– Mais dans tous les mariages, il y a des hauts et des bas.
– Pas avec lui. Je suis toujours bien avec lui.
– L'avez-vous accompagné au tribunal l'autre jour ?
– Non, c'était trop tôt le matin.
– A-t-il plaidé coupable ou non coupable ?
– Coupable.
– Pourquoi a-t-il fait une chose pareille s'il est innocent ?
– Sinon, cela nous aurait coûté trop cher en frais d'avocat.
– Combien ça lui a coûté de plaider coupable ?
– Une amende de 700 dollars. D'après lui, un avocat aurait été beaucoup plus cher.
– Donc, pour vous l'incident est clos ?
– J'ai confiance en lui.
Judith avoua cependant qu'elle ne lui avait jamais posé de question susceptible de mettre leur entente parfaite en péril. Interrogée sur leur vie sexuelle, elle déclara qu'elle était tout à fait normale, hormis qu'il voulait faire l'amour plus souvent qu'elle. Non, il n'était ni pervers ni amateur de films pornos. Au début de leur relation, ils en avaient regardé ensemble un ou deux, par simple curiosité. Gary n'achetait pas non plus de magazines. Il n'avait rien d'un sadique. Faisaient-ils l'amour dans les bois ? Pourquoi donc, alors qu'ils avaient un bon lit à la maison et dans leur mobile-home ?

– Bon, soupira Sue Peters, mais a-t-il jamais eu un geste déplacé ? Fait quelque chose qui vous a mise mal à l'aise ?
– Non, jamais.
Finalement, Sue Peters lui demanda :
– Avez-vous suivi l'affaire des meurtres de la Green River ?
– J'ai vu des photos des vic... Oui, c'est très triste.
– Avez-vous chez vous des documents sur l'affaire ? Des livres, des journaux ?
– Oui, répondit Judith à la grande surprise des enquêteurs. Je les ai gardés dans le dernier tiroir du bas de ma commode. C'est moi. Pas Gary.

À cet instant, quelqu'un sonna à la porte d'entrée et, simultanément, le téléphone se mit à carillonner. Ils arrêtèrent l'enregistrement. L'arrestation de Gary Ridgway avait filtré : les médias étaient au courant. Et c'était à qui allait réussir le scoop !

Judith répondit au téléphone. C'était sa belle-sœur. Après avoir raccroché, elle ouvrit sa porte. Sue Peters se précipita pour empêcher le journaliste de coller son micro sous le nez de Judith, laquelle ignorait encore l'arrestation de son mari. Les caméras de télévision saisirent son expression éberluée, juste avant que Sue Peters ne s'interpose.

De retour dans la salle de séjour, les enquêteurs remirent le magnétophone en marche. Comme le téléphone n'arrêtait pas de sonner, Matt Haney demanda à Judith si on pouvait le décrocher le temps de l'entretien.

– Qu'est-ce qui se passe, enfin ? s'écria Judith. J'ai le droit de savoir !
– Votre mari est soupçonné dans l'affaire de la Green River. Depuis déjà longtemps...

Sue Peters lui expliqua ce qu'était un test ADN. À mesure qu'elle lui révélait à quel point Gary était impliqué, Judith pâlissait. À la fin, elle fondit en larmes. Elle admit que Gary avait gardé des articles sur le tueur de la Green River, mais ne cessait de répéter que Gary ne lui cachait rien. Elle maintenait qu'il était le meilleur homme du monde et qu'elle l'aimait.

50

La photographie prise au centre de détention de Kent, et qui fut diffusée à la une de tous les journaux dès le lendemain, montre un homme dépourvu d'expression mais dont le front présente en son milieu une ride verticale profonde, à croire qu'elle divisait son crâne en deux parties distinctes. Cette curieuse ligne de partage se combine à la lourdeur de ses paupières pour lui donner un air méchant.

Sur des clichés prélevés dans l'album de famille, il semble plus décontracté. Sur l'un d'eux, on voit se gonfler les biceps de son bras droit : l'arme du crime. Ses doigts présentent un aspect révélateur d'arthrose.

Au début, Ridgway refusa de répondre aux questions des inspecteurs Mullinax et Doyon. Il voulait parler à son avocat. Il fut aussitôt transféré dans les quartiers de haute sécurité de la prison du comté de King.

Le 1er décembre 2001, je me pris à contempler la photo de Ridgway sur la première page du journal, en me demandant si j'avais déjà vu ce visage. Ma fille, elle, était sûre et certaine de le reconnaître.

– Tu ne te souviens pas de ce type qui venait toujours à tes séances de signature ? Il s'appuyait au mur pour t'observer. Celui qui ne disait jamais rien et n'achetait jamais tes livres ?

– Ah, lui.

– Oui, lui.

– Qui était-ce ?

— Gary Ridgway. C'était lui ! Je me souviens même de l'avoir vu dans la salle à une de tes conférences dans une librairie. Ce soir-là, tu as dit : "Personne ne sait qui est le tueur de la Green River ni à quoi il ressemble. Pour ce que j'en sais, il est peut-être parmi nous ce soir."

La police, prudente, au lieu d'annoncer qu'elle tenait le tueur de la Green River, se contenta, par la voix de son porte-parole, John Urquhart, de déclarer :
— Nous avons arrêté un suspect incriminé dans la mort de quatre femmes qui se trouvent figurer sur la liste des victimes du tueur de la Green River.

L'enquête était en effet loin d'être terminée. Chaque dossier de victime devait de nouveau être examiné avec la plus grande minutie. Il fallait dénicher d'autres preuves... Les différents domiciles de Gary Ridgway furent livrés à une fouille en règle. Les policiers fondaient tous beaucoup d'espoir sur la petite maison non loin de la Pacific Highway où il avait vécu pendant les années noires.

La maison était à présent occupée par une famille hispanique qui parlait à peine l'anglais. On les pria de vider les lieux afin de permettre la perquisition. Quel fut leur sentiment en voyant l'équipe de l'institut médico-légal débarquer comme un bataillon d'extraterrestres avec toute la panoplie : salopettes en toile, gants en latex, couvre-chaussures ? On ne le saura sans doute jamais.

Un voisin de Ridgway avait jadis évoqué l'enlèvement d'une moquette tachée de peinture rouge. On pouvait peut-être récupérer des fibres entre les lattes du parquet...

Les résultats furent négatifs. Ils ne trouvèrent strictement rien.

Dans les autres maisons, ils espéraient découvrir une cachette où le tueur aurait entreposé des souvenirs de ses crimes. Encore une fois, ils rentrèrent bredouilles.

La dernière demeure des Ridgway était tellement truffée d'objets que les enquêteurs poussèrent une exclamation de surprise en ouvrant la porte de la première chambre d'amis : elle était bourrée de cartons du sol au plafond ! Plusieurs pièces de la maison servaient ainsi d'entrepôts pour des objets destinés peut-être à être revendus un jour...

Les techniciens firent des prélèvements, surtout dans les recoins qui échappaient à la serpillière. Mais ils eurent beau faire, il n'y avait rien.

Ils remuèrent la terre du jardin, au grand dam de Judith : elle avait peur qu'ils ne déterrent son caniche chéri. Ils ne trouvèrent aucun ossement humain.

Quand elle fut enfin autorisée à rentrer chez elle, Judith se rendit au poste de police le plus proche. Elle voulait des renseignements sur la démarche à suivre pour obtenir un dédommagement après les dégâts provoqués par la perquisition dans la maison et le jardin. En entendant son patronyme, la préposée à l'accueil frémit. Elle racontera que Judith « semblait étonnée par ce qui lui arrivait. Elle nous a dit que la police voulait qu'elle témoigne contre son mari. C'était impossible : elle tremblait rien qu'à l'idée de se lever devant tous ces gens dans une salle d'audience. Elle nous a fait pitié ».

De sa cellule, Gary Ridgway envoya une lettre à sa femme, bourrée de fautes d'orthographe, où il lui jurait que les années passées auprès d'elle étaient les plus belles de sa vie.

L'audience préliminaire se déroula dans la plus grande discrétion, puisque Ridgway n'y comparut pas : ses avocats Mark Prothero et James Robinson le représentèrent. Les journalistes n'eurent donc pas le plaisir de le filmer, menotté, dans les couloirs du palais de justice.

Le 5 décembre, Gary Ridgway fut inculpé du meurtre « aggravé » de Marcia Chapman, Opal Mills, Cynthia Hinds et Carol Christensen. Le procureur, Norm Maleng, déclara qu'aucun marché ne pouvait être conclu entre la défense et le ministère public.

À défaut d'images du criminel, les médias se rabattirent sur des interviews des voisins et des collègues de Ridgway. Les uns comme les autres avouaient leur stupéfaction. Cet homme si tranquille, si serviable... Dire qu'à l'atelier, ils le surnommaient Green River Gary ! Certains se souvenaient cependant l'avoir entendu prononcer à la cafétéria certaines remarques obscènes sur la prostitution. Mais c'est tout.

Les enquêteurs interrogèrent la famille de Gary Ridgway. Ses frères, d'abord. Le plus jeune, Tom, habitait la maison des parents décédés. Il ne semblait pas proche de Gary. Il ne savait rien de lui. La dernière fois qu'il l'avait vu, c'était aux funérailles de leur mère. Il le jugeait près de ses sous, ne lisant « que des magazines gratuits ramassés au supermarché », n'achetant que des objets usagés. Tom ignorait tout de sa vie sexuelle. D'après lui, Gary avait été marqué par le décès de leurs parents. Mais aussi, il ne s'était pas occupé d'eux comme lui et son épouse l'avaient fait. Gary avait été surpris par leur mort. Cela contredisait le témoignage de Judith. Qui fallait-il croire ?

En prison, Gary Ridgway devint un objet de curiosité. Malgré son calme et son amabilité, il inspirait à ses codétenus une crainte mêlée de répugnance. Comment pouvait-on tuer des dizaines de jeunes filles ? Certains allèrent jusqu'à uriner devant la porte de sa cellule.
Un avocat renommé se présenta pour prendre sa défense : Me Savage. Depuis les années soixante, dans le cadre d'une campagne contre la peine de mort, son cabinet représentait les plus odieux criminels de l'État de Washington.

51

Dave Reichert, en sa qualité de shérif et d'interlocuteur privilégié de la presse, reconnut que des erreurs s'étaient produites au cours de l'enquête tout en rappelant que la police avait interrogé quarante mille suspects !

À la tête de la brigade spéciale, Reichert nomma Bruce Kalin, qui avait un temps appartenu à l'unité d'origine.

Sa première mission consista à faire le point, c'est-à-dire à remettre un peu d'ordre dans l'océan de fichiers relatifs à la Green River.

Deux pièces importantes manquaient au dossier, pour une raison bien simple : on les avait égarées.

En août 1982, lors de la découverte du cadavre d'Opal Mills, le poing de celle-ci s'était ouvert pour dévoiler un unique cheveu brun et raide, sans doute arraché à la tête de son assassin. Le cheveu, une fois dûment emballé et étiqueté dans son sachet plastique, s'était volatilisé.

De la même manière, le numéro minéralogique du pick-up qui avait enlevé Tina Tomson et que son amie Paige avait mémorisé demeura introuvable.

Les critiques les plus sévères qui s'exercèrent sur les méthodes de travail de la brigade furent exprimées par les spécialistes du test ADN. L'échantillon de salive prélevé par Matt Haney et Jim Doyon sur Gary Ridgway aurait pu être analysé dès 1996. Pourquoi avoir attendu 2001 ? Cela aurait permis d'arrêter le tueur plus tôt. À cela, le porte-parole, John

Urquhart, répliqua : « Cette erreur est le fruit d'un concours de circonstances. Il se trouve que le laboratoire de notre institut médico-légal ne procède pas à ce test. En outre, en 1996, la brigade n'avait pas un budget suffisant pour songer à s'adresser à un laboratoire privé. À l'époque, un test ADN coûtait une petite fortune... »

La brigade, forte à présent de huit enquêteurs, se mit en devoir de localiser tous les véhicules ayant appartenu à Gary Ridgway. Ils retrouvèrent l'un d'eux, un pick-up Ford 1977, à Johnstown, en Pennsylvanie. Ils le rachetèrent 2 500 dollars. Les autres avaient depuis longtemps été réduits à l'état de ferraille.

Rien ne fut négligé, aucun carton, aucun sac en provenance du domicile des Ridgway. Tout fut photographié et archivé : des milliers de bijoux, de perles, de boutons, d'échantillons de cheveux, de bouts de tissu, de pochettes d'allumettes, de mégots, de bouteilles, d'éclats d'os découverts dans des enveloppes, un morceau de crâne extrait du sac de l'aspirateur, des cannettes vides, des vêtements déchirés. La liste était interminable. Comme le couple avait acheté des milliers de babioles pour une bouchée de pain dans des brocantes, des bagues à trois sous, des broches, des boucles d'oreilles, des bracelets, il n'était guère facile de déterminer si elles avaient appartenu aux victimes.

Au début de l'année 2002, la brigade spéciale de la Green River emménagea dans de nouveaux locaux, tout en verre et acier, non loin de Boeing Field, le deuxième aéroport de Seattle. Ils comptaient désormais douze enquêteurs.

Entre-temps, Gary Ridgway avait comparu à l'audience de mise en accusation. Les personnes présentes, journalistes compris, furent étonnées de voir un homme d'allure aussi simple et modeste. Il avait l'air vraiment inoffensif dans sa combinaison blanche marquée dans le dos : *Ultra Security*.

Ridgway plaida non coupable. Il fut reconduit à sa cellule.

Le 27 mars 2002, Ridgway fut inculpé de trois chefs d'accusation de meurtre supplémentaires à cause de ce qu'avait révélé l'analyse de la salopette trouvée dans son casier chez Kenworth lors de la perquisition de 1987. On y préleva en effet des myriades de résidus microscopiques de peinture de la marque DuPont Imron qui s'avérèrent identiques à ceux recueillis sur le jean noué autour du cou de Wendy Coffield, sur le pull noir enterré avec Debra Estes et sur les vêtements de Debra Bonner.

52

Rien ne transpira de ce qui se passait dans les coulisses de l'affaire de la Green River. Les avocats de Ridgway proposèrent un marché au procureur, Norm Maleng : pour éviter à leur client la peine de mort, celui-ci non seulement plaidait coupable mais aussi indiquait aux enquêteurs où il avait déposé les autres cadavres.

Norm Maleng et ses cinq substituts étaient devant un dilemme. Si le ministère public poursuivait en requérant la peine capitale pour sept meurtres, il laissait les familles des quarante-trois autres jeunes disparues dans le noir sur ce qui était arrivé à leur parente. Un procès risquait en outre de durer très longtemps, et l'accusé, actuellement âgé de cinquante-quatre ans, pouvait très bien mourir de sa belle mort avant son issue.

En revanche, s'ils acceptaient le marché, l'affaire était close et il n'y aurait pas de procès. Mais, au moins, on obtiendrait des réponses. L'angoisse des familles des victimes serait apaisée. Ridgway resterait en prison jusqu'à la fin de ses jours. L'inconvénient de cette solution, c'était que la clause ne s'appliquait qu'aux frontières de l'État du Washington. On ne pouvait pas exiger de lui qu'il avoue des meurtres commis ailleurs.

Le 13 juin 2003, le marché fut conclu mais non révélé au public. Il fallait d'abord parler aux familles et poursuivre l'interrogatoire de Gary Ridgway, vérifier s'il était prêt à tenir ses engagements.

La rumeur naquit à la mi-juin. Où était Ridgway ? Il ne se trouvait en tout cas plus à la prison du comté de King. Le porte-parole de la brigade, Katie Larson, admit qu'on l'avait transféré ailleurs, en ajoutant que son lieu de détention était, par décision du tribunal, tenu top secret. Elle assura à la presse qu'il n'y avait pas de souci à se faire : il était bien gardé et ils n'allaient pas le laisser s'échapper. « Il a droit à son intimité », ajouta-t-elle – propos qui suscita les sarcasmes des journalistes.

On supposa qu'il était enfermé à l'hôpital psychiatrique de Steilacoom. Les journalistes le cherchèrent partout, à la prison du comté de Pierce, à celle de Snohomish... en vain ; il semblait s'être volatilisé.

Il se passait pourtant quelque chose. Des enquêteurs de la brigade spéciale furent aperçus dans les zones boisées où l'on avait découvert les dépouilles des victimes ainsi que dans d'autres vastes coins déserts de la région. Revenaient-ils sur les lieux parce qu'ils avaient omis un détail qui leur avait échappé à l'époque des recherches ? Ou bien Ridgway avait-il passé un marché avec le procureur et assistait-il la brigade pour lui permettre de trouver d'autres corps ?

À entendre Larson, il ne s'agissait que de « vérifications de routine » à la suite d'appels anonymes. Mais, dans les rédactions, on n'y croyait guère.

La présence de la police sur les sites se prolongea jusqu'au mois de septembre. Les équipes de la brigade travaillèrent d'arrache-pied. On les voyait en jean et tee-shirt, baskets et casquette de base-ball pour se protéger du soleil, penchées sur le sol, creusant dans la boue épaisse. Katie Larson, dont on apercevait çà et là la mince silhouette blonde, continuait à ne rien vouloir dire. Les cameramen de la télévision se servaient de téléobjectifs dans l'espoir de surprendre un moment révélateur. Deux journalistes essayèrent de franchir le périmètre de sécurité ; ils furent refoulés manu militari. Moi-même je fus tentée d'aller les observer de la route.

L'inspecteur Kevin O'Keefe possédait un talent exceptionnel : il était capable du premier coup d'œil de dire si un os appartenait au genre humain ou animal. « On déterrait tellement d'ossements de chiens, de chats et de bêtes sauvages. Un jour, on lui a lancé un os en pensant que c'était un animal, mais il s'est écrié : Attention ! Un peu de douceur, s'il vous plaît. Celui-ci est humain. »

Le 16 août, ils exhumèrent dans les bois d'Enumclaw les restes de Pammy Avent, la meilleure amie de Keli McGinness, disparue le 26 octobre 1983.

Le 23 août, après avoir détruit un mûrier touffu qui avait envahi un carré de terre sur la route qui relie Des Moines à Kent, ils mirent au jour dix os humains. Pour procéder à l'identification, il aurait fallu faire un test ADN mitochondrial. Hélas, de nombreuses mères de victimes avaient disparu au cours des vingt-deux dernières années.

En septembre, d'autres ossements furent découverts dans le site de North Bend. Le 16 de ce mois, l'institut médico-légal identifia April Bruttram, la fugueuse de dix-huit ans originaire de Spokane. April avait disparu depuis vingt ans, jour pour jour.

Au fond d'un ravin non loin d'Auburn, ils déterrèrent des ossements ayant appartenu à Marie Malvar, cette jeune fille qui avait été aperçue pour la dernière fois elle aussi vingt ans plus tôt, dans un vieux pick-up rouge, par son petit ami, lequel l'avait pris en chasse. Avec le père de Marie, à eux deux, ils avaient réussi à remonter jusqu'à la maison de Ridgway. Si seulement la police était entrée chez lui, sans doute n'aurait-elle pas pu empêcher l'assassinat de Marie, mais au moins on aurait pu éviter d'autres crimes. Si seulement...

La rumeur publique enfla si bien que les gens finissaient par croire que le tueur de la Green River était logé quelque part dans un appartement. Même s'il était bien gardé, on trouvait scandaleux qu'il puisse goûter à un luxe pareil, après ce qu'il avait fait...

Katie Larson reçut l'ordre de divulguer le lieu de détention de Gary Ridgway. Non, il n'était pas dans une prison quatre étoiles, il campait dans les locaux de la brigade. Il dormait dans un coin, sur un matelas à même le sol.

De la part de la police, cette initiative était d'une audace sans précédent. Personne n'aurait eu l'idée d'aller chercher le tueur dans les bureaux mêmes des enquêteurs.

Pour parvenir à entrer dans la tête de la seule personne au monde capable de leur dire qui il avait assassiné, et pourquoi, et où il avait caché les corps, les membres de la brigade prirent des mesures extraordinaires. Le bureau de Sue Peters était à quelques mètres du matelas du tueur. Sa présence pesait sur eux comme un mauvais sort. Lorsque Peters arrivait, il l'interpellait d'un guilleret « Salut, Sue ! ». Elle se forçait à lui répondre dans la bonne humeur. Il s'adressait à chacun par son prénom et se conduisait comme chez Kenworth, parmi ses collègues d'atelier. Comme chez lui.

Gary Ridgway, cet homme d'une intelligence médiocre, cet individu fade et effacé, était à présent le centre d'attention de toute une équipe d'enquêteurs énergiques. Il se pliait volontiers à tous les interrogatoires. On aurait dit qu'il prenait à ces séances un plaisir sans mélange.

Pour ceux qui l'interrogeaient, pourtant, elles étaient pénibles, éprouvantes, ces heures passées à parler avec lui. Quand elles n'étaient pas d'un ennui puissant, car Ridgway avait une nette tendance à se répéter et à s'embrouiller dans ses souvenirs.

Entre deux policiers, chevilles et poignets attachés à une même chaîne, le tueur accompagnait l'équipe sur les sites. Une fois son lieu de détention divulgué, la télévision rediffusa ses images prises au téléobjectif. À la stupéfaction générale, le visage de Ridgway devint nettement visible au milieu de ceux des enquêteurs tandis qu'ils se déplaçaient en groupe compact entre les véhicules et le site. En réalité, il n'avait jamais été caché...

Et il souriait à la perspective de revoir ces lieux !

Sue Peters expliquera :

— Il ne savait jamais à l'avance quand nous allions l'emmener. On le réveillait avant l'aube, ou on lui signalait notre départ au milieu d'un entretien. Il n'était jamais prévenu. Que ces expéditions lui aient fait plaisir, on n'y pouvait rien. Il fallait qu'on le sonde, et cela quels que soient les événements qu'il revivait.

Les interrogatoires étaient menés par quatre enquêteurs : Randy Mullinax, Sue Peters, Tom Jensen et Jon Mattsen. De temps à autre, des psychiatres passaient quelques heures avec Ridgway, ainsi que Mary Ellen O'Toole, une spécialiste en criminologie du FBI.

— Nous étions soulagés quand c'était au tour des psy de parler avec lui.

Ces paroles de Sue Peters, je les ai ô combien comprises lorsque j'ai, par la suite, regardé les enregistrements DVD effectués de cette longue série d'entretiens.

Une table en Formica rectangulaire entre les deux policiers et Ridgway, menotté même dans l'enceinte du quartier général de la brigade, mais de manière assez lâche pour lui permettre de boire ou de prendre des notes. Il est vêtu d'une combinaison en général rouge, mais parfois blanche, et d'un tee-shirt à manches longues couleur lie-de-vin.

— Il aurait pu parler pendant seize heures d'affilée, mais aucun d'entre nous n'aurait pu écouter aussi longtemps, se rappellera Sue Peters. Au début, il avait l'air de penser qu'il menait la danse. On lui a demandé ce qu'il voulait pour son déjeuner, et il s'est cru le chef. Après ça, on ne lui a plus donné le choix.

Chaque séance commençait par une énumération de ce qu'il avait mangé au petit déjeuner, puis les policiers s'enquéraient de la qualité de son sommeil la nuit passée. Il semblait dormir incroyablement bien pour un homme qui avait autant de crimes sur la conscience.

Il dormait très bien depuis plus de vingt ans.

Ce sont des centaines d'heures de vidéo qui ont été enregistrées pendant ces quatre mois de détention du tueur de la Green River dans les bureaux de la brigade spéciale. Un flot interminable de réminiscences macabres évoquées d'une voix hésitante et indifférente, par un homme d'allure inoffensive. À l'instar de tous les criminels, il commençait par minimiser, pour peu à peu admettre des détails horribles. Éprouvant de la difficulté à se remémorer des événements spécifiques qui s'étaient produits à un instant et en un lieu particuliers, il allait jusqu'à se vanter d'être un menteur pathologique.

C'était toujours la faute de la victime. Elle ne jouissait pas, elle l'obligeait à se presser. « Quand je me mets en colère, je tremble. Parfois, j'oublie de respirer, et tout devient flou. »

Bien entendu, ce n'était pas sa faute non plus s'il se mettait en colère, mais celle des femmes de chez Kenworth, qui piquaient les « boulots les plus peinards », celle de ses deux ex-femmes, surtout la deuxième, qui l'avait obligé à lui verser une pension alimentaire. La faute aussi de celui qui lui avait vendu sa maison, un type si minable qu'il n'avait laissé aucune ampoule... Il énumérait tous les torts qu'on lui avait causés. La seule façon de « relâcher la pression » avait été d'étrangler des femmes.

Encore un mensonge. Il ne savait pas pourquoi il tuait. « Tout ce que je voulais, c'était les baiser et les tuer. »

Il ne se rappelait ni leur visage ni leur nom. En revanche, il se souvenait de toutes ses voitures, de toutes les maisons où il avait vécu enfant, de tous ses postes chez Kenworth, bref de tout ce qui était inanimé et qui le renvoyait uniquement à lui-même. (Je ne peux m'empêcher de songer à Ted Bundy, capable de pleurer parce qu'il avait embouti sa Volkswagen, mais qui n'aurait pas versé une larme pour un être humain.)

De même, comme s'il avait gravé des cartes dans sa

mémoire, il se rappelait où il avait déposé (jeté) les corps de celles qu'il assassinait.

Il avait laissé la vie à certaines « dames » (c'est ainsi qu'il les appelait, des *ladies*) en leur disant : « T'es trop mignonne pour un mec comme moi. » Mais c'était uniquement pour avoir des témoins, des filles qui jurent qu'il était un brave type. Il avait dû, en tout, coucher avec huit cents prostituées.

– Parfois, je n'avais pas envie de la tuer. J'avais eu une super journée à l'atelier. Quelqu'un m'avait tapé dans le dos en me disant : "T'as fait du bon boulot aujourd'hui." Ça n'arrivait presque jamais. Ou alors c'était mon anniversaire... Ou alors j'avais pas le temps.

Les policiers trouvèrent des moyens de stimuler sa mémoire. Ils tentaient de se concentrer sur une victime à la fois et de l'empêcher de digresser. Sue Peters lui montrait des photos des filles en vie. Non, disait-il, ces visages ne lui rappelaient rien. Il ne les avait jamais vraiment regardées, de toute façon. Mais il reconnaissait les photos des sites, déclarant que la vue des barrières, des arbres, des panneaux l'aidait à se localiser.

Tom Jensen lui souffla :

– Si vous comparez avec un boulot de peinture, vous commencez par quoi ?

– Par protéger les zones à ne pas peindre.

– Alors, comment vous y preniez-vous avec ces femmes ?

– Je leur demandais d'abord si elles étaient libres, je leur indiquais ce que je voulais et j'agitais une poignée de billets. Je leur offrais toujours plus que le prix habituel, parce que je savais que j'allais le récupérer.

Certaines furent tuées dehors sur la couverture qu'il transportait dans son camion. D'autres dans le camion. À l'époque où il vivait dans la petite maison de Military Road, il les emmenait chez lui. Si elles se méfiaient, il les rassurait.

– Certaines voulaient savoir si je n'étais pas le tueur de la Green River. Je leur répondais : Est-ce que j'ai l'air d'un tueur ? Elles disaient toujours : Bien sûr que non. Elles pensaient que le tueur était très grand, un colosse.

D'autres filles le soupçonnaient d'être un flic et de vouloir les coffrer. Alors il leur offrait une bière. Elles se détendaient immédiatement : aucun policier ne gardait de l'alcool dans son véhicule.

Il avait un autre truc : il posait des petits jouets de Chad sur son tableau de bord. Il voulait passer pour monsieur tout le monde. Un père célibataire. Il leur offrait des cartouches de cigarettes. Quelquefois, il sortait avec elles plusieurs fois de suite, leur proposant de les aider à trouver un job, de leur prêter sa voiture. « Et elles se disaient : Quel chouette type ! Alors que je voulais juste qu'elles montent dans ma voiture et éventuellement les tuer. »

Quand les filles venaient chez lui, il leur montrait la chambre de son fils pleine de jouets. Il leur demandait en général de passer dans la salle de bains pour « se laver » afin qu'il puisse les observer par l'entrebâillement de la porte. Aucune n'avait refusé.

Il leur demandait aussi d'uriner avant... Pour éviter qu'elles ne mouillent son matelas quand il les tuerait. Il les prenait « en levrette ». Après avoir éjaculé, il disait : « J'entends un bruit. » Elles levaient la tête, exposant leur gorge, et il ne lui était pas difficile de les saisir par le cou avec son bras et de les étouffer.

– Quand on était en plein air, à l'aéroport, elles levaient la tête pour regarder un avion passer. Et j'y allais. Si mon bras droit se fatiguait, je me servais du gauche, et si elles se débattaient trop fort, je me servais de mes jambes pour les immobiliser. Je leur promettais de les relâcher si elles se calmaient. Mais j'avais toujours l'intention de les tuer.

À ces instants, Ridgway avait une voix tendue et saccadée, comme si lui-même avait du mal à respirer.

Ses victimes n'étant rien pour lui, peu lui importait leur race ou leur type physique. Même s'il était sorti avec elles, elles le laissaient indifférent.

– J'avais juste envie de les tuer. Si elles me disaient de me dépêcher, ça me mettait en colère. Et je les tuais.

Certaines filles le suppliaient de leur laisser la vie sauve, lui expliquant qu'elles avaient des enfants, ou laissaient échapper ce cri du cœur : « Je ne veux pas mourir ! » Mais il s'en fichait. Rien de ce que pouvaient dire ces « pouffiasses » ne dissuadait Ridgway. « Il y en avait qui partaient facilement, d'autres qui s'accrochaient. Mais toutes mouraient à la fin. » Il estimait que même celles qui résistaient le mieux n'avaient pas tenu plus de deux minutes.

Il ne sortit jamais une arme à feu, ni un couteau.
– Ça aurait fait des saletés. Et puis elles auraient crié.
– Pourquoi les avez-vous étranglées ?
– C'était plus personnel et plus gratifiant que de leur tirer dessus.

Il s'indignait encore au souvenir des plus coriaces, qui lui laissèrent sur la peau des marques de dents ou des griffures. Cela l'incita à se servir de liens, tout ce qui lui tombait sous la main : serviette, ceinture, corde, cravate, chaussette, même son tee-shirt.

Seule une des filles ramenées chez lui avait réussi à s'échapper de sa chambre. Il l'avait rattrapée devant la porte d'entrée et tuée dans le salon. Mais il ne se rappelait plus qui c'était. Les policiers déduisirent qu'il devait s'agir de Tina Tomson.

Si elles n'avaient pas été attaquées par surprise, quelques-unes de ces jeunes filles auraient eu le dessus. Tina Tomson, par exemple, était beaucoup plus grande et forte que lui. Marie Malvar, plus petite, s'était battue comme une tigresse. Elle le griffa si profondément qu'il dut verser de l'acide sur son bras pour dissimuler la balafre. Marie provoqua chez lui une telle colère qu'il décida de la déposer dans un endroit isolé, loin des autres. Par la suite, il essaya de la retrouver, mais il était si furieux au moment des faits qu'il avait oublié le lieu exact et qu'il lui fallut longtemps pour la localiser.

Il décrivit comment il s'organisait d'avance, décidant de l'endroit où il irait déposer le corps encore chaud de la « dame » qu'il tuait dans sa chambre, protégeant son matelas au cas où sa mort serait sale. Il précisa qu'il ne lui fermait jamais les yeux. Il la fourrait dans un sac en plastique ou l'enroulait dans un vieux tapis pour la flanquer dans son camion. « Je m'en débarrassais tout de suite. »

Un jour, il mit le cadavre d'une femme de petite taille dans une malle en métal bleue qui appartenait à son fils Chad.

– Qu'avez-vous fait de cette malle ?
– Je l'ai vendue à une brocante.

Il leur expliqua que la masturbation était pire que de coucher avec des prostituées. Quand on l'accusa d'être un violeur en série, il protesta vigoureusement :

– Je ne suis pas un violeur en série, je suis un tueur en série !

53

Le 18 juin 2003, quelques jours après le début de ses aveux, Gary Ridgway accueillit les policiers sans son air guilleret habituel. Au lieu de leur dire aimablement bonjour, il ferma les yeux et leur tourna le dos.

Sa voix vibra de colère en racontant qu'il s'était réveillé au milieu de la nuit :

– J'ai pensé à l'autre Gary.

Les policiers se demandèrent qui pouvait bien être cet « autre Gary ». Ils ne tardèrent pas à comprendre qu'il jouait la comédie et faisait semblant d'avoir de multiples personnalités.

L'« autre Gary », ou l'« ancien Gary » était furieux contre les policiers :

– Vous essayez de me contrôler, mais je n'ai jamais dormi avec une morte. Bon, j'en ai baisé une ou deux. Le nouveau Gary veut que je minimise.

Celui auquel ils avaient parlé jusqu'à ce matin était le « nouveau Gary », un homme raisonnable, civilisé, coopératif. L'« ancien Gary » refusait de parler des meurtres et de se laisser manipuler.

– Je les ai tuées parce que je voulais les tuer, dit l'ancien Gary. J'étais fou. J'ai tué quarante-neuf ou cinquante personnes entre 1982 et 1985. J'en ai tué autant parce que j'en voulais à mon ex-femme.

L'ancien Gary était disposé à les mener jusqu'aux endroits où il avait abandonné leurs corps.

— Je les détestais, je les détestais, répétait-il, les yeux fermés, en bégayant. Je me fous de là où je les ai tuées. Je me fous d'elles et de leurs bijoux. Carol Christensen n'était rien pour moi. J'avais mis un poisson sur elle pour attirer les bêtes. Je les traînais en les tirant par les pieds. Elles me dégoûtaient toutes. Y en a contre qui j'étais pas assez en colère pour les tuer... Je les baisais après. Elles étaient pas humaines. Je m'en foutais. Y en a une que j'ai mordue au sein. Je savais pas que Mary était enceinte. Le nouveau Gary est une lavette.

Il continua à exprimer sa haine des femmes, entrecoupant son monologue par des détails :

— J'ai laissé des bijoux près d'un arbre. J'ai pris des photos de femmes sous le Red Lion Inn, et puis je les ai déchirées. C'est moi qui ai écrit au *Times* ou au *Post-Intelligencer*. Ne perdez pas votre temps à creuser sous mes maisons.

Un peu plus tard, il déclara :

— J'ai tué deux dames après Judith.

Il se rappelait avoir tué une de ses victimes sur le plancher de sa camionnette blanche, avec une corde.

— Elles sont toutes de la merde... bonnes à mettre à la poubelle.

— Pourquoi ? s'enquit Jensen.

— Les femmes ont toujours eu le pouvoir sur moi. Elles se sont servies de moi. Je pleurais après quelquefois, c'était mon bon côté. Je suis l'ancien Gary maintenant. Les bijoux ont disparu. J'en ai laissé à Kenworth et à l'aéroport, et aussi à la laverie. J'en ai laissé dans un poteau électrique, et dans une fissure du ciment près du supermarché Safeway, et j'ai pissé dans un coin près de la palissade.

Jon Mattsen l'interrogea sur le site de North Bend, mais Ridgway répliqua par une suite de propos incohérents :

— J'en ai flanqué une en bas de la colline à Star Lake. J'ai pas tué de chien. J'avais le pouvoir sur ces putes. Y avait pas d'amour pour moi. Personne ne m'aimait. Qu'elles aillent se faire foutre ! Le nouveau Gary est trop gentil. Il ne fait de mal à personne.

— Qu'est-ce que l'ancien Gary a à nous dire ?

Toujours le dos tourné, les yeux fermés, Ridgway poursuivit :

— J'ai tué une dame noire à Ballard et une autre près d'un hôpital. J'en ai emmené deux à un cimetière près de Washelli et une au Kmart, et une au camping Leisure Time. J'ai emporté une tête dans un parking de l'Oregon. La tête avait des cheveux blonds. Il y a trois séries d'ossements sur la route qui a un drôle de nom [Bull Moutain, à Tigard], mais il y a une tête que j'ai perdue.

Ridgway leur raconta qu'il portait des gants, changeait ses chaussures, changeait les pneus de son pick-up. Il avait offert des boucles d'oreilles à la fille d'une de ses copines. Puis il évoqua la jeune prostituée qui avait réussi à lui échapper : Penny Bristow.

— Une dame, je l'ai étranglée mais elle n'est pas morte. Sympa, les cheveux noirs. Je l'ai laissée là, j'ai pris son sac, elle n'avait pas de fric. Parfois, je prenais leur porte-monnaie et mettais le fric dans ma poche.

Il parla d'une femme qu'il avait abordée près de l'aéroport, et avec qui il avait baisé dans un motel.

— Je l'ai ramassée un autre jour et je l'ai tuée. Ça c'est sûr.

Il s'agissait sans doute de Keli McGinness, dont on n'avait jamais retrouvé le corps. C'était peut-être sa tête coupée qu'il avait emportée dans l'Oregon et égarée dans le parking d'un immeuble.

Il poursuivit de façon plus ou moins cohérente :

— J'ai le pouvoir maintenant. Je m'en foutais de coucher avec elles. C'est moi qui ai contrôlé le nombre de victimes. Je ne sais pas si le nouveau Gary va revenir. Je les ai tuées à l'hippodrome de Seattle, au Green River College, sur la 410, sur la Highway 18. J'ai jamais tiré sur une femme. Deux Noires sur Diamond Road, sur Carnation Road... Tiens, voilà le nouveau qui revient.

La voix de Gary Ridgway s'adoucit, comme s'il était très fatigué. Les enquêteurs l'orientèrent sur le meurtre de Giselle Lovvorn, cette jeune surdouée de dix-sept ans dont la dépouille avait été découverte dans la zone aéroportuaire.

– Chad était avec moi quand je l'ai embarquée.

C'était un week-end. L'enfant devait avoir huit ou neuf ans à l'époque. Il l'avait laissé dans son camion pendant qu'il emmenait la fille hors de vue. D'après lui, il l'avait vite baisée, puis l'avait étranglée pendant qu'un avion passait au-dessus d'eux.

– J'ai noué ma chaussette autour de son cou et j'ai tordu le nœud en le bloquant avec un bout de bois jusqu'à ce qu'il casse.

– S'est-elle débattue ?

– Je ne me rappelle pas.

– Comment avez-vous pu tuer une femme devant votre fils ? s'indigna Jensen.

– C'est moi qui décidais, dit Ridgway de sa voix douce-reuse. Il n'a rien vu.

– Combien de temps avez-vous laissé Chad ?

– Cinq à dix minutes. Chad m'a demandé où était la fille. Je lui ai répondu qu'elle habitait dans le coin, qu'elle était rentrée chez elle à pied.

Il avait ensuite déposé son fils quelque part, avant de revenir cacher le corps de la jeune fille dans les hautes herbes.

Les inspecteurs, écœurés, interrompirent quelques minutes ces odieuses confessions.

Ils reprirent un peu plus tard.

– On a la preuve que vous avez commis des actes de nécrophilie, commença Mattsen. C'est un crime banal, ajouta-t-il pour le provoquer.

– C'est vrai, je m'obligeais à les enterrer pour ne pas retourner les baiser. Je pouvais pas m'en empêcher. J'avais pas à payer. J'avais un pouvoir total sur elle.

Ridgway admit être retourné auprès de dix cadavres déposés non loin du Sea-Tac Strip.

– Pour moi, c'était une bonne journée. Je sortais du boulot

et j'allais baiser gratis. Ça durait une journée ou deux, et puis les mouches s'en mêlaient. Je les enterrais, je les recouvrais. Ensuite j'allais en chercher une autre. Quelquefois, j'en tuais une un jour, puis une autre le lendemain, alors il n'y avait pas de raison d'y retourner.

Il était « retourné » ainsi auprès d'une morte alors que son fils de huit ans dormait dans son camion à trente mètres de là. Quand on lui demanda ce qui serait arrivé si son fils avait remarqué ce qu'il faisait et menaçait de le dénoncer, il répondit qu'il ne savait pas.

– L'auriez-vous tué ?
– Non... Peut-être.

La criminologue Mary Ellen O'Toole l'interrogea sur son enfance afin de mieux cerner son mobile. Ridgway se montra très coopératif : il adorait parler de lui, de tout ce qui se rapportait à sa personne.

– À quel âge vous êtes-vous aperçu que quelque chose n'allait pas chez vous ?
– Vers dix ans, répondit-il.

Il évoqua ses allergies, sa dépression, ne comprenant pas qu'O'Toole voulait plutôt l'orienter sur ses troubles sexuels.

Au cours de cet entretien, il déclara avoir l'impression que les corps de ses victimes lui « appartenaient ». Tant que la police ne les avait pas découverts, ils étaient à lui et à lui seul. « Une belle dame qui était mon bien... ma chose, dit-il à O'Toole. Quelque chose que j'étais seul à connaître, et qui me manquait quand ils la trouvaient. »

– Que ressentiez-vous, Gary, à ces moments-là ? Aux moments de ces découvertes ?
– Comme s'ils prenaient quelque chose qui était à moi.

C'est pourquoi, expliqua-t-il, il avait transporté des morceaux de squelette dans l'Oregon. Il cherchait à brouiller les pistes pour que les enquêteurs ne le privent pas de son bien. Il aurait voulu les cacher au fond de mines abandonnées, hors d'atteinte. Ces corps étaient pour lui tout à la fois des fardeaux, dont il fallait se débarrasser, et des trésors.

La criminologue le mit sur le terrain de ses relations avec sa mère, Mary Ridgway. À l'âge de treize ou quatorze ans, elle l'avait tout à la fois humilié et excité sexuellement quand il mouillait son lit, ce qui se produisait jusqu'à trois fois par semaine. « Elle me disait : "Pourquoi tu n'es pas comme tes frères ? Ce sont les bébés qui font pipi au lit. Tu ne grandiras donc jamais ?" Elle me mettait plus bas que terre. Je n'avais pas d'amour en ce temps-là. »

Sa mère passait une vingtaine de minutes à lui laver et sécher les parties sexuelles, sans se soucier s'il avait une érection. Elle se promenait aussi à moitié nue devant lui. Il avait honte, mais ça l'excitait. « Je voyais une femme comme dans les magazines de cul... Elle avait de belles jambes, une taille mince, des seins, une peau lisse... »

Il admit qu'il regardait les seins de sa mère quand sa robe de chambre s'ouvrait. Il avait une érection quand elle mesurait son entrejambe pour lui commander des pantalons chez Penney. Il ignorait si elle s'en rendait compte, mais il l'avait souvent entendue raconter à son père que, lorsqu'elle prenait les mesures des clients, elle les sentait souvent se durcir.

Il insista sur le fait qu'il n'avait jamais touché sa mère. Elle ne l'avait jamais non plus surpris en train de se masturber. Il faisait ça après la classe, dans la salle de bains fermée à clé, avant qu'elle rentre du travail. « Je crois qu'elle n'a jamais parlé de ça. C'était trop sale. »

Il ne souvenait pas d'en avoir voulu à sa mère, quoiqu'il confessât avoir eu envie de lui donner des coups de couteau.

Aux policiers chargés de son interrogatoire, sur le sujet de sa nécrophilie, Gary Ridgway avoua non seulement son désir de tuer, mais encore de copuler avec les mortes. Il précisa qu'il n'avait pas « rendu visite » à toutes celles qu'il avait assassinées. Celles qui s'étaient débattues et l'avaient griffé, il les punissait en les laissant toutes seules dans un lieu désert.

– Les blondes étaient spéciales, ajouta Ridgway. Je crois qu'il y en a eu quatre ou cinq. Je me rappelle pas leur avoir rendu visite après les avoir tuées. J'ai toujours aimé les blondes avec des gros seins. C'est les putes qui prennent le plus cher. Avec elles, je touchais le gros lot. Baiser avec une blonde comme ça et la tuer. Elles étaient au top de mon hit-parade.

Sue Peters tenta de lui faire recouvrer ses souvenirs relatifs à Keli McGinness, la jeune et belle blonde dont le corps était resté introuvable. Mais Ridgway s'embrouillait.

– L'avez-vous emmenée chez vous ? L'avez-vous tuée dans votre camion ou dans les bois ?

– Sûrement à l'arrière du camion.

– C'est ce que vous nous avez dit au départ.

– Bon, mais j'ai très bien pu l'emmener chez moi, c'est possible.

– Vous rappelez-vous avoir emmené Keli McGinness chez vous... ? C'est celle avec les gros seins. Vous souvenez-vous d'elle sur votre lit ?

– Non.

– Où vous souvenez-vous d'elle ?

– À l'arrière de ma Dodge aubergine.

– Quand vous l'avez ramassée sur la Pacific Highway, où l'avez-vous emmenée ?

– Près de l'aéroport, c'est là que je l'ai tuée.

Il se souvenait d'avoir joué au volley près de l'endroit où il l'avait étranglée, mais le moment du meurtre lui-même se dérobait à sa mémoire.

– Je me souviens d'avoir tué quelqu'un par là... une ou deux...

– Où est son corps ?

– Au camping de Leisure Time.

– Vous êtes sûr ? Au départ, vous étiez seulement à moitié sûr.

– Je suis sûr à soixante-dix pour cent. La blonde, je l'ai montée là-haut. Ce n'était pas April, puisque maintenant, je sais où était April.

– Où était April ?

– Sans doute à Lake Fenwick.

Et ainsi de suite. Il prétendait avoir abandonné Keli Mac-Ginness au milieu d'un pré dans les environs d'Auburn. Il avait emporté sa tête dans l'Oregon et l'avait perdue dans un parking. Les inspecteurs, voyant qu'ils n'arrivaient à rien, l'orientèrent sur d'autres victimes.

Ridgway savait qu'il avait embarqué une petite jeune fille noire, très mince, sur Rainier Avenue, quoiqu'il prétendît ne pas se rappeler son visage.

– Elle avait un pied bizarre, commenta-t-il. Il était plus maigre que l'autre, et tout tordu.

– A-t-elle eu du mal à grimper dans votre pick-up ?

– Oui.

– L'avez-vous aidée ?

– Non.

Il s'agissait sans doute de Mary West, seize ans, enceinte de quelques semaines, qui avait disparu en 1984. Il admit avoir laissé son corps dans Seward Park.

54

C'est en revenant indéfiniment sur les mêmes épisodes, que les inspecteurs espéraient pouvoir tirer un tableau à peu près cohérent des propos décousus du tueur.

Gary Ridgway prétendait avoir laissé toutes ses victimes sur le dos. Mais il ajoutait :

– Je ne regardais pas leur visage. Il faisait noir.
– Leurs yeux étaient-ils ouverts ? insista Jon Mattsen.
– Non. Je ne sais pas, j'ai jamais fermé leurs yeux, répéta-t-il. Je les déshabillais une fois mortes, mais je ne touchais pas leur visage.

Il se rappelait une femme qu'il avait étranglée à l'arrière de son camion. Il avait tenté de la ranimer. En vain. Quand il les tuait chez lui, il passait parfois un sac en plastique sur leur tête pour voir si elles respiraient encore.

– Aucune ne s'est jamais réveillée.
– Pourquoi avez-vous ranimé cette femme dans votre camion ? dit Tom Jensen.
– Je ne sais pas, la panique, il faisait jour.
– Qui était-ce ?
– J'en sais rien. Une Blanche.

Ridgway avoua avoir tué Linda Rule, la blonde dont le squelette avait été retrouvé non loin de Northgate Hospital, et dont la mort ne lui avait pas été attribuée. Il avait mis le feu à ses cheveux après sa mort, puis s'était affolé, parce qu'il avait eu peur qu'on sente l'odeur de fumée.

Un peu plus tard, il admit, à propos de Carol Christensen :
– Celle que j'ai couverte d'un sac était spéciale.

Il la connaissait, elle était gentille avec lui. Il savait qu'elle avait une petite fille et qu'elle était contente de son nouveau job. Il l'avait ramassée près du Red Barn Tavern et l'avait ramenée chez lui. La fois précédente, elle avait eu du plaisir à baiser avec lui, mais ce 3 mai, elle était pressée de rentrer chez elle.

– Je n'étais pas satisfait. Ça m'a mis en colère. Je l'ai prise par-derrière et je l'ai étouffée avec mon bras.

Il prit le temps de boire le vin de lambrusco. Puis il embarqua la bouteille vide, la truite qu'on lui avait donnée, et une saucisse, et emporta le cadavre dans les bois de Maple Valley. Non, il n'avait pas « mis en scène » le lieu du crime, comme l'avait cru le FBI :

– J'ai laissé le poisson et la saucisse pour attirer les bêtes. J'en voulais pas, parce que c'était cru.

Pour la première fois, Ridgway manifesta du remords :

– Je l'ai allongée sur le dos, j'ai mis le sac à commissions sur sa tête et je me suis couché à côté d'elle. J'ai pleuré parce que je l'avais tuée.

Cet après-midi-là, la police fut à deux doigts d'obtenir un flagrant délit. En sortant du chemin, il croisa une voiture de patrouille qui faisait sa ronde.

– Je me suis arrêté au premier feu, j'ai mis mon clignotant. J'ai vérifié dans le rétroviseur si elle prenait le chemin que je venais de quitter, mais elle a continué tout droit. Ils ne m'ont même pas remarqué.

À l'époque, Ridgway avait l'impression d'être invulnérable. Il prenait soin de couper les ongles de ses victimes pour ne pas y laisser des bouts de sa peau. Il emportait les vêtements, les jetant dans les bacs installés par des organisations de bienfaisance, afin de ne pas laisser de trace de sperme. Et, quoi qu'il en dise, il avait disposé le poisson et la saucisse sur le cadavre de Carol Christensen dans le seul but de détourner les soupçons de la police.

Il avait cependant commis une énorme erreur : il avait laissé son sperme dans le corps de la morte.

Pour mieux brouiller les pistes, non seulement il nettoyait à fond son domicile et ses camions, mais il « plantait » des pièces à conviction. Il déposait sur les lieux des mégots et des vieux chewing-gums prélevés ailleurs, des brochures de motel, des contrats de location de voiture. Il planta même un peigne pour cheveux crépus, pensant que la police enquêterait du côté des proxénètes noirs. C'était lui qui avait jeté le permis de conduire de Marie Malvar dans l'aérogare de Sea-Tac Airport. Lui aussi qui avait écrit cette longue lettre au *Post-Intelligencer*.

Mais de toutes ces précautions, la plus efficace fut le silence : il ne parla à personne de ses crimes. En général, un tueur finit toujours par se vanter, même à mots couverts, d'avoir déjoué les autorités. Mais pas Ridgway. Il tirait assez de plaisir de ses visites régulières aux différents « dépotoirs ». Il était fasciné, par exemple, de retrouver intacts des squelettes dans des endroits boisés où il pensait que les bêtes auraient éparpillé les ossements, alors qu'ailleurs, dans des clairières, les dépouilles avaient disparu.

Ridgway était un spécialiste du meurtre, du moins c'est ainsi qu'il se présentait. Depuis son adolescence, il lisait tous les ouvrages et les revues qui traitaient de ce sujet.

À l'âge de quinze ou seize ans, il avait presque tué un enfant. La brigade retrouva ce dernier : un homme âgé à présent de quarante-six ans, vivant en Californie. Il se souvenait très bien de ce qui s'était passé.

Ce n'était qu'un petit garçon, déguisé en cow-boy, bottes et chapeau, un pistolet en plastique à la ceinture. Un « grand » l'aborda et lui proposa de construire un fort. Il le suivit volontiers dans les bois. Puis le grand lui dit : « Tu sais, il y a des gens qui aimeraient tuer un petit garçon comme toi. » Il prit l'enfant par le bras et le mena dans les fourrés. Puis, brusquement, il lui donna un coup de couteau dans le ventre.

– Je lui ai demandé pourquoi il m'avait attaqué. Je voyais trop de westerns quand j'étais petit... Et ensuite, j'ai vu que j'avais du sang qui coulait dans mes bottes. Chaque fois que mon cœur battait, il jaillissait. Ma chemise était trempée. Il s'est mis à rire. Il avait son couteau à la main. Je ne voulais pas qu'il me donne un autre coup avec. Il s'est penché et a essuyé la lame sur mon épaule, puis sur l'autre. Il l'a repliée et a dit : "Je voulais savoir ce que ça fait de tuer quelqu'un." Ensuite il est parti en riant, en renversant la tête en arrière, en riant très fort.

Ridgway confirma que dans sa jeunesse, il avait lu beaucoup de revues spécialisées dans les crimes de sang, en particulier des articles signés « Ann Rule ». Cela ne me fit pas plaisir, inutile de le dire. Il avait aussi lu trois de mes livres. J'étais consternée. Je le suis encore aujourd'hui. Il expliqua que mes récits lui avaient permis de repérer les erreurs à ne pas commettre lors d'un procès...

Gary Ridgway affirmait qu'il n'avait pas tué depuis 1985.
– À partir de cette année, je me suis trouvé une nouvelle femme qui s'est occupée de moi. Je jardinais pour calmer ma colère.
Judith et lui prenaient du bon temps, ils allaient à Las Vegas ou Reno, ils jouaient un peu au casino. Ils allaient à Disneyland. Il essayait d'oublier le temps où il était seul et tuait des « dames ». Mais la perquisition de 1987 avait réveillé sa colère.
Ridgway se montrait très anxieux de mener les policiers sur les lieux où il avait abandonné les corps de ses victimes. Il fallait qu'il tienne sa part du marché, sinon, qui sait, le juge risquait de décider qu'il était bon pour un procès avec, au bout, la peine de mort...

55

Le 5 novembre 2003, Gary Ridgway, d'une voix égale, plaida coupable pour le meurtre de quarante-huit femmes devant les familles des victimes.

Le juge, Richard Jones, frère du musicien de jazz et grand producteur Quincy Jones, demanda à Ridgway d'expliquer, avec ses propres mots, ce qui l'avait poussé à commettre ces crimes. Il obtempéra, résumant plus ou moins les centaines d'heures d'interrogatoire des cinq derniers mois.

– Je les ai toutes tuées dans le comté de King. Je les ai presque toutes tuées chez moi, dans ma maison de Military Road, et j'en ai tué beaucoup dans mon camion, pas loin de l'endroit où je les avais ramassées. J'en ai tué dehors, en plein air. Je me rappelle avoir laissé le corps de ces dames à l'endroit où on les a retrouvées... Je ramassais des prostituées parce que je les hais et que je ne voulais pas payer. Je les ai aussi choisies parce qu'elles sont faciles à enlever sans se faire remarquer. Je savais qu'on ne les déclarerait pas disparues tout de suite, et quelquefois jamais. Je choisissais des prostituées parce que je pouvais en tuer un maximum sans me faire prendre...

Ridgway n'avait même pas l'air ému en répondant « coupable » après la lecture de chaque chef d'accusation suivi du nom de la morte.

Lors de cette énumération, le public se rendit compte que les meurtres ne s'étaient en fait pas arrêtés en 1985. Ridgway avait continué à tuer alors qu'il était marié à Judith. Une vie conjugale paisible n'avait pas réussi à venir à bout de sa rage de tuer.

Patricia Barczak avait dix-neuf ans lorsqu'elle fut aperçue pour la dernière fois le 18 octobre 1986. Une jolie jeune femme à la chevelure brune et bouclée. Elle venait de terminer une école de pâtisserie. Elle voulait gagner sa vie en faisant des gâteaux de mariage. Mais Patricia était un peu naïve, elle croyait les hommes quand ils lui promettaient la lune. Elle venait de passer prendre sa paye au Winchell's Donut Shop quand elle disparut. Son petit ami, un bon à rien qui vivait à ses crochets, fut le suspect numéro un de la police. Elle ne figura pas sur la liste des victimes potentielles du tueur de la Green River.

En février 1993, on retrouva son crâne à deux cents mètres du bord de la Highway 18. Pourquoi, même à ce moment-là, ne fut-elle pas mise sur la liste ? Elle avait disparu à une date postérieure aux massacres du début des années quatre-vingt, et ses restes se trouvaient dans un lieu trop à découvert.

Gary Ridgway se souvenait à peine d'elle, mais se rappelait parfaitement en revanche avoir voulu constituer un nouveau site au bord de la Highway 18... Pour déconcerter la police.

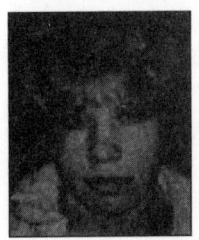

Roberta Hayes, vingt et un ans, fut aperçue pour la dernière fois le 7 février 1987. Petite, blonde, des yeux bleus, des joues rondes, un énorme sourire. En dépit d'une vie difficile, elle faisait plus jeune que son âge. Fugueuse dès l'âge de douze ans, c'était une enfant de la rue. Elle était attachée à ses grands-parents, disait vouloir venir vivre avec eux. Elle « travaillait » au centre de Seattle, sur Aurora Avenue. Tout le monde, flics compris, essayait de la persuader de suivre une formation, de se sortir de là...

Pour une raison mystérieuse, elle ne figura pas non plus sur la liste des victimes de la Green River. En février 1987, Ridgway estimait qu'il ne serait jamais pris. Il n'était jamais en retard à son travail, ni chez lui le soir. Mais, à un moment donné, il s'était échappé de sa routine pour tuer une jeune fille. Deux mois plus tard, en avril, la police perquisitionnait chez lui...

De Roberta, Ridgway n'avait qu'un vague souvenir. Une fille « maigre », dit-il. En revanche, il savait exactement où il avait abandonné son cadavre.

Patricia Robe, trente-huit ans lors de sa mort en 1998, ne figurait pas non plus sur la liste des victimes du tueur de la Green River, puisqu'on avait conclu à une mort accidentelle. Si Gary Ridgway n'avait pas avoué l'avoir assassinée, personne ne l'aurait jamais su.

Indienne de la tribu des Chippewa-Cree, très grande et mince, Patricia, que tout le monde surnommait Trish, aurait pu être très belle si elle n'avait pas été ravagée par sa toxicomanie. Aînée de dix enfants dans une famille éclatée, dès l'adolescence, elle plongea dans la drogue.

Trish était gentille et drôle, et ses frères et sœurs, qui avaient tous des métiers et une vie rangée, s'inquiétaient toujours pour elle. Parfois, un homme l'entretenait pendant un certain temps, puis, un jour ou l'autre, il la plantait là. Trish avait trois enfants, Diamond, Emerald et Matthew, élevés par leur père ou par sa propre mère.

– On ne savait jamais où elle était, soupira sa sœur cadette lors de son entretien avec moi. On lui demandait de nous faire signe tous les deux ou trois mois pour que l'on sache au moins si elle allait bien. Avant sa mort, on avait passé une soirée ensemble toutes les deux, et elle m'avait dit qu'elle voulait changer de vie, se désintoxiquer, trouver un job. Elle voulait vivre... J'ai bien insisté pour qu'elle comprenne que si elle continuait à se droguer, c'était la mort certaine pour elle.

Le 6 août 1998, on retrouva son corps dans le parking de South Park, à Seattle. Elle était habillée d'un tee-shirt et d'un jean.

L'autopsie signala des taux anormaux d'opiacés dans son sang. Le rapport conclut à une mort accidentelle.

– On était sûrs que c'était une overdose, déclara la sœur de Trish. Elle avait un cocard. On nous a dit que c'était à cause de la lividité post mortem. On ne s'est pas posé trop de questions, on était sûrs qu'elle risquait sa vie tous les jours.

Cinq ans plus tard, les enquêteurs de la brigade conduisirent Gary Ridgway dans ce parking de South Park, parmi d'autres endroits, dans le seul but de stimuler sa mémoire, pour qu'il retrouve les sites où il avait laissé ses victimes. Mais, à leur stupéfaction, ce « faux site » se révéla vrai : il leur demanda de s'arrêter et leur décrivit le meurtre.

– Je me souviens de celle-là. Elle ne voulait pas que je la prenne par-derrière et ça m'a mis hors de moi. C'est sa faute. Elle n'avait qu'à respecter son client. Elle m'a dit : « Tu en as eu assez », ou quelque chose dans ce genre. Et elle s'est rhabillée. Quand elle est descendue du camion, je l'ai étranglée. Ensuite je l'ai laissée sur place, cette salope... je ne me suis pas donné la peine de l'emmener ailleurs dans mon camion.

56

Ces longs mois d'interrogatoire, où, jour après jour, Gary Ridgway avouait de nouveaux meurtres et guidait la police vers de nouveaux sites, furent pour les enquêteurs de la brigade une épreuve presque insoutenable.

Quelques jours avant la sentence, le shérif, Dave Reichert, que Gary Ridgway considérait comme son ennemi personnel parce qu'il le traquait depuis 1982 et l'avait jadis provoqué lors d'une émission de télévision en lui demandant de se rendre, vint lui poser lui-même quelques questions. Son uniforme sans un pli contrastait avec la combinaison rouge chiffonnée du détenu.

– Alors, comment ça va, à votre avis ? attaqua Reichert d'un ton neutre.

– Pas mal, répliqua Ridgway comme s'il s'adressait à une vieille connaissance, nous en sommes à soixante et onze victimes, mais sur six sites, nous n'avons pas retrouvé les corps.

Il se servait du « nous » comme s'il se considérait comme un membre de la brigade. Le shérif ne releva pas le chiffre cité, bien supérieur aux quarante-huit crimes avoués. Il supposa que le tueur fanfaronnait.

– Quels sont les bons points que vous avez notés depuis que vous êtes ici ? poursuivit Reichert.

– Eh bien, nous trouvons parfois un nouveau cadavre, une victime qui n'avait pas été comptée. Je suis content chaque fois qu'on découvre un nouveau corps.

– Pourquoi ?

Ridgway éluda la question.

– Je n'ai pas léché le timbre de la lettre que j'ai envoyée au journal.

– Pourquoi ? répéta le shérif.

De nouveau, Ridgway changea de sujet, refusant d'évoquer le test ADN.

– Vous vous êtes bien défendu au tribunal, dit Reichert de but en blanc.

– Merci.

Ridgway lui confia qu'il avait peur de trébucher sur ses chaînes, ou de fondre en larmes, ou d'entendre les familles lui crier leur haine. Il tenait à ce qu'elles sachent qu'il avait été « touché » par certaines victimes.

Comme Reichert lui faisait part de son étonnement, Ridgway cita le nom de Debora Abernathy.

– Pourquoi elle ?

– Parce que c'était l'anniversaire de Chad.

Tout devait toujours se rapporter à lui. Il était incapable de ressentir quoi que ce soit pour ces jeunes filles, ou même de les considérer comme des êtres humains. Il avait mauvaise conscience pour Colleen Brockman, parce qu'il l'avait tuée la veille de Noël. Il était désolé pour Mary Bridget Meehan, parce qu'il ne s'était pas aperçu qu'elle était enceinte. Et pour Connie Naon « parce qu'elle était belle ».

Lorsque Reichert l'interrogea sur son sentiment en ce qui concernait le jour prochain où sa sentence allait lui être signifiée, il répondit :

– J'ai du remords. Je répondrai aux questions des familles.

Il poursuivit en affirmant qu'il avait commis ces crimes par « manque d'amour ».

– Vous n'aurez pas à parler aux familles, observa Reichert. Est-ce que cela vous paraîtrait important, si quelqu'un tuait votre fils, ce qu'il aurait à vous dire ? Est-ce que ça vous consolerait qu'il vous dise : "Je suis désolé, ce que j'ai fait est mal" ?

Et dans le même souffle, sur le même ton, il ajouta :

– Pourquoi les avez-vous tuées ?

– C'était plus fort que moi, c'étaient des prostituées. Je voulais les tuer... Je voulais les soumettre.

– Vous pouvez soumettre les gens sans les tuer.

– J'étais furieux contre elles. C'étaient des roulures, bonnes à mettre au rebut...

Reichert lui fit remarquer que depuis qu'il avait plaidé coupable, il refusait d'aider la brigade à retrouver d'autres corps. Et maintenant, il ne restait plus que deux jours avant la sentence. Il allait bientôt se retrouver enfermé en prison, il ne jouirait plus du relatif confort des locaux de la police. Il serait livré aux représailles des autres détenus, qui le haïssaient...

– Mes inspecteurs en ont assez de vos mensonges. Vous avez encore des secrets. Nous allons passer votre domicile aux rayons X. Mais nous n'irons pas vous voir en prison, vous serez seul...

Autrement dit, si Ridgway pensait qu'il pourrait monnayer ses informations pour obtenir des avantages, il se trompait.

– Vous ne trouverez rien avec vos rayons X. Je n'ai rien gardé.

– Je ne vous crois pas. Vous êtes en colère contre moi.

– Non, mentit Ridgway, qui bouillait de rage.

– Vous êtes un trouillard, une chiffe molle, vous avez pris des adolescentes par-derrière et vous les avez étranglées, c'est lâche...

– Je vérifiais si elles étaient bien mortes en serrant bien fort avec une règle passée dans le nœud.

– Vous êtes un violeur.

– J'avais payé.

– Ce n'est pas du viol ?

– Non, c'est du vol.

– Les violeurs ne sont pas aimés en taule.

– Je ne suis pas un violeur. J'ai payé et puis je les ai tuées.

– Un voleur et un assassin. Et un lâche. C'est pourquoi vous choisissiez des femmes. Des jeunes filles sans défense. Judith et Chad ne viendront pas vous rendre visite en prison.

Pourquoi un fils viendrait-il voir un père qui a dit qu'il aurait pu le tuer ?

Ridgway observa que Judith couchait sans doute avec d'autres hommes.

– C'est à mon tour de souffrir, dit-il.

– Vous croyez que vous allez souffrir ?

Dave Reichert tenta une dernière fois de lui soutirer ce qu'il savait. Il lui proposa six mois de plus hors les murs de la prison.

Ridgway refusa.

Le dernier volet de l'interrogatoire du tueur de la Green River venait de se fermer.

Le 18 décembre 2003, le ciel était bleu à Seattle et le soleil scintillait sur les carrosseries des camions de télévision garés aux abords du palais de justice.

Dans la salle d'audience, il n'y avait pas de place pour tous les journalistes, qui devaient occuper les sièges réservés en général aux jurés. Un tirage au sort décida si tel ou tel avait le droit de faire partie de l'assistance.

Le hasard joua en ma faveur : j'obtins une place, au milieu du premier rang, entre Liz Rocha, de la chaîne de télévision ABC, qui avait couvert l'affaire de la Green River depuis aussi longtemps que moi, et un correspondant du *Washington Post*.

Un service de sécurité musclé veillait à fouiller au détecteur de métal chaque personne qui entrait. En principe, aucune explosion de violence ne devait avoir lieu.

Le silence était lourd et tendu. On n'avait pas le droit de parler. J'embrassai sans rien dire la mère de Tracy, Mertie Winston, et saluai d'un signe de tête Sue Peters. Les enquêteurs de la brigade spéciale étaient tous installés dans le fond, tandis que les proches des victimes occupaient plus des trois quarts de la salle. Chaque famille avait droit à dix minutes en tout pour adresser quelques paroles à l'accusé.

Une fois tout le monde assis, Gary Ridgway fit son entrée par une porte à la droite du juge Jones, flanqué de gardes armés et de six avocats. Un petit bonhomme au teint cireux en combinaison blanche et tee-shirt à manches longues lie-de-vin. La ride verticale qui lui barrait le front entre les sourcils s'était creusée depuis son arrestation. Au-dessus de ses yeux, des rides profondes en accent circonflexe lui donnaient un air étrange. On aurait dit que ses joues avaient la consistance de la pâte à modeler. Il s'assit et posa les mains à plat sur la table devant lui.

Les substituts du procureur Sean O'Donnell et Ian Goodhew lurent chacun à tour de rôle les condamnations requises par le ministère public pour chaque assassinat.

– L'accusé a plaidé coupable et a accepté la détention à perpétuité sans possibilité de libération conditionnelle pour le meurtre aggravé de...

Répété quarante-huit fois, les condamnations étant distinctes, ce qui signifiait qu'il était en prison pour l'éternité.

Il était frappé en outre pour chacun de ses crimes d'une amende de 50 000 dollars. Ces sommes astronomiques étaient naturellement destinées à rester impayées, puisque, une fois vendus sa maison et ses véhicules, il était insolvable.

Sous aucun prétexte et en aucune circonstance, Gary Ridgway ne serait autorisé à prendre contact avec les proches de ses victimes.

Le substitut Patty Eakes énuméra le nom des familles présentes dans la salle qui choisissaient de se taire, et le nom de ceux qui, n'ayant pas pu se déplacer, avaient envoyé des lettres au juge Jones afin que ce dernier les transmette à Gary Ridgway.

À la demande de la cour, Ridgway tourna sa chaise de sorte que les personnes s'avançant à la barre puissent le regarder droit dans les yeux.

Elles étaient toutes d'origine, d'âge et de milieu différents, celles qui vinrent parler à cet homme coupable du meurtre d'un être cher. Elles décrivirent à quoi ressemblait la femme dont elles portaient le deuil, et quelles souffrances sa disparition avait entraînées parmi ses proches, les décès prématurés, les suicides, les enfances gâchées.

Le frère d'Opal Mills raconta que chaque année, le jour de l'anniversaire de sa disparition, il déposait des roses sous la balançoire préférée de sa sœur dans le square où ils jouaient quand ils étaient petits.

D'autres le traitèrent d'« ordure » et de « déchet humain ». Ils concluaient en souhaitant que Ridgway « brûle en enfer » pour ce qu'il avait fait ou qu'il souffre mille morts derrière les barreaux jusqu'à sa dernière heure.

Alors que ces gens défilaient devant lui et lui adressaient ces mots nés de la douleur qu'il leur avait lui-même infligée, Gary Ridgway resta calme et impassible. Il semblait inaccessible à l'émotion.

Un grand nombre de personnes remerciaient la brigade spéciale de la Green River pour son ardeur à la tâche. Ils avaient rencontré à plusieurs reprises tel ou tel enquêteur, et tenaient à dire leur gratitude. Ils lurent des poèmes qu'il avaient écrits eux-mêmes ou qu'ils récitaient. Ces hommages vibraient dans l'air, et, assise à côté de mes collègues journalistes, j'eus l'impression qu'une nuée de jeunes filles se pressait soudain tout autour de la salle, rassemblement de fantômes attentifs.

Deux personnes lui pardonnèrent. La mère d'Opal, Katy Mills, lui dit qu'elle lui était reconnaissante de leur avoir évité un procès. Elle ne pensait pas qu'elle aurait pu survivre à cette épreuve supplémentaire.

— Vous nous avez tenus en votre pouvoir pendant vingt ans, parce que nous vous haïssions. Nous voulions votre mort, mais c'est fini... Je vous pardonne, Gary Ridgway. Vous n'avez plus prise sur moi.

Ensuite le père de Linda Rule, un gros homme à barbe blanche, apostropha le tueur en ces termes :

— Monsieur Ridgway, il y a des gens ici qui vous haïssent. Je ne suis pas l'un d'eux. Je vous pardonne. Dieu dit : Pardonnez à ceux qui vous ont offensés, alors je vous pardonne...

À ces mots, Ridgway ôta ses lunettes et s'essuya les yeux. Il était ému parce que le pardon le touchait, lui, le renvoyait en quelque sorte à lui-même. Ce n'était pas sur les victimes qu'il versait des larmes. Il s'apitoyait sur son propre sort.

Finalement, il se leva et lut le petit texte qu'il avait rédigé à l'intention des familles.

– Je m'excuse d'avoir tué toutes ces jeunes dames, commença-t-il d'une voix saccadée. J'ai fait de mon mieux pour aider les enquêteurs à retrouver leurs corps. Je suis désolé pour la peur que tout le monde a eue à cause de moi. Je remercie la police, les procureurs, mes avocats et tous les autres, pour la patience qu'ils ont eue avec moi en m'aidant à me rappeler les terribles choses que j'ai faites et à en parler. Je sais combien mes actes sont horribles. Il y a longtemps que j'essaye de ne plus y penser. Il y a longtemps que j'essaye de ne plus tuer de dames. Je suis désolé d'avoir entraîné ma femme, mon fils, mes frères, toute ma famille dans ce cauchemar. J'espère qu'ils arriveront à me pardonner. Je suis désolé pour les dames qui n'ont pas été retrouvées. Qu'elles reposent en paix. Elles auraient besoin d'une meilleure sépulture que celle que je leur ai procurée. Je m'excuse pour avoir tué ces jeunes dames. Elles avaient la vie devant elles. Je suis désolé d'avoir causé tant de chagrin à tant de familles.

Le juge Jones, qui avait réussi jusqu'ici à maintenir un calme remarquable dans la salle, lut à haute voix les lettres confiées par les parents absents.

« Il y a un trou dans mon cœur, écrivait une mère. Un vide que seul mon enfant peut combler. Ce vide est un abîme, et j'ai mal. »

Des sanglots secouèrent la salle. Tout le monde pleurait.

Puis le juge se tourna vers Ridgway :

– Ce qui me frappe chez vous, c'est votre insensibilité et votre absence totale de compassion pour ces jeunes femmes que vous avez assassinées.

Mais, s'il avait été capable d'éprouver la moindre compassion, les aurait-il tuées ?

Le juge poursuivit en rendant un dernier hommage aux victimes, et demanda quarante-huit secondes de silence avant qu'il ne prononce le même nombre de sentences.

En sortant du palais, au milieu des journalistes énervés et des proches qui vacillaient sur leurs pieds, encore bouleversés, j'aperçus le visage vieilli de Dick Kraske, le premier commandant de la brigade de la Green River. Seul dans la foule, il regardait les jeunes enquêteurs vers qui convergeaient les micros. Dave Reichert se tenait au milieu d'un cercle de micros et de caméras, tous braqués sur lui. Le shérif, un homme d'âge mûr. Il s'était écoulé tellement de temps...

Épilogue

La brigade spéciale de la Green River existe encore aujourd'hui. Elle continue à enquêter sur les crimes non résolus pouvant être attribués à Gary Ridgway.

Dave Reichert n'est plus shérif du comté de King. L'arrestation de Ridgway a fait de lui une vedette. Il a été élu au Congrès comme représentant républicain du comté de King, le 8e district de l'État du Washington.

Sue Peters appartient toujours à la brigade. Dans le cadre d'un programme de protection des prostituées, elle se rend régulièrement sur le Sea-Tac Strip.
Elle n'est pas là pour leur dresser un procès-verbal. Elle tend sa carte de visite aux filles en leur disant :
– Je suis là si vous avez besoin de moi, vingt-quatre heures sur vingt-quatre.
Quand une fille l'appelle, une fois qu'elle a réussi à la mettre en confiance, elle veut savoir son nom, l'adresse des motels qu'elle fréquente, de son dentiste, et si elle a des cicatrices. En général, la fille lui demande pourquoi elle lui pose toutes ces questions. Et Sue Peters lui dit la vérité toute crue : « Pour que l'on puisse identifier ton corps si jamais il t'arrivait malheur. »
– Ça les choque, reconnaît Peters, mais au moins, elles se rendent compte à quel point ce qu'elles font est dangereux.

Certaines filles lui signalent les passes qui ont mal tourné. D'ailleurs, grâce à ces appels, la police a déjà réussi à arrêter plusieurs violeurs en série.

Gary Ridgway est enfermé dans l'unité d'isolement du pénitencier de Walla Walla. S'il était mêlé au reste de la population carcérale, il ne resterait pas en vie longtemps. Les détenus vouent une haine mortelle aux monstres de son espèce, sadiques, violeurs, pédophiles. Ce serait à qui aurait sa peau.

Au début de son incarcération, il se montrait insolent, il faisait son important. Puis, peu à peu, il se rendit compte qu'aucun enquêteur de la brigade ne viendrait plus lui rendre visite, qu'il n'intéressait plus personne. On ne tient plus à l'interroger, à lui soutirer des informations, on n'a plus de marché à lui proposer.

Sans doute n'a-t-il pas encore révélé tout ce qu'il savait. Il est conscient de la précarité de sa situation. Le marché conclu avec la justice concerne les crimes commis dans le comté de King, Washington, et seulement ceux-là. Si jamais un nouvel élément venait à prouver qu'il a commis ne serait-ce qu'un seul meurtre dans un autre État, il serait confronté à un nouveau chef d'accusation et risquerait la peine de mort.

Dans le confinement de sa cellule, peut-être Gary Ridgway ne dort-il plus aussi tranquillement que cela.

Composition PCA
44400 - Rezé

Imprimerie France Quercy
46001 Cahors
N° d'impression : 50521/

pour le compte des éditions Michel Lafon

Imprimé en France
Dépôt légal : mars 2004
ISBN : 2-7499-0194-4
LAF 635